담화와 번역가

Discourse and the Translator
by Basil Hatim & Ian Mason

Copyright © Longman Group UK Limited 1990
Korean translation rights © Dongin, 2011

This translation of DISCOURSE AND THE TRANSLATOR 01 Edition is
published by arrangement with Pearson Education Limited through Sibylle Books
Literary Agency, Seoul.

이 책의 한국어 판 저작권은 시빌에이전시를 통해 Pearson Education Limited사와
독점 계약한 도서출판 동인에 있습니다.
저작권법에 의해 한국 내에서 보호를 받는 저작물이므로 무단 전재 및 무단 복제를 금합니다.

번역학총서 10

담화와 번역가

Discourse and the Translator

Basil Hatim, Ian Mason 지음 | 최진실 김동연 이미경 김성옥 신진원 옮김

Ruqaiya Hasan, Diarmuid Bradley, James Dickens, Hugh Keith, Margaret Lang, Jerry Payne, Miranda Stewart, Anthony Stanforth, Bob Vanderpinak, Malcolm Williams, Rainer Kolmel, Isabelle Lenoir, Mike Parry, Mireille Poots, Bjarne Thomsen, Gavin Watterson, Shona Whyte, Chris Candlin

도서출판 동인

편집장 서문

번역가들은 은유가 그러하듯 한 세계를 다른 세계의 말로 표현하고자 노력하는데, 은유의 존재가 번역가들이 맞닥뜨리는 중요한 문제 가운데 하나라면, 번역하기(translating) 자체의 본질과 목적을 표현하기 위해 동원한 은유를 이해하는 일이 비전문가인 독자들에게 어려운 것 또한 사실이다. 번역이 과학적 연구든 예술적 노력이든, 연구 가능한 이론이든 아니면 기술적 작업이든, 언어학의 한 분과든 아니면 문학의 한 분과든, 각 관점마다 그 이론과 실제의 특성을 밝히려 노력해온 사람들이 있고, 지지하는 번역가들이 있다.

　신작 시리즈 『사회생활언어 총서』(*Language in Social Life Series*)의 한 권으로 추가될 Basil Hatim & Ian Mason의 본 저서를 대하는 독자들에게 본인은 한 가지 제안을 하고자 한다. 내용을 분류 및 정리하는 자세보다는 연구하는 자세로 대하라는 제안인데, 이는 과거의 어떤 말을 우리가 읽거나 들을 때, 또는 한 인간으로서 다른 인간에게서 메시지를 수신할 때 우리는 번역 행위를 한다는 George Steiner의 명언에서 비롯된 제안이다. 그런 행위란 무엇을 말하는가? 그것은 최소한, 말하거나 쓰는 원래 행위의 배경이 되는 문화적 및 실험적 세계, 그 세계의 도식(schemata)에 이르는 방법에 대한 이해를 말하며, 다음으로, 이미지형성의 측면에서 두 기호체계의 잠재력에 대한 이해, 셋째로 가장 분명하게는, 메시지에 표현된 언어학적 선택사항을 이해가능하게 만드는 것을 말하고, 넷째로, 메시지 발원자의 사회심리학적 의도를 자신의 의도와 대조해서 탐색할 기회이며, 마지막으로, 이 모든 것에 맞게 우리의 기호학적 및 언어학적 체계와 우리 문화 안에 있는 적절한 반응을 맞추는 일을 말한다.

이런 관점에서 본다면, 번역은 인간의 의사소통 자체와 유사할 뿐만 아니라, 본인이 앞서 말한 학문적 소속이나 일반 명칭으로 한정지을 수도 없다. 번역은 적합한 어구의 선택에서 벗어나 한 문화의 기호를 철저히 파헤치는 탐구활동으로, 그리고 특정한 선택을 하게 한 사회적 및 개인적 동기로까지 확장되어야 한다고 단언함으로써 우리로 하여금 언어를 폭넓게 파악할 수 있게 해준다. 번역은 우리의 의사소통 맥락을 구성하게 되는 복잡한 인간관계와 개념적 관계를 풀어줄 가능성을 제공한다. 이처럼 번역은 언어학적인 것 못지않게 사회적이다. 의사소통에 사용되는 은유를 해독하는 일이 인지적인 작업에 종사하는 우리 모두의 일인 한, 번역은 인간이 의미교환에 영향을 미치기 위해 동원하는 심리학적 과정을 규정할 수 있는 방법을 제안한다. 게다가 번역은 한 사회의 텍스트들, 즉 일상적 번역행위의 출발점이자 도착점인 의사소통적 산물들의 구조와 텍스트성을 밝히기 위한 동기 및 수단을 제공한다.

이렇게 볼 때, 번역이 하는 일은 우리가 흔히 당연시하는 의사소통의 힘과 결과를 생소하게 만들고 부자연스럽게 만드는 일이다. 번역은 우리에게 문제를 제기한다. 그것은 말이나 글 또는 기호로 발화하는 모든 사안에 대한 우리의 이데올로기적 및 문화적 기반의 가정들을 탐색하도록 요구한다. 번역은 우리의 언어적, 인지적 의사소통 능력을 최대한으로 시험하며, 가장 직접적으로는, 이해에 도달하는 과정에서 동료 소통자들과 협력할 것을 요구한다. 그러나 그냥 문제를 제기하는 것 이상으로 번역(더 나은 표현으로, 번역하기)은 문제해결에 나서는 방법도 제시하는데, 이렇게 함으로써 과정으로서의 번역이냐 결과물로서의 번역이냐에 대한 다소 생산성 없는 논쟁은 물러가고 의사소통하기에 대한 기호학적, 언어학적, 사회적, 문화적 그리고 심리학적 관점을 결속할 새로운 기회가 생기게 된다. 요컨대, 번역은 이해한다는 것이 무슨 의미인지에 대한 폭넓은 개념을 제공하는 것이다.

그러나 이러한 이론적 훑어봄(speculative sweep)은 이 정도에서 그치고자 한다. 번역은 바벨탑 이후 돈이 드는 일이 되었고, 결국 의사소통 작업에 많은 수의 전문가가 생겨났다. 그들의 효율성을 평가하려면 번역하기에 대한 이해가 필요하다. 통상과 이주에서의 국제주의로 인해 번역은 필수가 되었고, 예술가와 작가들의 창작활동 역시 번역이 필요하므로, 그런 이유만으로도 번역을 불가해한 채로 두어서는 안 된다. 번역을 번역할 필요가 있는 것이다. 우리는 다른 사람의 메시지를 전달하고 부분적으로 재창조하는 일에 전문가인 번역가들이 자신들의 번역작업을 어떻게 하는지 알 권리가 있다.

이 일은 책 한권이 아니라 도서관 전체가 필요한 엄청난 일이라고 생각할 수도 있다. 그것은 번역을 대하는 자세와, (다른 이유가 없다면, 번역가 자신의 관행을 이해하려는 이기심의 발로에서) 처음부터 배경 학문을 주제에 어떻게 잘 엮어 넣는지, 그리고 번역이라는 직업과의 연결고리를 얼마나 진정성 있게 만들어내는지에 달려있다. 본인은 Basil

Hatim & Ian Mason이 두 가지 목표 모두를 달성했으리라 믿어 의심치 않는다. 그들의 전문가적 (그리고 이문화적) 약력으로 보아 그만한 신뢰성과 그만한 시야의 폭을 담보할 수 있기 때문이다. 『사회생활언어 총서』의 정신과 관련해 지적할 좀 더 적절한 점은, 저자들이 이 책 마지막 장의 주제로 번역가는 중개자라는 주장을 개진하고 있다는 점이다. 이 점은, 비록 다른 독자들은 동기가 다를지 몰라도, 편집장인 본인으로서는 번역의 탐구와 이해과정을 시작한 출발점이었다. 우리는 어떻게 번역의 경험을 이용하여 대안적인 사회 및 문화적 준거틀 사이의 유사점과 차이점을 이해할 수 있는가? 우리는 각별한 의사소통자로서 많은 사람이 이해하기는 어려우나 번역가에게는 정상 활동인 그러한 이중적 이해를 어떻게 발전시킬 수 있을까? 번역하기의 은유를 탐색하는 경험을 통해 우리는 언어 및 문화 교육에 일반적으로 혜택이 될 만한 사항을 끌어낼 수 있을까?

Christopher N Candlin
호주 맥커리대 교수
편집장

제목을 보고 혹자는 이 책의 의도가 어떻게 해서든 번역가에게 번역하는 방법을 가르치려는 것이 아닐까 생각할지도 모르겠다. 그런데 이는 전혀 사실과 다르다. 그런 주제넘은 목적과는 사뭇 다르게도, 진정한 의도는 우리가 번역하기에 대해 알고 있는 것의 근거를 제공해주는 사람이 바로 번역가라는 사실을 말하고자 하는 데 있다. 번역가인 우리들은 번역을 하던 중에 특정 지점에서 재미있는 현상이 발생하고 있다는 것을, 기록할만한 사태의 진전이나 해법이 있고, 번역 작업을 잠시 멈추고 마감일 따위는 접어둔 채 잠시 생각해 볼 시간만 있다면 체계화하여 다른 자료에 대해 시험해 볼만한 번역과정의 규칙성이 있다는 사실을 얼마나 자주 실감했는지 모른다. 그러나 그런 시간은 번역가들에게는 번역을 안 하고 쉴 때 외에는 거의 생기지 않는 하나의 사치이다.

한편, 흥미로운 일이 이론 연구 분야에서 전개되고 있다. 번역학의 이론과 실제 사이의 괴리가 존재한 지는 아주 오래되었는데, 이제 상이하지만 관련이 있는 여러 분야에서의 성과 덕분에 그 간극을 좁힐 기회가 생긴 것이다. 사회언어학, 담화 연구, 화용론과 기호학에서의 최신 동향은 인공지능과 대화분석 분야에서 얻은 통찰과 함께 의사소통이 작동하는 방식에 대한 우리의 이해를 향상시켰다. 이 모든 것이 번역학에 대해 갖는 관련성은 번역을 생산성 없는 언어의 행사로 보지 않고 의사소통 행위로 파악하는 즉시 분명해진다. 그리하여 이 책의 목적은 다음과 같다. 바로 담화 과정에 대한 통합된 설명을 번역가의 실제관심사에 관련시키는 작업이다. 본 저자들은 그 과정에서 심화 연구가 필요한 분야에 시사점도 제공할 수 있기를 바란다. 연구가 안 된 부분이 많기 때문이다. 이문화간 의사소통 연구와 대조담화언어학 연구는 아직도 비교적 초기단계다. 그러나 바로 이 점 때문에 낙관적인 미래를 말할 수 있는 것이다. 번역과정을 성과 있게 분석할 방법은 이제 공개돼 있다. 본 저자들은 이러한 중요한 응용언어학연구 분야에 조금이나마 기여할 수 있었으면 하는 바람이다.

친구, 동료, 옛 제자들을 비롯한 많은 사람들이 이 책을 쓰는 과정에서 저자들의 연구를 도왔다. 그 가운데서도 각 장의 원고를 읽고 의견을 말해준 Ruqaiya Hasan, Diarmuid Bradley, James Dickens, Hugh Keith, Margaret Lang, Jerry Payne, Miranda Stewart, Anthony Stanforth, Bob Vanderplnak, Malcolm Williams, 그리고 실례 수집에 도움을 준 Rainer Kölmel, Isabelle Lenoir, Mike Parry, Mireille Poots, Bjarne Thomsen, Gavin Watterson, Shona Whyte와 그 밖의 많은 사람들에게 고마움을 전하고 싶다. 특히 지도와 제안으로 우리에게 새로운 방향을 제시하고 수많은 함정을 피할 수 있게 도와준『사회생활언어 총서』의 편집장 Chris Candlin 교수에게 감사의 말씀을 전한다. 그럼에도 여전히 남아있는 결점은 온전히 저자들의 책임임을 밝혀두고자 한다.

Basil Hatim & Ian Mason

감사의 글

본 저자들은 저작권이 있는 다음의 텍스트 자료를 사용할 수 있게 허락해주신 여러분에게 감사의 말을 전하고 싶다.

Walton Litz & Christopher MacGowan 편 『윌리엄스 시전집 1909-1939』(*Collected Poems 1909-1939*)과 뉴디렉션스출판사가 1938년 미국저작권을 획득한 『윌리엄스 시전집 1권 1909-1939』(*Collected Poems Vol I 1909-1939*)에 수록된 William Carlos Williams의 시 「다름이 아니라」(This Is Just To Say)의 사용을 허락해준 칼카넷출판사와 뉴디렉션스출판사(Carcanet Press Ltd and New Directions Publishing Corporation, Inc)에 감사드린다. 또한 Garcia Yebra(1983) 저 『번역을 중심으로』(*En torno a la traduccion*)에 수록된 Cassiano Ricardo의 시 「세레나타 신테티카」(Serenata Sintética)의 사용을 허락한 에디토리알 가르도스 에스 에이(Editorial Gardos S A) 출판사에도 감사드린다.

본 저자들은 저작권이 있는 다음 예화의 사용을 허락해주신 여러분에게도 감사의 말을 전하고자 한다.

『욕구불만자들』(*Les Frustrés* 1978 p. 66)에. 발표된 「개척자」(Les Pionniers)에서 발췌한 만화의 사용을 허락해준 Claire Bretécher(텍스트 1C₁), *More Frustration*(1983 p. 23)에 발표된 위 만화 영역본의 사용을 허락해준 Methuen(텍스트 1C₂), Goscinny and Uderzo(1972 p. 7)의 『케이사르의 월계관』(*Les Lauries De César*)에서 발췌한 만화를 사용하게 허락해준 알베르_르네 출판사(Les Éditions Albert René)(텍스트 1D₁), Goscinny and Uderzo의 『아스테릭스와 월계관』(*Asterix and the Laurel Wreath*)에 발표되고 Anthea Bell and Derek Hockridge(1974 p. 7)가 번역한 위 만화 영역본의 사용을 허락해준 알베르_르네 출판사와 호더 앤 스타우톤(Hodder & Stoughton) 출판사(텍스트 1D₂), 광고와 원 삽화의 발췌를 허락해준 혼다자동차(영국)(텍스트 8J), Michel Gregory & Susanne Carroll(1978 p. 47)의 『언어와 상황: 언어 종류와 사회 맥락』(*Language and Situation: Language Varieties and the Social Contexts*)에 수록된 도표의 사용을 허락해준 루틀리지 앤 키건 폴(Routledge and Kegan Paul) 출판사(그림 3.4)에도 감사한다.

이 책은 역자들이 활동하고 있는 스터디 그룹에서 교본으로 선정된 Basil Hatim과 Ian Mason 교수의 1992년판 *Discourse and Translator*를 번역한 책이다. 이 책과 마찬가지로 1970년대 기능주의의 출범 이후, 번역을 단어나 문장의 등가성 확립에서 벗어나 텍스트와 담화의 기능에 따라 접근해야 한다는 서적이 많이 출판되었다. 특히 이 책은 담화를 하나의 기호로서 인식하고 원천 텍스트가 지니는 기호성을 목표 텍스트에 전달할 수 있어야 한다는 시각을 담고 있다.

역자들은 이러한 저자들의 이론을 함께 공부하고 토론하면서 자신만의 번역학 이론의 토대를 만들었다. 아직 국내에서 번역되지 않은 새로운 이론을 많이 담고 있는 책이라 한글용어 정립부터 어려움이 많았다. 수차례의 토론과 고민의 과정을 거쳐서 한 줄 한 줄 번역했으나 아직도 완벽한 느낌이 들지 않는 것은 어쩔 수 없는 일일까. 그래도 한 권의 번역을 완성하면서 다섯의 생각과 의견을 조율하고 좀 더 나은 결과를 위해 노력하여 얻은 배움은 실로 값진 경험이었다.

국내에서 점차적으로 자리잡고 있는 번역이론 연구와 번역실무에

이 책이 조금이나마 도움이 되었으면 하는 바람이다. 끝으로 이 책의 출판에 여러모로 도움을 준 부산대학교 영어영문학과 BK21영상번역사업단과 여러 교수님들께 감사의 말씀을 드린다.

2011년 9월
역자 일동

C O N T E N T s  차례

편집장 서문 ― 5
책머리에 ― 9
감사의 글 ― 11
역자 서문 ― 13

1. 번역학의 문제와 논쟁 ……………………………………… 17
2. 언어학과 번역가: 이론과 실제 ………………………………… 45
3. 번역에서의 맥락: 언어사용역 분석 …………………………… 66
4. 번역하기와 담화로서의 언어 ………………………………… 93
5. 행위로서 텍스트를 번역하기: 맥락의 화용론적 층위 …………… 125
6. 기호로서 텍스트를 번역하기: 맥락의 기호학적 차원 …………… 159
7. 상호텍스트성과 의도성 ……………………………………… 186
8. 번역가의 초점으로서의 텍스트 유형 ………………………… 211
9. 산문 설계: 번역의 텍스트 구조 ……………………………… 253
10. 담화 짜임새 ………………………………………………… 295
11. 중개자로서의 번역가 ………………………………………… 343

주요 용어 ― 366
텍스트 샘플 출처 목록 ― 376
참고문헌 ― 379
찾아보기 ― 390

1.

번역학의 문제와 논쟁

번역은 사회생활에서 언어의 역할과 관련한 전반적인 문제를 검토할 때 유용한 시험 사례가 된다. 기존의 의사소통 행위로부터 새로운 의사소통 행위를 창조하는 과정에서 번역가는 자신이 속한 사회의 조건에 맞추어야 한다는 압박 속에서 작업하는 동시에 상이한 사회 틀 내에 각각 존재하는 원천언어 텍스트(ST)의 생산자와 목표언어 텍스트(TT)의 독자 사이에서 의미의 협상을 도와주려 노력한다. 이처럼 복잡한 과정을 연구하면서 우리는 사실상 번역 그 자체에 대한 연구에 머물지 않고 언어활동과 그 활동이 일어나는 사회적 맥락 사이의 모든 관계에 대한 통찰력을 찾고 있는 중이다. 따라서 이 책에서 번역하기와 관련한 대부분의 논의는 사회생활과 별개가 아닌 사회생활의 일부로 간주되는 언어 사용의 다른 형태에도 똑같이 해당된다.

번역가의 작업을 떠올려 보면 번역활동의 다양성을 인식할 수 있다. 번역물이 생산되는 사회적 환경은 서로 매우 다르다. 예를 들면 문학, 종교, 과학 및 기술 번역가의 작업이 각각 다르고, 고용 번역가의 작업과 프리랜스 번역가의 작업이 다르다. 사회제도적인 구분이나 기능에 따른 차이, 그 어느 것도 결코 부정될 수 없다. 번역 활동이 아주 다양하다는 것은 분명한 사실이다. 하지만 이러한 구분에 연연한다면 모든 유형의 번역 간에 존재하는 중요한 유사점을 밝힐 수 없을 것이다. 번역 이론가가 할 일은 이러한 유사점들이 보여주는 행위의 규칙성과 패턴을 식별하여 상이한 기능들을 번역과정의 전체 모형 안에서 통합하는 것이다. Kelly(1979: 226)는 다음과 같이 기능적 접근을 제안한다.

번역 이론이 성경 번역에도 적용되고 시리얼 포장지의 상업문구 번역에도 적용되려면 기능의 유형학을 인식해야만 한다.

상기의 경우 기능의 차이가 언어사용에서 맥락적으로 결정된 차이라는 의미로 언급되고 있음은 분명하다. 창의적인 문학의 주된 기능이 행정 각서나 종교 주해서의 기능과 동일하지는 않다. 하지만 우리로서는 이렇게 광범위한 범주가 아닌 그 밖의 좀 더 미묘한 구분을 살펴보는 것이 중요하다 하겠다. 어떤 경우에는 '양보하기'(conceding)나 '추론하기'(deducing), '제안하기'(suggesting) 등의 언어 기능이 문학 내에서 식별되기도 하는데, 이는 다른 종류의 담화 내에서도 마찬가지다. 한편 Fowler(1986)의 설득력 있는 주장처럼, '문학'과 '비문학' 간의 경계가 인위적이기 때문에 '창조적 언어 사용'이 문학 범주로 인정할 때 필요한 하나의 기준이라 하더라도, 많은 비문학 텍스트들에서 '문학'의 범주라고 인정되는 동일한 창의적 장치들이 '문학' 텍스트에서와 마찬가지로 나타나는 것을 볼 수 있다. 사실 아무리 체계적인 방식에 의한다 하더라도 문학적 담화와 비문학적 담화의 구성요소를 식별해내는 기준을 마련하기란 매우 어렵다. 한 쪽의 특징을 이루는 것은 다른 쪽에도 최소한 어느 정도 나타나기 때문이다. 하지만 모든 텍스트를 사회 틀 안에서 발생하는 의사소통적 처리(communicative transaction taking place within a social framework)의 증거로 간주하게 되면 번역하기를 바라보는 관점은 넓어진다. 즉 번역은 종교나 문학, 과학 등 특정 분야에만 국한되지 않고 영화 자막이나 더빙, 동시통역, 만화 번역, 초록 및 요약 등과 같은 다양한 활동까지도 포함하게 되는데, 이것이 바로 우리가 이 책에서 채택한 관점이다. 텍스트를 설명이나 논쟁, 지시 등과 같이 한 유형에 따르는 사례들로 인식하는 능력은 동일한 유형 사례를 접했던 이전의 경험, 즉 텍스트를 기호로 인식하는 능력에 좌우된다. 6장에서 살펴보겠지만 이러한 기호를 인식하고 그 기호에 반응하는 방식은 장르의 경계를 뛰어넘는 언어사용의 규칙성에 기초한다.

담화와 번역가라는 주제를 전개하기 위해 우리는 번역에 대한 해설에서 나타나는 번역 연구의 전통적인 문제 몇 가지를 살펴보고자 한다. 번역이 끝난 텍스트는 그 최종적인 책임이 번역가에게 있으며 이러한 번역가의 유일한 해설 통로는 주석 혹은 번역가의 서문이다. 주석이 범위의 제약과 함께 번역의 미흡함을 환기시키는 단점을 갖고 있다면, 번역가의 해설은 자신이 채택한 접근법이나 판단을 합리화하는 통로 혹은 번역 과정의 성격을 돌아볼 수 있는 기회를 늘 제공해 왔다.

그러므로 이 장에서는 우리의 검토를 사회 맥락 안에서 발생하는 의사소통적 과정으로서의 번역하기(translating as a communicative process which takes place within a social context)라는 이 책의 주된 관심사에 선별적으로 결부시키고자 한다. 한정적인 주제의 선정을 통해, 우리는 이 책의 후반에서 펼칠 이론적 주장과 과거 논평자들이 채택했던 견해와 입장 사이에 몇 가지 잠정적인 관련을 지을 수 있기를 바란다. 각 주제는 문제의 해결자로서 혹은 사회적 역할 담당자로서의 번역가의 입장과 관계가 있다. 이와 같이 익숙한 주제들을 의사소통적 담화라는 번역 개념에 연결시킴으로써 우리는 이러한 문제들에 대한 전통적인 논쟁의 다소 미결정적인 성격을 넘어설 수 있게 되기를 기대한다.

과정과 결과

TT가 단지 번역가의 최종 결정만을 보여주는 것은 당연하다. 독자들이 보는 것은 결정 과정의 결과인 최종 산물이기 때문에 독자들은 번역가가 결정에 이르거나 어려움을 해결해 나가는 과정을 알 수가 없다. 따라서 자세히 검토할 수 있는 부분은 번역활동 그 자체라기보다는 번역활동의 결과인 최종 산물이다. 즉 우리는 과정(process)으로서의 번역하기가 아니라 결과(product)로서의 번역을 바라보고 있다. 이 구분은 Widdowson (1979: 71)이 지적하고 있다시피 중요한 문제다. Bell(1987)은 번역하기에 수반되는 과정을 간과하는 경향 때문에 최근의 번역 연구가 상대적으로 정체되었다고 주장한다. 만약 우리가 텍스트를 의사 결정 과정 및 언어 사용자들 사이의 의사소통의 사례로 취급하지 않고 단순히 자기 충족적이고 자연 발생적인 실재로 취급한다면 번역하기의 본질에 대한 이해가 제대로 이루어질 수 없다. 이것은 ST 대 TT의 분석적 비교, 즉 의사소통적 과정을 간과하는 결과물 대 결과물 비교를 통해 번역물을 평가하려는 모든 시도에서 겪게 되는 문제다. 개별 번역물에 대한 비평은 넘쳐난다. 하지만 번역 연구의 관점에서 필요한 것은 ST와 TT에 대한 절차(procedures)의 면밀한 비교를 통한, 문제와 해결책에 대한 체계적인 연구일 것이다. 어떤 기법이 어떤 효과를 낳는가, 혹은 특정 장르, 특정 문화 그리고 특정 역사시대에서 나타나는 번역 과정의 규칙성은 무엇인가 등이 그것이다.

그러므로 이 책의 기본 관점은 과정으로서의 번역이며, 이는 텍스트 생산자와 수용자 사이의 의미 협상과 관련된다. 즉 결과물인 번역 텍스트는 번역가의 의사결정과정을 되짚어보는 수단, 즉 처리의 증거로 간주되어야 한다. 마찬가지로, ST는 그 자체가 하나의 최종 결과물이므로 ST 역시 의미 자체의 구현으로서보다는 작가의 의도된 의미의 증거로서 취급되어야 한다. 예를 들면, 은유의 번역에서 작가의 총체적인 세계관에 대해 고려하지 않고 ST에 있는 표현에 어울리는 TL의 어휘를 찾으려 하는 것은 무의미하다. 은유가 사용되면 현실에 대한 특별한 인식을 암시하는 누적효과가 일어나며, 번역가가 포착하고자 하는 것은 이러한 특정한 인식인 것이다.

이러한 의미에서 텍스트는 동기화된 선택(motivated choice)의 결과로 볼 수 있다. 즉 텍스트의 생산자들에게는 그들 나름대로의 의사소통적 목적이 있어서 그러한 목적에 기여하는 어휘 항목과 문법적인 배열을 선택한다. 물론 번역하기에는 두 개의 동기집합이 잠재적으로 존재하는데, ST 생산자의 동기와 번역가의 동기가 그것이다. 따라서 이 장의 전반부에서는 번역가가 ST 생산 과정에 숨어 있는 동기라고 인식한 것을 어떻게 처리해 나가는지를 살펴보고, 그 다음에는 번역가 자신의 동기를 살펴볼 것이다.

객관성 대 주관성

번역하기와 번역물에 대한 논의에는 필연적으로 판단 행위가 수반된다. 하지만 번역물에 대한 판단이 객관적일 수 있는가? 최근 들어 번역비평을 합당한 토대 위에 확립시키고자 하는 진지한 시도가 있었다(예: Reiss 1971, Simpson 1975, House 1976, Wilss 1982). 이들은 특정 번역의 장·단점에 대한 평가에서 자주 나타나는 인상주의와 근거 없는 견해들을 대체하는 방안으로, ST의 분석 및 확보 가능한 번역과정의 참작 내용을 기초로 하는 방법론적이고 체계적인 평가 기준을 제안한다. 그러나 이런 기준이 마련된다고 해서 번역 평가에서 주관성이 근절되고, 문학비평가와 번역 교사들의 평가에서도 객관성이 확보될 수 있을 것인가? 인간의 언어 처리과정의 본질만을 고려하면 그럴 가능성은 낮아 보인다. 텍스트의 개별적인 독서과정은 유일무이하고 반복 불가능한 행위로서 텍스트는 상이한 수용자들에게서 상이한 반응을 일으키게 되어 있다. 이점에서 우리는 다음과 같은 Reiss(1971: 107)의 견해,

> . . . 완전한 객관성을 달성하기 위해 아무리 노력한다 하더라도 모든 분석은 결국 해석에 다름 아니다. (저자의 영어 번역을 재번역)

와 다음의 House(1976: 64)의 견해에 동의한다.

> 번역 품질에 대한 평가가 자연과학 문제에서 결과를 얻는 방식으로 완전히 객관화될 가능성은 없어 보인다.

그렇다 하더라도 번역하기와 번역물에 대한 논의에서 일관성과 정확성

을 고취시키기 위한 분석용 매개변수집합을 정교화 할 수는 있다. 이에는 범주들의 공통집합과 그것들을 지칭하는 용어집합인 번역학의 상위 언어가 필요하다. 이 책의 목적 중 하나가 이와 같은 범주들의 집합을 바탕으로 하는 번역과정의 모형을 제안하는 것이다.

'직역' 대 '의역'

이 모든 사항에 비추어 몇 가지 기본 개념을 다시 살펴보자. 오랜 시간에 걸쳐 가장 많이 논의되었던 쟁점은 번역가가 번역에서 원천 텍스트를 재현할 때 허용되는 재량이 과연 어느 정도인가라는 것이다. '직역' 대 '의역' 논란은 번역 연구에서 끈질기게 거듭되어 왔으며 아무리 시대를 거슬러 올라가더라도 마찬가지다. 직역 대 의역 논쟁의 가장 극단적인 예는 14세기의 번역가 Salah al-Din al-Safadi가 언급한 것으로서, 그는 아랍 번역가들의 초기 세대에 관한 글에서 다음과 같이 불평한다.

> (그들은) 개별 그리스 단어와 그 의미를 본다. 그들은 해당 단어의 등가어를 아랍어에서 찾아서 적는다. 그런 다음, 다음 단어의 등가어를 찾아서 적는다. 이와 같이 동일한 과정을 번역이 끝날 때까지 반복한다.
>
> (Badawi 1968: 33에서 인용 – 저자의 영어 번역을 재번역)

Al-Safadi는 이러한 번역 방법을 두 가지 점에서 비판한다.

1. 그리스어와 아랍어의 모든 어휘 항목에 일대일의 등가어가 존재한다고 가정하는 것은 잘못이다.

2. 한 언어의 문장 구조는 다른 언어의 문장 구조와 일치하지 않는다.

우리는 어순, 문장의 길이, 정보의 제공 방식 등등, 계속해서 열거해 나갈 수도 있는데, 이 모두는 언어 특정적인 사항들이다. 하지만 보다 근본적인 오류는 문장이나 텍스트의 의미가 개별 어휘 항목이 지닌 의미의 합으로 이루어진다고 가정하는 것이다. 따라서 이 층위에서 번역하려고 한다면 어떤 경우든 중요한 의미요소를 놓칠 수밖에 없다. 분명 이러한 주장은 익숙한 것들이다. 하지만 직역 대 의역 논쟁은 오늘날에도 계속되고 있으며, 직역에는 나름대로 직역을 옹호하는 학자들이 있다. 직역(literal translation)을 단어 대 단어(word-for-word) 번역과 신중하게 구별하는 Newmark(1988: 68-69)는 다음과 같이 주장한다.

직역이 원문에 대한 지시적이고 화용론적인 등가를 확보하고 있다면, 직역이 옳으므로 피하지 말아야 한다.

하지만 나중에 살펴보겠지만 화용론적 등가와 지시적 등가가 일치하지 않는 경우가 종종 있다. 텍스트 1A는 유명한 애프터쉐이브 제품의 다국어 광고에서 인용한 것이다.

● 텍스트 1A
DRAKKAR
Audacieux, franc et tenace
Bold, vigorous and tenacious
Kühn, freimütig und haftfest

상기 예에서 등가는 지시적 층위가 아니라(예를 들어, *franc*와 *vigorous*는 지시적 의미가 같지 않다), 남성의 모험적 기질이라는 내포적 층위에서 찾아지고 있다(불어 제품명은 해적선을 뜻한다). 내포적 층위에서 불어 *franc*과 영어 *vigorous* 및 독일어 *freimütig*(자유로운 기질의)는 사실상 등가를 이룬다. 이와는 대조적으로 *haftfest*는 tenace와 tenacious에 들어 있는 지시적 의미(즉 내용물이 '붙어 있다'는 의미)를 주로 전달하는 반면 소기의 내포적 의미는 잘 전달하지 못하고 있다.

물론 이 경우 우리는 특별한 종류의 번역 행위를 바라보는 것이며, 우리의 판단은 텍스트가 달성하고자 하는 것과 관련하여 이루어진다. 그렇다면 우리는 '직역' 대 '의역'이라는 전통적인 논쟁을 다시 평가해볼 수도 있을 것이다. 문제는 이 논의가 번역 행위에 대한 맥락의 참조 없이 너무 자주 이루어지고 있어서 번역의 사회적 환경을 볼 수가 없다는 점이다. 사실 이 문제는 잘 알려진 사회언어학적 공식대로 누가, 무엇을, 누구를 위해, 언제, 어디서, 왜 그리고 어떤 환경에서 번역하느냐에 따라 설명의 실마리를 얻을 수 있을 것이다.

형식적 등가와 역동적 등가

이런 측면에서 보면, Eugene Nida(1964)가 이 문제를 특정 환경에 적합한 등가 유형의 측면에서 재구성한 것은 바람직한 행보다. Nida는 형식적 등가(ST와 TT사이에 형식과 내용을 최대한 일치시키는 것)와 역동적 등가(TT 독자에게 미치는 효과의 등가를 달성하는 것)의 구분을 양자택일의 문제가 아닌 취해야할 기본 방향으로 봄으로써 논의의 초점을 의역과 직역이라는 비생산적 논쟁으로부터 다양한 번역 전략의 효과로 돌려놓았다. 물론, 형식적 등가가 적절한 환경도 있다. 외교적 협상 중 결정적인 순간에 통역가는 의미를 재해석하고 효과의 등가라고 판단되는 것을 얻을 수 있도록 그 해석을 형식화시키기 보다는 오히려 들은 것을 정확하게 번역하는 것이 필요할 수 있다. 마찬가지로 이 책에서도 아랍어와 같이 상대적으로 소수의 독자만 접근할 수 있는 언어가 원전인 텍스트에 대해서는 형식적인 영어 번역을 제공하는 전략을 고수하게 된다. 다시 말해, 형식적 등가는 ST의 어휘적, 문법적, 구조적 형태에 대한 어느 정도의 통찰력을 제공하는 수단이 된다.

하지만 역동적 등가를 지향하는 것이 일반적인 전략으로 채택되는 듯하다. Nida(1964: 160)는 대부분의 번역은 두 유형의 등가의 어느 지점에서 이루어지지만 '현재는 역동적 등가를 점차 강조하는 추세'라고 주장한다. Newmark(1981: 39)는 어의적(semantic) 번역과 의사소통적(communicative) 번역이라는 용어를 선호한다. Newmark가 정의했듯이 이 구분은 번역의 실제에서 '중간 부분'을 더 다루었다는 데 강점이 있다. TL의 의미적, 통사적 구조를 가능한 최대로 살리면서 원문의 정확한 맥락적 의미를 전달하고자 하는 어의적 번역은 형식적 등가보다 덜 극단적이어서 일반적인 번역 전략에 더 가깝다. 그러나 이러한 개념이 유용하긴 해도 이런 구분에도 문제가 있다. 먼저 모든 번역은 어떤 의미에서 의사소통적이다. 마찬가지로 번역가가 형식적 등가를 목표로 그런 전략을 취하게 될 때는 그만한 충분한 이유가 있다. 따라서 형식적으로 등가를 이룬 번역본도 독자의 반응의 등가를 이룰 수 있다.

당연히, 텍스트의 수신자에 대한 실제 효과는 측정하기 어렵다. 따라서 이 문제는 의도된 효과에 대한 등가의 측면에서 접근하는 것이 더 선호된다. 이것은 결국 번역가가 성취하고자 하는 것과 ST의 화자/저자의 의도된 의미를 연결시키는 것이다. 다시 말해, ST와 TT 모두에서 특정한 전략에 깔린 동기의 측면에서 우리는 이 문제를 고려해야 할 필요가 있다. 이 부분은 화용론적 영역이다. 화용론은 지난 20년간 의도된 의미의 본질, 즉 의미와 의사소통의 환경과 텍스트의 생산자와 수신자사이의 협력원리와 대화원리와의 관계에 대한 상당한 통찰력을 가져다 주었다. 이 문제는 5장에서 자세히 살펴볼 것이다.

'등가'라는 용어를 번역과 결부하여 사용하는 데도 문제가 있다. 이것은 완벽한 등가가 성취 가능한 목표라는 것을 함축하고 있다. 이는 마치 SL 텍스트와 형식적으로 또는 역동적으로 등가를 이루는 TL 텍스트가 있다고 전제하는 것과 같다. 물론 이 등가란 용어는 보통 상대적인 의미로 사용된다. 이것은 ST의 의미에 가능한 한 가장 가까운 근사치이며 우리가 이 책에서 채택하고자 하는 의미이기도 하다. 그러나 번역에서는 '적절성'의 개념이 아마도 더 유용할 것이다. 그렇다면 특정 번역 과정에서의 적절성은 수행해야 할 특정 번역 과제의 세부 사항과 사용자의 요구에 따라 판단될 수 있다.

형식 대 내용: 문제의 번역

내용이 우선이냐 형식이 우선이냐는 논의는 직역 대 의역의 문제와 밀접한 관련이 있다. 어떤 경우에도 내용이 충실히 옮겨져야 하며, 형식은 내용의 번역이 허용하는 범위에서만 충실히 지켜져야 하는가? 다른 문제들과 마찬가지로, 번역가는 이 지점에서 이해충돌을 겪게 된다. 물론 이상적인 것은 한쪽이 다른 한쪽을 침범하지 않고 형식과 내용을 모두 번역하는 것이다. 하지만 많은 번역가들은 이것이 거의 불가능한 일이라고 주장한다. 원문의 형식이 SL의 관습을 따르고 있지만 대부분 TL의 규범과 달라서 원문의 형식을 전달하는 것이 텍스트의 '메시지'와 '의미'를 전달하는데 불가피하게 방해되는 경우가 일반적이다. 그렇다면 번역가가 문체나 방식을 전달하는 것이 어떻게, 언제, 어느 정도까지 정당화될 수 있을 것인가?

Nida와 같은 현대 이론가들은 이를 위해 담화 유형과 독자의 반응을 우선되는 기준으로 보고 있다. 따라서 원문의 문체를 고수하는 것은 어떤 환경에서는 불필요하거나 심지어 원치 않는 결과를 가져올 수도 있다.

> 다양한 담화 유형에 적합한 문체를 받아들이는 기준은 언어마다 확연히 다르다. 예를 들어 스페인어에서는 완벽하게 적절한 것이 영어에서는 받아들여지기 힘든 현란한 글이 되어버릴 수 있는 반면, 아주 품위 있고 효과적인 영어 산문이 스페인어에서는 개성 없고 재미없는 밋밋한 글이 되기도 한다. 많은 스페인 문학가들은 스페인어의 수식적 우아함을 즐겨 쓰지만 대부분의 영어권 문학가들을 대담한 사실주의와 정확성, 동작묘사를 선호한다.
>
> (Nida 1964: 169)

그러나 이런 근거로 문체를 수정한다면 이것은 독자가 SL텍스트의 세계로 접근하는 것을 막는 행위가 된다. 보다 더 중요한 것은 이로 인해 번안(adaptation)의 길로 들어서게 된다는 것이다. 이것은 SL 텍스트의 생산자를 다른 누군가로 바꾸어 버리는 논리적 결과를 맞는다. 다시 말해, 그에게 TL 공동체의 시각을 부여하게 된다. 예를 들어, Harold Pinter의 연극 중 상당부분에서 나타나는 독특한 영국성을 번역에서 TL의 문체 관습에 따라 변경하려 한다면 필연적으로 등장인물들을 다른 사람들로 변형시킬 것이며, 이것은 분명 그의 연극이 상당부분 의존하고 있는 언급되지 않은 의미에 영향을 끼친다. 이런 경우, 문체는 곧 의미가 된다. Henri Meschonnic(1973: 349)는 Nida가 문체를 의미와 분리시키는 것에 대해 비판적이다.

> . . . 의미와 형식, 서로 분리 가능한 완전히 이질적인 두 개의 실재는 존재하지 않는다. 하나의 텍스트는 종합적인 실재로 전체로서 번역되어야 한다. (저자의 영어번역을 재번역함)

다시 말해, 문체는 전달하고자 하는 메시지의 떼려야 뗄 수 없는 일부이다. 이것만큼은 부인할 수 없다. 그러나 보다 근본적인 문제, 즉, 문체라는 그 용어자체에 문제가 있는 듯하다. 이 책에서는 문체와 내용의 논란을 해결하려 애쓰기 보다는 오히려 전통적으로 논쟁의 대상이 되어온 이 용어들을 재검토해 볼 것이다. '문체'와 '메시지'와 같이 비교적 잘 정의되지 못한 용어의 무분별한 사용은 일반적으로 이런 논쟁을 해결하는데 도움이 되지 않기 때문이다.

'문체'의 재정의

'문체'란 용어는 모든 종류의 텍스트적/맥락적 변수들을 함께 묶어 놓는 일종의 포괄적인 표제어가 된 것 같다. 이런 의미에서 문체의 개별 구성 요소들에 대한 분석이 필요하다. 또한 Halliday, McIntosh, Strevens(1964)와 그 외의 학자들이 이끈 사용역 분석 개발은 문체에 대한 우리의 이해를 증진시키는데 큰 도움이 되어왔다. 3장에서는 언어 사용자와 그 언어의 구체적인 사용에 영향을 미치는 개별적 맥락 변수들과 텍스트의 번역 및 번역가능성이 어떻게 관련 있는지를 들여다 볼 것이다. '문체'는 텍스트 생산자의 동기화된 선택의 결과물로 보일 수 있다. 따라서 (1)개별 언어사용자의 무의식적인 언어 습관인 개인 언어(idiolect)의 문체와 (2)특정 언어를 특성화 짓는 표현들의 관습적 패턴에서 발생한 문체를 구별할 것이다. 이런 의미에서 문체적 효과로 인해 텍스트 생산자의 의도를 추적할 수 있으며 이것이 번역가가 복원하고자 하는 대상이 된다. 그러나 더 나아가 문체적 효과의 사회적인 측면을 덧붙이는 접근도 있다. 상호텍스트성(텍스트 생산자가 그 동안 경험했던 다른 텍스트의 영향을 받게 되는 경향—7장)을 통해, 문체적 선택 사항들은 완전한 언어 체제의 특징이 아닌 특정한 사회적 역할과 특정한 언어 활동의 특징이 된다. 따라서 문체는 개별적일 수도 사회적일 수도 있다.

그렇다면 이런 의미에서 문체는 전체적인 언어 체제의 특징이 아니라 특정 상황에 놓인 특정 언어 사용자의 특징이다. 일반적으로 번역가는 ST 생산자와 다른 환경에 놓인 언어 사용자로서 특정 문체적 선택 사항이 결정될 때 지닌 기호학적 가치를 판단할 수 있어야만 할 것이다. 이 문제와 이와 관련한 문제는 6장에서 펼쳐질 논의의 기반이 될 것이다.

잠재 의미

이제 독자의 관점에서 텍스트에 나타나는 선택사항들을 고려해보자. G. Steiner(1975)가 지적한 것처럼, 또 읽기 과정에 관한 많은 연구가 보여주듯이, 텍스트를 읽는 각각의 행위는 그 자체로 번역 행위, 즉 해석이 된다. 우리는 가능한 의미들의 전체 범위, 다시 말해 Halliday(1978: 109)가 다음과 같이 정의한 잠재 의미(meaning potential)에서 텍스트가 의미한 바를 복원시키려고 한다.

체계 안에 존재하며 한 문화의 구성원들이 자신들의 언어로 접근하는 계열적 범위의 의미적 선택.

분명 우리는 텍스트의 처리 과정에서 자신의 신념, 지식 태도 등을 반영시킨다. 그래서 모든 번역은 아무리 객관적으로 의도하더라도 어느 정도까지는 번역가 자신의 정신적, 문화적 견해를 투영하게 된다. 그런 위험은 대부분의 과학, 기술, 법률, 행정 번역에서 확실히 줄어들지만, 문화적 성향이란 것은 예기치 않는 곳에서 나올 수도 있다. 예를 들어, 국제기구에서 이루어지는 번역에서는 주권국 명칭처럼 변형하게 되면 이데올로기적 태도를 반영하게 되는 변수들에 대해 내부적으로 엄격히 규정한다. 그러나 그러한 규칙과 공식 용어집에 고이 담겨져 있는 규범들이 모든 번역에 다 적용될 수는 없다. SL과 TL 텍스트에서 미묘하게 강조하는 점은 주관적 담화가 연관된 어느 곳에서나 차이가 날 수 밖에 없다.

문학번역에서는 지속적인 재해석의 과정이 매우 뚜렷하다. 번역가의 ST읽기는 무수히 많은 읽기 가운데 하나이다. 하지만 그것은 TL 독자에게 큰 영향을 미칠 수 있는 읽기이다. Beaugrande(1978)는 시 번역에서의 가장 일반적인 실패가 시적 담화의 중요한 특징인 의미 중첩성을 해결하고 텍스트를 특정하게 읽도록 유도하려는 충동에서 비롯된다고 주장한다. 시적 담화의 중요한 특징은 SL 독자 사이에 다각적 반응을 허용하는 것이므로 번역가의 임무는 독자의 역동적 역할을 줄이는 것이 아니라 가능한 반응의 범위를 그대로 유지시키는 것이다.

'공감'과 취지

SL 텍스트 저자의 생각과 잠재 의미에 익숙하다는 것은 번역하는데 아주 요긴하다. 반면 생소하다는 것은 자신감의 결여 내지는 텍스트가 어느 측면에서 결점이 있거나 불분명하며 생략을 포함했을 경우 의미 예측을 불가능하게 만들 수도 있다. 이것은 모든 번역가가 인정하는 사실이다. 문학 작품을 위한 가장 이상적인 번역가는 원문 저자와 가장 '잘 맞는' 사람일 것이라고들 한다. 번역가는 원문의 정신을 '지니고 있어야 하며' SL 저자의 취지를 '자신의 것으로 만들어야 한다는 말도 자주 들린다. 이것은 G. Steiner(1975: 298)가 사용하는 개념, 즉 '번역가는 침범하여, 빼앗아, 집으로 가져 온다'는 것과 유사하다.

아마도 '의도성'이라는 말이 갖는 포착하기 어려운 특징 때문에 이 개념을 언급하기 위해 은유를 사용하게 만드는 것 같다. 의도가 번역에서 나타나야 한다는 견해는 더 이상 논쟁거리가 아니지만, 의도를 주장할 때는 여전히 애매모호하고 인상주의적 용어로 설명하려는 경향이 있다. 우리가 의도라고 지칭하는 부분의 의미를 어떻게 꼬집어낼 수 있을까? 아마도 번역이론 측면에 가장 보탬이 되는 대답은 화용론의 안에서 찾을 수 있을 것이다. 화용론은 우리가 이미 알고 있거나 가정하는 것을 바탕으로 기저의 의미를 인지하는 방식들을 설명하려고 시도하고 있다. 이 개념은 의도된 의미의 예들이 논의될 4장과 5장에서 자세히 다루어질 것이다.

분명히, 의도성, TL텍스트의 구조와 어휘(또는 짜임새, 10장 참조)같은 문제들 사이에는 연관성이 있다. 번역은 선택의 문제이며, 선택에는 늘 동기가 있기 마련이다. 생략, 추가, 변경은 사실상 정당화될 수 있지만 의도된 의미와 관련해서만 가능하다. 모방으로서 번역이 규범이었던 18세기에는 원천 텍스트에서의 일탈이 무차별적이지 않았다. T. R. Steiner

(1975: 42)에 따르면 이상적인 모방은 원천 텍스트의 '설계'(design)에 충실한 것을 의미한다. 원천 텍스트의 '설계'는 무엇이 불필요한 것인지를 판단할 수 있는 기준이 된다. 이런 모방 이론에 기인하여 18세기에 생략, 단순화, 미화가 용인될 수 있었다. 이것들을 오늘날의 번역과 연관지어본다면 ST 생산자의 의도와 번역가의 선택 사이에 밀접한 연관성을 발견할 수 있다. 10장에서의 텍스트의 짜임새에 대한 논의는 이런 가정을 기반으로 한다.

번역가의 동기

의도와 그 밖의 다른 문제들을 논의할 때, 우리의 초점은 주로 원천 텍스트의 생산자에 주로 맞추어왔다. 번역가의 의도는 그 과정 위에 추가된 2차적인 차원으로 여겨지는데, 이제 이 점에 눈을 돌려보자.

번역가의 동기는 번역 행위가 발생하는 **사회 문화적 맥락**과 불가분하게 묶여 있다. 따라서 번역 행위를 사회적 맥락 안에서 판단하는 것이 중요하다. 예를 들어 번역이 있기 전에 먼저 번역에 대한 수요가 있어야 한다. 이 수요는 고객 주도적인 것일 수 있는데, 누군가가 번역을 위임하거나 요청할 때 그리고 꼭 필요로 할 때가 그렇다. 한편 출판업자가 외국 문학 작품에 대한 수요를 인식할 때는 시장 주도적인 것이다. 또한 번역가 주도적일 수 있는데 번역가는 오래된 문학 작품을 번역하거나 재번역하면서 새로운 무언가를 전달하고 싶다고 느낀 경우이다. 게다가, 사회적 생산품으로서 원천 텍스트의 지위, 의도된 독자층, ST생산의 사회경제적 환경, 번역과 TL 독자의 수용, 이 모든 것이 번역 과정 연구에서 의미가 있는 요소들이다. 그리스어와 콥트어 번역을 목적으로 이집트에서 철학자들을 불러와 지혜의 전당(House of Wisdom)을 설립한 8세기

바그다드의 칼리프에서부터, 오늘날 국제기구의 번역 담당 직원까지, 그리고 훌륭한 교육을 받은 교양인의 고전 번역부터 성경 번역가들의 전도용 번역까지, 이들 번역가의 활동은 항상 그들 시대의 사회생활에서 기능하고 영향을 끼쳤다. 그들의 번역생산에 영향을 끼치는 요소들과 따로 분리해서 번역을 연구한다는 것은 결국 그 현상이라는 중요한 측면을 빠트리는 것이다. 사실, 번역한다는 것의 사회적 맥락은 아마도 과거에 번역의 유형, 즉 '문학 번역'인지, '과학 기술 번역'인지 '종교 번역'인지에 대한 엄격한 구별을 만들어 주었던 텍스트 장르 유형보다 더 중요한 변수일 것이다. 이렇게 텍스트 장르별로 구별하는 것은 다양한 분야의 텍스트들 사이의 근본적인 유사점, 즉 우리가 이곳에서 설명하고자 하는 핵심인 장르간의 경계를 초월하는 담화 과정의 규칙성을 숨겨놓는 경향이 있다.

시적 담화: 번역 가능성을 위한 시험적 사례

번역하기를 SL 작가와 TL 독자 간에 일어나는 의사소통적 과정의 일환으로서 파악하는 관점은 번역학 연구 내 해묵은 논란을 해결하는 실마리를 제공하는데 도움이 될지도 모른다. 이는 시적 담화의 본질과 관련이 있으며, 시적 담화가 한 언어에서 다른 언어로 번역이 가능한가의 문제와 관련 있다. 이 논란에 등장하는 용어들은 익숙하며 수세기 동안 많이 변하지 않은 것처럼 보인다.

　　최근 Roman Jakobson(1959: 238)은 언어학적인 입장에서 비관적인 관점을 채택한 사람 중 하나다. 시에서 '음소적 유사성은 의미적 관계로 감지된다.' 즉 언어학적 부호의 형식적 측면은 의미의 일부가 되었고 따라서 번역은 불가능하며 '오직 창조적인 치환만 가능하다.' 사실 이 논점은 시를 넘어서서, 언어 부호 형태의 속성이 표면화 되어 특정 의미를 지니게 되는 모든 담화에 적용가능하다. 특히 광고와 정치적 슬로건은 두운과 각운에 의존한다('Let the train take the strain': British Rail; 'the workers not the shirkers': Margaret Thatcher, *circa* 1980). 말장난 또한 다른 언어로서는 살릴 수 없는 우연적인 유사성에 의존한다.

García Yebra(1983: 145)는 시적 담화의 인상인 예로 Cassiano Ricardo가 쓴 포르투갈어 시, 「세레나타 신테티카」(*Serenata sintética*)를 제시한다.

> rua
>   torta
>
>   lua
>   morta
>
>   tua
>   porta.

이 짧은 시에서는 음소적 형태가 전부다. 단어들은 그 자체로 다음과 같은 것들을 환기시킨다. '구불구불한 도로'(*rua torta*)가 있는 작은 마을과 '이지러지는 달'(*lua morta*), 정사를 암시한 '그대의 문'(*tua porta*). 하지만 이것들의 효과는 유사한 각운과 리듬을 통해서만 성취된다. 포르투갈어와 분리할 수 없는 자질을 부호로 활용함으로써 의미는 일상어의 층위에서 한층 더 올라간다. García Yebra는 이 시를 포르투갈어와 음운론적으로 많이 유사한 스페인어로 번역하는 시도조차도 포기했다고 설명한다.

이와 같이 극복할 수 없어 보이는 어려움에 직면하면 번역가의 반응은 대체적으로 두 가지로 구분된다. 한 가지 반응은 앞에 언급하였듯이 번역가가 단어의 일반적 의미로 번역하려고 시도하지 않고 SL 시를 번안하거나 모방하는 경우이다. 또 다른 반응은 Vladimir Nabokov같은 직역주의자들인데, 이들은 글자 그대로 번역하지 않은 시에 번역이라는 가면을 씌워 버리는 '속임수'를 지적하며 오직 직역만이 시의 본질을 옮길 수 있고 따라서 '번역'이라는 용어를 사용할 자격이 있다고 주장했다.

> 직역: 다른 언어에서 허용하는 연합적이고 통사적인 특징과 가능한
> 가장 가깝게 원작의 정확한 맥락적 의미를 옮기는 것. 이것만
> 이 진실한 번역이다. . . 번역가가 작가에게 반역하기 시작하
> 는 시점이 바로 번역가가 단지 텍스트의 의미가 아닌 '정신'을
> 옮기려 할 때이다. (Nabokov 1964: viii-ix)

물론 이러한 관점은 앞에서 보았다시피 만족스러운 해결책이 전혀 없는 직역, 의역의 논쟁으로 우리를 다시 이끈다. 이러한 종류의 담화를 번역하는데 무엇이 최선인지에 관해 더 논의해 보는 것보다, 이 문제 자체들을 분석하는 것만으로도 진전이 있다는 것을 제안해 본다. Lefevere(1975)는 운문 번역에 있어서 일곱 가지 다른 전략을 나열하며 유용한 틀 구조를 제시한다.

1. 음소적 번역 (ST 소리의 모방)
2. 직역 (Nabokov 참조)
3. 운율적 번역 (ST 운율의 모방)
4. 산문 번역 (가능한 한 많은 의미를 번역)
5. 각운 번역 (각운과 운율의 제약을 추가)

6. 무운시 번역 (각운의 제약은 없지만 구조를 유지)
7. 해석 (형태의 완전한 변화 와/또는 모방)

이 구분을 바탕으로 번역의 평가는 좋은 시번역의 자질이 무엇인가 하는 개념적 평가기준에 따라서가 아니라 번역가가 추구하고자 하는 것이 무엇이냐에 따라 이루어져야 한다. 다시 한 번 말하건대, 우리는 사회적 맥락 안에서 번역 행위를 위치시켜야만 한다. 어떤 언어의 처리도 완전히 재창조하는 것은 불가능하기 때문에 번역가는 그들이 무엇을 우선적으로 전달해야 하느냐에 따라 갈등이 항상 있기 마련이다. 이러한 갈등을 번역가들은 최대한 해결하려고 한다. 따라서 번역을 평가함에 있어서 가장 우선적으로 고려해야 할 것은 번역가 자신의 목적이기 때문에 그 성과는 목적에 따라 판단 될 수 있다. 요약하자면 Jakobson의 견해에 따라 우리가 성취할 수 있는 것과 성취할 수 없는 것에 대해 분명히 밝힐 수 있게 된 다음에야, 번역가가 목표한 것에 따른 결과물과 독자가 누구인지, 즉 그 결과물이 밝혔던 목적에 부합하는지에 관해 논할 수 있어야 한다.

번역의 '법칙'

이 과정적 접근과 대조적으로 번역 연구에서는 번역가가 이론적으로 준수할 규칙 집합을 공식화하는 오래된 전통이 있다. 1791년 초판된 A. F. Tytler의 『번역의 법칙에 관한 에세이』(*Essay on the Principles of Translation*)는 전체가 번역에 관해 저술된 최초의 영어 서적으로 '번역의 법칙' 세 가지를 제시한다.

I. 번역은 원작의 아이디어를 그대로 전사해야 한다.

II. 스타일과 글쓰기의 방식은 원작과 동일해야 한다.

III. 번역은 원문의 구성처럼 자연스럽게 나타내야 한다.

(Tytler 1907: 9)

이와 같은 '법칙'의 문제점은 세 가지 목적이 전적으로 양립가능하고 성취 가능하다는 것을 함축한다는 점이다. 그러나 만약 소재와 방식이 정말 분리 가능한 실재라면 I과 II, III은 최소한 부분적으로 서로 배타적이다.

이 후 Nida(1964: 164)는 번역의 '기본적 요건'을 제시한다. 위와 비슷한 점들이 눈에 띈다.

1. 말이 될 것
2. 원문의 정신과 방식을 옮길 것
3. 자연스럽고 쉬운 형태로 표현할 것
4. 비슷한 반응을 생산할 것

네 번째 요건은 Tytler의 목록에 추가된 것으로서 독자의 반응과 관련된 현대의 관심을 반영한다. 그러나 다른 측면에서 비록 '말이 되어야함'이 원문 텍스트의 '아이디어'를 옮기는 것보다 훨씬 제약이 적지만 이 쟁점들은 본질적으로는 같다. Nida는 요건이 상충하고 있다는 것을 인지하고, 최후의 수단으로 의미의 대응이 우리가 앞서 논의했던 문제인 문체의 대응보다 우선권이 있다고 제시한다. 이제 번역가마다 의견이 분분한 충실성의 관점에서 이 상충점을 고려해 보자.

저자 중심과 독자 중심의 번역하기

번역가의 행동에 대해 추상적인 규칙을 규정하는 대신에 번역가들의 기본적 지향에서의 차이를 고려하면서 논의를 시작하는 것이 더 바람직해 보인다. 따라서 비평가들은 저자 중심의 번역하기와 텍스트 중심의 번역하기, 독자 중심의 번역하기에 관해 말한다. 저자 중심과 텍스트 중심이라는 구분은 원천 텍스트의 지위와 관련이 있다. 현대 문학의 번역가는 종종 원천 텍스트의 저자를 익히 알고 있거나 그 저자에게 연락을 취하여 의도된 의미를 알아내고 그것에 비추어 ST를 해석한다. 반면에 유럽경제공동체(EEC)의 지시문서나 법적 계약서의 번역가들에게 저자성은 텍스트 자체의 본질과 그것이 가진 가능한 의미들의 범위보다 훨씬 덜 중요하다. 번역하기가 독자 중심일 경우 이러한 생각은 여전히 존재하지만, 특정 독자의 반응을 목표로 하는 것을 최우선으로 해야 한다. 어떤 경우라도 번역하기에는 이해의 상충이 수반된다는 것을 고려할 때 번역은 전적으로 어느 것에 우선권을 놓느냐에 대한 문제이다. 이러한 주장은 읽기 과정 자체와 유사한 점이 있는데, 이는 즉 Alderson & Urquhart (1985: xviii)가 지적한 '읽기의 산물은 독자의 목적과 동기에 따라 다양할 것이다'와 같은 의미이다.

많은 종교 텍스트 번역가들은 항상 원천 텍스트에 대한 충실성을 첫째로 꼽는다. 반면 종교 텍스트 번역에서 독자를 우선적으로 고려하는 사람들도 있다. 다음의 간단한 예는 이 점을 잘 설명해 준다. 텍스트 $1B_1$과 $1B_2$, $1B_3$은 포도원 일꾼 비유(the Parable of the Labourers in the Vineyard)의 세 가지 주요 번역본에서 가져 온 것이다(마태복음 20, 1-16).

* 텍스트 1B₁

For the kingdom of heaven is like unto a man that is an householder, which went out early in the morning to hire labourers into his vineyard. And when he had agreed with the labourers for a penny a day, he sent them into his vineyard. And he went out about the third hour, and saw others . . .

하늘나라는 자기 포도밭에서 일할 일꾼들을 사려고 이른 아침에 집을 나선 집주인과 같다. 그는 일꾼들과 하루 일 페니로 합의하고 그들을 자기 포도밭으로 보냈다. 그가 또 세 시간쯤 후에 나가 보니 . . .

* 텍스트 1B₂

For the kingdom of heaven is like a householder who went early in the morning to hire labourers for his vineyard. After agreeing with the labourers for a denarius* a day, he sent them into his vineyard. And going out about the third hour he saw others . . .

*The *denarius* was worth about seventeen pence.

하늘나라는 자기 포도밭에서 일할 일꾼들을 사려고 이른 아침에 집을 나선 밭 임자와 같다. 그는 일꾼들과 하루 일 데나리온*으로 합의하고 그들을 자기 포도밭으로 보냈다. 그가 세 시간쯤 후에 나가 보니 . . .

*데나리온은 17페니 정도의 값이다.

* 텍스트 1B₃

The kingdom of Heaven is like this. There was once a landowner who went out early one morning to hire labourers for his vineyard; and after agreeing to pay them the usual day's wage he sent them off to work. Going out three hours later he saw some more men . . .

하늘나라는 이와 같다. 자기 포도밭에서 일할 일꾼들을 사려고 이른 아침에 집을 나선 밭 임자가 있었다. 그는 일꾼들과 통상 일일 임금으로 합의

하고 그들을 자기 포도밭으로 보냈다. 그가 세 시간쯤 후에 나가 보니
. . .

위의 번역가들이 서로 다른 지향점을 갖고 있다는 증거는 금액을 언급하는 부분에서 발견된다. 텍스트 $1B_1$의 생산자가(1611의 흠정역 성서) 개별 사례로(SL 문화의 기본 화폐 단위에 대한 TL 문화의 기본 화폐 단위) 간단한 기능적 등가를 제공하는 반면 텍스트 $1B_2$(1881년과 1954년의 개정 표준역 성서)는 원문에 나타난 정확한 화폐 단위와 관련시키는 세밀함을 보여준다. 이것이 텍스트 중심 번역이다. 의사소통적인 요건을 위해 주석이 제공된다. 그러나 텍스트 $1B_3$(신영역 성서, 1961)의 번역가는 이 해결책들 모두 적절하지 않다고 보고 있다. 페니와 데나리온 모두 아무 내용을 전달하지 못한다(그리고 현대 실제 금액으로 번역하려는 시도도 틀에 박힌 진부한 생각이라고 보았다). 통상 일일 임금(*the usual day's wage*)을 선택한 것은 번역문의 독자가 가질 적절한 의사소통적 반응을 얻기 위해 번역가가 원천 텍스트의 글자 그대로를 번역하는 것에서부터 출발한다. 이것이 독자 중심 번역하기의 명확한 예이다. 이런 경우가 종종 있지만 그 차이점들은 번역가가 받은 지침에서 기인한다. 1881년 개정 표준역 성서의 번역가들은 '그리스어 단어를 영어 단어로' 똑같이 번역하도록 지시받은 반면 신영역 성서 번역가들은 영어 독자들을 위해 '우리 시대에 통용되는 언어'로 '순전히 새로운 번역'을 생산하도록 요청받았다(신영역 성서 1961: vii-viii).

이런 경우가 순전히 역사적인 관심사로 여겨질 수도 있지만 현대에서도 텍스트 $1C_1$과 $1C_2$처럼 비슷한 과정이 나타난다. 이들은 모두 Claire Bretécher의 만화와 그 영어 번역의 일부이다. 이 만화에서 프랑스 정치

기관들은 그것에 상응하는 영국 정치 기관들로 바꿔 번역되었다. 물론 그로인해 만화의 캐릭터들은 번역본에서 영국인이 된다. 주목할 점은 Bretécher의 번역가가 체계적으로 프랑스적 배경을 영국적 배경으로 개작한 반면 유명한 『아스테릭스』(*Astérix*) 만화 시리즈의 번역가는 그렇게 하지 않았다는 것인데, 이는 『아스테릭스』(*Astérix*) 만화의 경우 국가적 정체성에 의존한 유머를 구사하고 있기 때문이다. 텍스트 $1D_1$과 $1D_2$에서 나타난 것과 같이 아스테릭스는 프랑스인으로 그대로 둘 필요가 있고, 파리 사람들의 운전 습관은 파리 사람의 습관으로 남겨져있어야 한다. 이 고정 관념은 외국 독자도 인식할 만큼 깊게 박혀 있는 반면 Bretécher의 좌파 지식인의 경우에는 환경을 바꿀 필요가 있다. 두 경우에서 번역가는 상이한 전체적 목적을 지침으로 한다.

번안(adaptation)이 번역인지 아닌지에 대해 논쟁하는 것을 유용하다고 보기는 여전히 힘들다. 이것은 특정한 환경에 적합한 하나의 과정이며(예: 희곡 번역), 특정한 종류의 등가를 얻고자 한다. 다시 한 번 말해 특정한 목적을 성취하기 위한 특정 과정이 적절한지 따져봐서 판단되어야 한다.

● 텍스트 $1C_1$

● 텍스트 1C₂

● 텍스트 1D₁

● 텍스트 1D₂

생산의 조건

사회적 관점에서 볼 때 다양한 분야의 번역에서 각 번역가들의 위치는
당연히 매우 다르다. 문학 번역은 종종 그것이 주는 지적이고 미학적인

즐거움을 위해 이루어지기 때문에 문학 번역으로 생계를 유지하는 번역가는 거의 없다. 기술, 행정 문서의 프리랜스 번역가들은 상당수가 번역회사나 고객으로부터 직접 고정적으로 일을 받아 생계를 유지한다. 그러나 큰 회사나 국제적 기관의 번역 담당 직원들은 다른 범주에 속한다. 그들의 작업은 반복적이거나 종종 시간의 압박 아래에서 수행된다. 이와 같은 기본적 문제는 태도에 영향을 끼치게 되어 같은 분야의 번역가들은 다른 분야의 번역가들보다 서로 공통점이 더 많다고 확신하게 된다. Kelly(1979: 126)가 관찰하듯이, Meschonnic(1973)의 Nida에 대한 비평은 다음과 같은 사실에서 유래한다. Meschonnic은 문학적 표현이 언어 기능 중 가장 중요하다고 생각한 반면 성서 번역가인 Nida의 경우 정보의 전달이 중요하다. 다시 말해 번역 기능의 차이가 견해의 차이를 만들어 낸다.

그러나 공통으로 관심이 있는 사안들이 많다. 텍스트 $1B_{1,2,3}$과 $1C_{1,2}$에서 보듯이 서로 다른 분야의 번역에서도 유사한 문제점들이 나타난다. 이 장의 목적은 번역학 연구에서 나타나는 공통 주제들을 살펴보고 모든 경우 번역가들은 사회적 맥락 안에서 일어나는 의사소통적인 활동과 관련이 있음을 보여주고자 했다. 번역가의 목적과 우선순위는 이 맥락 안에서 파악되어야 한다. '직역' 대 '의역' 논쟁, 모든 원천 텍스트의 해석의 문제, 특별한 목적을 가진 특정한 번역의 적절성 등의 전통적 사안은 번역 활동이 일어나는 사회적 상황과 모두 관련된다. 그렇다면 이 모든 과정을 어떻게 연구할 수 있을까? 언어학이라는 20세기의 학문이 얼마만큼 번역학 연구에 공헌하였으며 번역 과정을 평가하기 위해 체계적인 접근을 개발시키는데 어느 정도 도움이 되었는가? 이는 다음 장의 주제가 될 것이다.

2.

언어학과 번역가: 이론과 실제

현장의 번역가

이 장의 목적은 언어학이 번역가의 작품에 미치는 영향을 고찰하고 언어

이론 연구가 번역가의 작업에서 지속적으로 통찰력을 주는 영역을 찾아

보는 것이다. 우리의 분석 대상은 실제 현장에서 일하고 있는 번역가, 즉

짧지 않은 분량의 다소 기술적인 문서를 자신의 일상 언어로 번역하는

현대의 전문 번역가가 될 것이다. 특히 프리랜서 번역가의 경우를 살펴

보자. 프리랜서 번역가는 집에서 작업하지만, 현대 기술로 인해 사용 가

능하게 된 보조기구들을 포함하여 작업 도구들을 완비하고 있다. 번역가

는 다양한 사전(단일 언어, 이중 언어)뿐만 아니라 백과사전 혹은 전문주

제 분야의 문서 자료를 갖추고 대개 워드 프로세서를 사용하거나 에이전

시가 의뢰한 작업의 경우는 구술 녹음기를 이용하여 작업한다. 작업현장에서 온라인으로 정보를 복원하는 것도 머지않아 현실이 될 것이다. 즉 다중언어 용어집뿐만 아니라 글쓰기의 기술적인 영역과 백과사전적 정보를 담고 있는 데이터베이스에도 온라인으로 접근할 수 있을 것이다. 넓게 보자면 번역가는 가능한 한 최대한 신속하게 구체적인 정보에 접근할 수 있어야 한다. 여기서 구체적인 정보는 원천 텍스트의 이해를 촉진시키고 TL의 용어와 목표 텍스트 관습의 지침이 되는 정보를 뜻한다.

번역가에게 도움이 되는 보조기구들은 개선되고 있지만 번역가가 작업할 때 직면하는 기본적인 문제들은 여전히 그대로 남아있다. 광범위하고 일반적인 측면에서 본다면 다음과 같은 문제들을 열거할 수 있다.

1. 원천 텍스트의 이해
(a) 텍스트 구조 분석하기(문법과 어휘)
(b) 전문 지식에의 접근
(c) 의도된 의미에의 접근

2. 의미의 전이
(a) 어휘적 의미 전달하기
(b) 문법적 의미 전달하기
(c) 잠재 독자를 위해 함축된 의미 및 추론 가능한 의미를 포함하는 수사학적 의미 전달하기

3. 목표 텍스트의 평가
(a) 가독성
(b) TL의 장르관습과 담화관습에 맞추기

(c) 번역이 특정 목적에 적절한지 판단하기

번역가가 수행하는 인지적이고 언어학적인 작업을 상술한 상기 목록은 단순화되어 불완전하다. 번역을 함에 있어 전개되는 전 과정의 처리 활동은 우리의 논의가 점점 진행됨에 따라 명확해질 것이라고 기대한다. 그러나 현재로서는 이 목록이 언어학 이론과 번역의 실제가 연관성이 있을 것으로 기대되는 지점으로 안내할 것이다.

20세기에 언어학이 새로운 분과학문으로 출현함으로써 마침내 언어 기술의 체계적이고 과학적인 접근을 위한 토대가 마련되었다는 낙관적인 시각이 나타났다. 언어가 체계로서 기능하는 방법을 통찰함으로써, 사회생활에서 경험하는 제반 언어 문제를 밝힐 수도 있다(어쩌면 해결할 수도 있다). 사회생활의 다양한 영역에서 언어학적 관점의 연구가 요구되었는데, 현대 언어 교수법, 언어장애 치료, 교육에서 언어의 역할, 소수 언어의 지위와 대우, 신흥국가에서의 언어 계획 정책 및 번역이 이에 해당한다.

인간 번역과 기계 번역: 문제와 가상문제

언어학을 응용하는 한 가지 명백한 방법은 자동번역을 수행하는 장치를 개발하는 것이다. '양질의 완전 자동 번역'의 추구가 언어학자와 번역가 사이에 접점을 제공할 것이라 예상할 지도 모르겠다. 하지만 현실에서 그러한 추구는 별개로 진행되는 경우가 대부분이었다. 초기의 기계 번역(MT) 연구에서는 인간 번역가가 실제로 수행하는 과정에 대해 철저하게 조사하는 대신에 샘플 문장들의 통사적 구조의 문제점과 어휘적 다의성을 해결하려는 데에 집중하였다. 그 기저에는 번역이 언어 체계들 사이에 상반되는 점을 극복한다는 암묵적인 가정이 존재한다. 원천 언어의 통사적 구조는 TL의 구조로 바뀌어야 하고, 각 언어의 어휘항목들은 서로 일치되어야 하며 가장 근접한 등가 표현이 선택되어야 한다는 것이다. 이러한 문제들을 해결하는 방법을 연구하는 데 엄청난 노력과 자금이 투자되었던 반면, 맥락에 대한 전체적인 개념은 다루기 힘들다는 이유로 기계 처리과정의 능력을 벗어난 것으로 간주하였다.

초기 MT 모델은 번역가의 작업을 모방하거나 수반되는 인지 과정을 모형화하려는 시도라기보다 오히려 언어학에서 현재 집중하고 있는 문제를 반영하는 것이었다. 이 시기에 나온 편집되지 않은 MT 결과물의 샘플 일부를 보면 이러한 점을 잘 이해할 수 있다. 텍스트 2A는 Hutchins (1986: 69)에서 인용된 것으로 1950년대 후반 IBM Mark I의 불-영 번역 시스템에서 나온 번역의 예다.

● 텍스트 2A

The algebraic logic which is the subject of this courses is conceived here as the part the most elementary (of) the mathematical logic. Later we/us will specify what we/us hear/mean signify by the word 'algebraic.' But one needs indicate immediately in what consists the mathematical logic whose algebraic logic constitutes the first part.

우선 분명한 것은 텍스트 2A가 비록 결점은 있지만 이해 가능한 영어판 번역이라는 것이고, 또한 MT의 비교적 초기단계치고는 확실히 성공적이었다는 것이다. 한 가지 예가 첫 줄에서 무생물 주어 명사를 지칭하기 위해 who 대신에 which를 선택한 것이다. 하지만 문제점들은 분명하다. 이 단계에서 주격 대명사와 목적격 대명사를 구별하지 못하는 점은 차치하더라도, 해결되어야 할 문제점들에는 명사/형용사 도치(*the part the most elementary*), 정관사의 사용(*the mathematical logic*), 프랑스어의 동사 *entendre*의 다의성(*hear/mean*), 특정 범주의 대명사들(*in what consists; whose*─후자는 당연히 'of which'가 되어야 한다)이 있다. 이 모든 것들은 당연히 언어학적 분석의 문제이지, 번역의 문제는 아니다. 왜냐하면 유능한 번역가라면 누구나 이러한 문제를 선택과 대체로 관련 없는 자동 전이 절차(즉 *la partie la plus élémentaire*는 "the most elementary part"로 옮겨진다)일 뿐이라고 생각하기 때문이다. 반면에 인간 번역가들은 당연히 텍스트 2A에 깔려 있는 주장의 수사학적인 흐름을 옮기고자 할 것이다. 예를 들면 다음과 같다.

> We shall specify later . . . For the moment, however, we must indicate . . .
> 우리는 나중에 구체화 할 것이다 …… 하지만 지금 우리는 … 을 지적해야만 한다.

개별 문장의 한계를 넘어 텍스트를 수사학적으로 전개하는 것은 적어도 한동안은 MT연구의 범위를 넘어서는 것이었다. 결과적으로 초기 MT의 문제와 인간 번역의 문제들은 일치하지 않았다. 즉 한 쪽에서 고민하는 것이 다른 쪽에서는 전혀 고민거리가 되지 않았다.

초기에 어느 정도 성과가 있은 후, MT를 자연발생적인 텍스트에 적용시킨 결과는 실망스러웠다. 1964년 MIT의 V. H. Yngve 교수는 다음을 인정할 수밖에 없었다.

우리는 기계가 스스로 무엇을 번역하는지를 "이해"할 수 있을 때에만 적절한 기계 번역 결과를 얻을 수 있으며 이것이 아주 어려운 작업이라는 것을 실감했다. (Yngve 1964, Hutchins 1986: 164에 인용됨)

MT의 상태에 대해 조사하기 위해 1966년 미국학술원(US National Academy of Sciences)이 설치한 자동언어처리고문위원회(ALPAC)는 "유용한 기계번역에 대해 즉각적이거나 예상 가능한 전망은 존재하지 않는다"라고 (어쩌면 지나치게 비관적으로) 보고했다. 미국에서는 MT에 대한 자금 지원이 급격하게 감소하였으며 한 동안 MT에 대한 관심도 시들해졌다. 그러나 MT에 대한 연구는 계속 진행되었는데, 우리는 본 장의 후반에서 MT에 대한 좀 더 유망한 접근방식을 논의해 볼 것이다. 현재 많은 시스템들이 가동되고 있으며 사용자들도 그 결과에 비교적 만족을 느끼고 있다. 그럼에도 불구하고 MT 시스템에서 나온 결과물의 상당 부분에 아주 기본적인 종류의 광범위한 사후편집이 필요한 것이 사실이다.

따라서 MT를 대량의 번역 서비스 작업에 통합시키는 데 있어 부수적인 문제들이 당연히 발생하였다. 항상 양질의 번역을 생산하도록 훈련받은 번역가들은 이제 자신들이 기계가 번역한 형편없는 결과물을 교정하는 데 상당한 시간을 할애하고 있음을 깨닫게 되었다. 이러한 상황에서 작업은 반복적이고 힘들기 때문에 번역가들의 직업 만족도가 낮아지는 경향이 있다(Melby 1982와 Picken 1985: 85-91에 보고된 논의를 보라). 이에 대응하여 **상호작용 시스템(interactive systems)**이 개발되었는데, 이 시스템에서 번역가는 다시 번역과정을 통제하고 모든 단계에서 개입할 수 있게 되었다. 이러한 시스템에서 기계는 특정 단어나 구의 대안적 번역을 제시함으로써 도움을 요청한다. 인간 교정자는 이러한 선택사항중 하나를 택하거나 혹은 더 나은 번역을 입력한다. 교정자는 이 단계에서 새로운 표제어를 입력하여 시스템의 사전을 업데이트시킬 것인지 아닌지의 여부도 결정할 수 있다. 이러한 단계들이 완료된 후라야 시스템에서 목표 텍스트가 생산된다(추가적인 논의는 Melby 1987을 참조하라).

구조 대 의미

지난 20년간 이루어놓은 유망한 발전사항들을 살펴보기 전에 먼저 언어이론의 초기 발전이 왜 번역가의 관심을 그다지 끌지 못했는지에 대한 이유들을 살펴보기로 한다. 구조주의 언어학은 언어를 상호의존적인 요소들로 이루어진 체계로 기술하고, 개별 항목과 범주를 분포양상(즉, 개별항목과 범주가 나타나는 언어적 맥락의 전체 범위)에 근거하여 특징지으려 했다. 형태론과 통사론이 분석의 주요영역을 차지하면서 대체로 처리하기 힘든 의미의 문제는 배제되었는데, 의미는 무시되거나 그렇지 않으면 순전히 어휘 항목 분포의 측면에서만 다루어졌다. Bloomfield(1933: 140)의 유명한 진술은 이를 잘 드러낸다.

따라서 의미에 대한 진술은 언어연구의 약점이며, 인간 지식이 현재 상태보다 훨씬 더 진보하기 전까지는 그대로일 것이다.

의미는 번역가의 작업에서 핵심이기 때문에 미국 언어학에서 의미연구가 지연됨으로써 언어학과 번역학의 간극이 초래될 수밖에 없었다. 단순히 말하자면 언어학자들과 번역가들은 서로 다른 이야기를 하고 있었다. 게다가 언어학적 기술은 대체로 단일 언어 체계에 국한되었다. 굳

이 언어를 대조하고 비교함으로써 문제를 어렵게 만들지 않고도 한 언어 체계내의 분포양상과 소리체계의 대조, 단어 형태 및 문장 성분을 분석하는 데 수반되는 복잡성 그 자체만으로도 충분히 버거운 일이었기 때문이다. 한편 번역가들에게는 모든 문제가 두 언어 체계와 관련된 것이었다. 따라서 한 언어 내의 한 어휘항목의 분포에 대한 진술은 별다른 가치가 없었다. 예를 들어, 위의 텍스트 2A에서 불어 동사 *entendre*의 완전한 분포 집합에 대해 분석하는 것은 정확한 영어 등가를 선택하는 MT의 규칙 형성에는 도움이 되었을지도 모른다. 하지만 이러한 맥락에서 필요한 것이 ". . . 가 의미하는 것"임을 알고 있고, 진짜 관심사가 다른 곳, 즉 기술적 텍스트의 가독성을 최대화하는 것에 있는 인간 번역가에게는 도움이 되지 않는다.

언어체계간 대조

그럼에도 불구하고 구조주의 언어이론들은 번역이론에서 영향력이 있었으며 구조주의 개념을 번역의 문제에 적용하고자 하는 진지한 시도들이 더러 있었다. 예를 들어 Catford(1965)는 현 상태 "언어과학" 위에 번역이론을 정립하려고 시도한다. 이 작업은 사실 J. R. Firth와 M. A. K. Halliday의 영국 언어학의 전통에 기초를 두고 있는데, 영국 언어학은 문맥적 의미와 언어활동이 일어나는 상황의 사회적 맥락을 강조한다는 점에서 미국 구조주의 언어학과 다르다. 게다가 이 작업은 하나 이상의 언어체계를 이용하고 있으며, 사용된 예들도 게일어에서 인도네시아어에 이르기까지 서로 밀접하게 연관된 언어와 연관되지 않은 언어 등 상당히 다양하다. 하지만 논의의 많은 부분이 문화 장벽을 넘어선 의사소통에 대한 것이라기보다 언어 체계간의 구조적인 대조에 관한 것이며, 실제 텍스트가 아닌 탈맥락화된 개별 문장들에 관한 것이다. 따라서 번역 이론은 대조 언어학의 분과가 되며, 번역의 문제는 상이한 언어들에서의 특정한 형식 범주의 비대응 문제가 된다. Catford(1965: 32)는 다음과 같이 말한다.

> 형식적 대응어는 특정 SL 범주가 SL에서 차지하는 것과 "동일한" 자리에 최대한 가깝게 TL의 조직 내에서 차지한다고 볼 수 있는 TL의 범주다.

이와 같이 정의된 '형식적 대응'이 번역학과 관련 있다는 가정은 "등가의 확률"에 대한 조사, 즉 특정 SL 범주가 어떤 텍스트에서든지 등가적인 TL 범주로 번역될 가능성의 정도를 통계적으로 계산하려는 시도로 자연스럽게 이어지게 된다. 따라서 특정 텍스트 쌍에서 불어. *dans*이 영어 *in*으로 번역될 가능성은 73퍼센트다. 그렇다면 다량의 텍스트 샘플을 통계적으로 분석하면 "번역 규칙"을 공식화할 수도 있을 것이라는 기대가 나온다. 그러나 분명한 것은, 이러한 외삽법은 언어 체계에 관한 진술일 뿐이지 텍스트의 생산과 수용을 둘러싼 의사소통적 요인들에 대한 진술은 아니라는 것이다. 전치사와 같은 범주 간 등가 확률의 개념은 텍스트 2A처럼 MT 초벌 결과에서 나타난 기본적인 오류와 관계있을지도 모른다. 하지만 *en quoi consiste la logique mathematique*를 아무 문제없이 *what mathematical logic consists of*로 번역하는 인간 번역가에게 그러한 개념은 전혀 관심사가 아니다.

상이한 언어체계간의 대조에 대한 유사한 관심을 바탕으로 Jakobson(1959: 236)은 "언어는 본질적으로 전달*해야만 하는* 내용에서 차이가 있지 전달할 수 있는 내용에서 차이가 있는 것이 아니다"라고 주장한다. 다시 말해서 모든 자연 언어들은 그 언어들이 속한 문화 공동체의 모든 범위의 경험을 나타낼 수 있는 역량을 갖고 있다. 특정 언어들의 자원은 (차용, 은유, 신조어 등을 통한) 새로운 경험을 조달하기 위해 확장되기도 한다. 하지만 문법적, 어휘적 구조와 범주 때문에 언어 사용자들은 의미의 특정 항목을 전달할 수밖에 없으며, 대조/구조주의 학자들에 의하면, 여기에서 실제 번역의 문제가 발생한다. 전형적으로 이러한 비대응의 문제는 직시어(deixis)의 범주에서 발견되는데, 직시어는 발화를 발화 상황의 인칭, 장소, 시간적인 특징에 연관시키는 범주다. 예를 들어 영어의 인칭 대명사 체계에서는 성과 수가 삼인칭(*he/she/it/they*)에 표현되며, 일인칭(*I/me*)에는 수는 표현되지만 성은 표현되지 않는다. 한편 이인칭(*you*)에는 수와 성이 모두 표현되지 않는다. 이러한 비대칭적 양상이 모든 언어에서 발견되는 것은 아니다. 중국어는 삼인칭에 성의 구별을 하지 않으며 바하사 말레이시아어는 청자가 지시에 포함되는 여부에 따라 일인칭 복수 대명사가 두 개로 나타난다. 많은 언어들의 이인칭에서 공손/친숙 호칭 대명사와 단수/복수의 구별을 한다. 루마니아어에는 세 가지로 공손/친숙 대명사를 구별(*tu/lei/dumneavoastra*)한다. Levinson(1983: 69-70)에 따르면 타밀 마을에서는 여섯 개의 이인칭 대명사가 사용되는데 이는 화자/청자 관계의 다양한 계급을 반영한다.

호칭 대명사: 구조적 대조의 문제

시제 체계와 지시사, 시간 및 장소부사를 포함하는 문법 범주간의 일대일 대응이 성립하지 않는 것이 번역가에게 문제가 된다는 것은 자명한 사실이다. 한 예로 불어의 *tu*와 *vous*처럼 대명사에 따라 동사어미가 분명히 달라지듯이, 많은 언어에서 나타나는 소위 호칭의 '공손', '친숙' 형태 간의 구별에 대해 자세히 살펴보자. 언어학의 관습에 따라 우리는 언어에 상관없이 T와 V로 이러한 형태를 표현하기로 한다. 대체적으로 문학 번역과 영화 자막번역에서 문제가 나타나는데, 이는 대개 문학과 영화의 대화에서 V가 T형식의 호칭으로 현저하게 전환되는 것과 관련 있다. 이러한 전환의 의미가 영어의 대명사로는 번역되지 않는다. 따라서 불가피한 손실에 대한 어휘적인 보상이 필요해진다. 텍스트 2B는 H-G Clouzot의 영화 *Le salaire de la peau*(영어 제목은 *The Wages of Fear*)에서 발췌한 대화의 일부분이다. 불어 대사(배경이 라틴 아메리카이므로 스페인어도 약간 포함됨)는 왼쪽이고 이에 대한 영어 자막은 오른쪽이다.

• 텍스트 2B

A: Allez, viens-là mon petit gars.	Come here kid.
Otra copita para mi compadre	Another glass for
Assieds-toi	my buddy
B: Merci, vous êtes bien aimable	You're very kind.
A: Non, tu me tutoyais tout à l'heure	No, we're friends.
Je m'appelle Jo . . . pour toi	To you, my name's Jo

SL의 관객에게, *Vous êtes bien aimable*에서 화자 B의 V형식 사용은 대인적 관계에서 거리를 유지하려는 시도를 나타낸다는 점에서 중요한 부분이다. 그 다음 A화자가 *tutoyer*(친숙하게 부르다)라는 동사를 통해 T형식을 사용하여 받은 것은 화자 B의 발화에 호응하면서 사용된 *Non*과 함께 V형식의 사용에 결속성있게 연결된다. 한편 영어 자막에서는 이러한 응집 확보가 어렵다. 정보 손실을 보상하기 위한 *We're friends*의 사용은 그 자체

로 충분히 성공적이지만(사실 이것은 이와 같은 자막 문제를 해결하기 위해 자주 사용되는 장치다), 특히 No와 결합됨으로써 발화는 연관성이 없어 보이며 결속성도 원천 텍스트에 비해 인식하기 어렵다. 그것은 No를 그 앞의 발화,

"You're very kind" — "No, we're friends"

에 나타난 상대적인 격식성에 대한 반응으로 인식해야 하기 때문이다. 한편 번역의 문제에 대해 만족스러운 대안 해결책을 찾는 것은 쉽지 않으며 자막의 특수한 제약을 고려하면 어느 정도의 의사소통적 손실은 불가피한 것 같다. 텍스트 2C는 가능한 대안으로 2B보다 나은 내적 결속성을 갖추고 있다.

- 텍스트 2C

A: Another glass for my buddy
B: Thank you, Mr. . . . ?
A: Come off it! We're friends.
  To you, my name's Jo.

Lyons(1979)는 톨스토이의 『안나 카레니나』에서 T와 V형식의 사용을 조사했는데, 소설 속에서 사회적으로 지위가 동등한 귀족인 등장인물들은 그들 관계의 현 상태에 따라 러시아어의 T형식과 V형식을 모두 사용하여 감정이나 기분의 변화를 나타낸다. 하지만 이들은 때때로 불어를 사용하는데, 불어로는 이들의 사회 그룹에서 vous만 사용할 수 있기 때문에 러시아어의 ('차가워' 보이는) V형식과 (너무 친밀해서 '위험한') T

형식 사이의 불편한 선택을 피할 수 있게 된다. 『안나 카레니나』의 영어 번역에서는 T와 V 사이의 이러한 전환의 취지가 번역되지 못했다고 언급하면서 Lyons는 다음과 같이 결론짓는다(1979: 249).

한 언어 체계가 드러내는 의미적 차이점이 있을 수 있는데 그것은 다른 언어 체계의 표현으로는 전혀 번역할 수 없거나, 아니면 번역하더라도 대충이나 불충분하게만 번역할 수 있다.

이러한 관점에서 보면, Lyon의 논문 제목에 나타나 있는 "번역의 불가능성"에 대한 결론은 간단하게 내려진다.

번역은 불가능한가?

언어들 사이에서 범주간 비대응에 대한 인식은 언어학에서 한동안 매우 영향력 있었던 견해의 근간이 된다. Edward Sapir(1921)의 진술과 B. L. Whorf(예: 1956)의 호피족 인디언 연구에서 발전한 이 견해는 언어에 의해 사고가 형성되기 때문에 우리가 사고하고 개념화하는 방식은 우리가 말하는 언어에 의해서 결정된다는 것이다. 가장 극단적인 언어결정론에 의하면 우리는 우리가 말하는 언어의 포로이며 우리 모국어 외의 다른 언어의 범주로 개념화하는 것이 불가능하게 된다. 이러한 견해가 성립할 수 없다는 사실은 이제 널리 인식되어 있다. 사람들이 제2언어를 아주 능숙하고 유창한 정도로까지 익히는 것이 가능하다는 사실 자체가 이러한 가설을 상당히 약화시킨다. 사실상 2개 국어를 쓰지 않는 번역가들도 한 언어에서 다른 언어로 훌륭하게 의미를 전달한다. 그렇게 하면서 번역가들은 특정 언어체계와는 상관없이 의미를 개념화하는 것이 가능하다.

Sapir/Whorf 가설에 대한 충분한 설명과 다양한 반론이 다수의 언어학 서적을 통해 제공되고 있으므로(예: Sampson 1980, Lyons 1981) 여기서는 되풀이하여 설명하지 않기로 한다. 하지만 형식적 범주에 몰두하면 (Whorf는 호피어에 시제 체계가 없기 때문에 "시간이 존재하지 않는" 언어로 보았다) 번역의 불가능성에 대한 비관적 가정에 이르게 되는데 그것은 실무 번역가의 경험과는 완전히 일치하지 않는다.

번역에 있어 극복할 수 없는 문제에 대한 이와 같은 가정들은 Nida (1959)의 견해와 유사한데, Nida는 문법 및 어휘 범주의 비대응이 번역에 있어 정보 손실과 정보 획득의 주요한 자원이 된다고 주장했다. 정보 획득은 TL의 범주에서 의무적으로 표현되어야 하는 정보가 SL 범주에서 결여되어 있을 때 나타난다. 예를 들어 사뽀텍(Zapotec) 방언에서는 '특정 참여자에게 처음으로 발생하는 행위와 반복적으로 발생하는 행위를 필히 구별해야 한다.' SL 텍스트에서 표현되지 않은 정보가 TL 텍스트에 추가되는 것은 불가피한 것 같다. 하지만 이러한 정보 추가는 번역 그 자체가 SL 텍스트의 의미 있는 각 항목을 TL 텍스트의 등가어로 재현할 필요가 있는 행위로 간주되거나 혹은 그 역이 성립하는 경우에만 그러하다.

이 모든 논의에서는 조사 대상이 되는 특정 맥락의 항목들이 갖는 의사소통적 가치가 고려되지 않는다. 이는 마치 번역의 모든 단계에서 SL 구조만의 특징이 반영되고 있는 것 같다. 이론적으로 동사 시제가 없는 중국어를 동사에 반드시 시제가 표현되어야 하는 영어로 번역하면 정보 추가가 불가피해진다. 그러나 실제로는 중-영 번역가들은 선택된 영어 시제가 일반적으로 맥락에서 분명하므로 원천 텍스트에서 표현된 것에 의미가 반드시 추가되는 것은 아님을 확신할 것이다. 따라서 실무 번역가의 입장에서 출발하는 사람과 언어 구조 비교에서 시작하는 사람은 완전히 다른 결론에 도달하게 된다. 이론과 실제는 맞지 않는 것 같다.

동시에 대조 구조주의 언어학의 영향은 번역 교수법에서도 나타났다. 번역의 문제가 문법적, 어휘적 범주를 대조함으로써 가장 잘 밝혀진다는 가정은 번역에 관해 출판된 수많은 매뉴얼의 근간이 되고 있는데, 이들 매뉴얼은 동사(시제, 법, 태, 상), 형용사, 대명사, 전치사 등을 분야별로 기술하고 있다(예로 García Yebra 1982, Astington 1983을 참조하라). Chau(1984)가 지적했듯이 일반언어학의 개념들이 보급되는 사이에 시차가 존재한다고 볼 수 있는데, 즉 개념이 이후의 번역 이론 작업에 반영되고 그 이후 번역 매뉴얼에 교수법으로 적용하기까지는 시간이 걸리는 것같다. 따라서 구조주의적 접근은 여전히 여기저기서 영향력을 행사하고있는 반면 언어학 내의 최근 동향은 번역 매뉴얼에 아직 반영되지 않고있다. 반대로 번역학 연구가 언어학에 영향력을 끼친 경우도 있다. 언어교육에서 번역을 도구로 사용하는 것에 많은 응용언어학 연구자들(예: Widdowson 1979, Dagut 1986)이 관심을 보였고, 심리언어학과 이중 언어연구에서는 '자연스러운' 또는 자발적인 번역이 제공하는 증거에 관심을보인다. 결국 대조언어학의 분야는 언어 간의 대응과 비대응의 문제, 즉번역을 고려할 수밖에 없게 된다.

언어와 사고적 접근

"표층 구조"와 "심층 구조"의 구별은 Chomsky와 여러 학자들이 언어 분석에 도입했던 통찰 가운데 하나다. 이것은 말하자면 담화의 표층에 있는 요소들의 배열인 '지면 위의 단어들'이 기저의 구조적 배열을 숨기고있으며, 개념과 실재 사이의 실제 관계를 반영한다는 개념이다. 이러한표상의 2차적 단계는 일부 번역 이론가의 관심을 끌었으며, Nida(1964:

68)는 번역 행위를 다음과 같이 제시하였다.

1. SL 텍스트를 기저의 표상으로, 또는 의미 '핵'(kernel)으로 해체
2. '구조적으로 간단한 단계에서' SL을 TL로 의미 전환
3. '문체적, 의미적으로 등가인 표현'을 TL에서 생성

이 가설의 심리학적 정확성은 증명하기 어려울 것이다. 번역가의 사고 활동에서 일어나는 연속 과정을 과학적으로 조사하는 것에는 어려움이 있으므로 결정적인 결과는 아직 산출되지 못했다. Aitchison(1976: 175)은 다음과 같이 지적한다.

우리가 문장을 이해할 때 Chomsky 식의 심층구조를 찾아낸다는 가 설은 아직 반증된 바 없으나, 대체적으로 반증될 것 같지도 않다.

게다가 논의의 대상이 되는 심층구조는 통사적 실재로 이해되었다. 따라 서 변형생성문법과 일차적으로 관계있는 것은 어휘 및 기타 형태의 의미 재현이 아니었다. 구조주의 언어학처럼 변형 생성 문법도 단일 언어(주로 영어)내의 문법 체계를 기술하는 데만 열중하였다. 단일 문장보다 더 큰 단위는 분석된 적이 없으며 분석된 자료도 거의 이상화시킨 것이거나 맥 락에서 분리된 것이었다. 다음과 같은 발화는

John is eager to please
또는
These men are more clever than Mary

실제 맥락이 없기 때문에 유용한 번역 논의를 위한 기초가 될 수 없다.

결국 변형 문법은 "언어수행"(특정 텍스트의 생산과 수용에서 언어 능력을 수행하는 것)보다 "언어능력"(화자/청자의 이상적인 언어 능력)의 연구를 더 중요시했기 때문에 번역가의 작업에서 가장 중요한 요소인 의사소통으로서의 언어에 대한 관심을 다른 데로 돌려놓게 되었다.

사회문화적 맥락

Chomsky식의 언어학 내에서 제한적으로 인식되고 있는 문법적 "언어능력"이라는 개념의 한계에 의문을 가졌던 사람은 Dell Hymes였다. 언어학의 연구에서 사용된 대부분의 데이터처럼 언어학적 언어능력은 언어 습득에 대한 사회문화적 특징의 관련성을 무시한 추상적 개념이다.

> 지배적인 이미지는 추상적이며 고립된 개체, 즉 거의 연관 없는 인지 메커니즘에 대한 것이며, 우연한 경우를 제외하고는 사회적 세계의 인간에 대한 것이 아니다.　　　　　　　　　　　(Hymes 1972: 272)

이 대신에, Hymes는 언어학이 어린이가 문법적일 뿐 아니라 적절하기도 한 발화를 만드는 능력을 습득한다는 사실을 설명하는 데 집중해야 한다고 제안한다. 다시 말해 어린이는 의사소통적 언어능력(communicative competence) 즉 "실제 사용을 위한 언어능력"을 습득한다.

이 개념은 물론 번역학과 직접적으로 관련된다. 번역가의 의사소통적 언어능력은 SL과 TL 공동체 양쪽에서 의사소통적으로 적절한 것에 맞춰져 있으며, 번역의 개별 행위는 언어가 실제 사용되는 맥락에 대한 적절성에 따라 평가될 수 있다. Widdowson(1979: 8)은 용법(usage)과 실제사용(use)을 구별했다. 용법은 사전이나 문법체계에서 성문화되어 있듯이 "언어 체계 혹은 부호의 투영"이다. 이 장에서 우리가 지칭했던 인공적인 데이터는 용법의 예로 볼 수 있으며, 이를 의사소통에서 실제 사용되는 언어와 결코 혼동해서는 안된다. 번역학에서 개별 언어들의 문법적 범주의 비대응에 대해 몰두했던 것은 실제사용보다는 용법, 의사소통으로서의 언어보다는 체계로서의 언어에 대해 연구했기 때문이다.

현재 동향: 의도와 이해

최근 언어학의 연구범위는 개별 문장의 영역을 넘어섰다. 텍스트 언어학(예: Beaugrande & Dressler 1981)은 사용자의 측면에서 텍스트의 형식을 설명하고자 한다. 의미가 텍스트 생산자와 수용자 사이에서 타협되는 어떤 것임을 인정한다면, 번역가는 당연히 특별한 유형의 텍스트 사용자로서 이 협상 과정에 개입하는 것에 의해 언어와 문화의 경계 너머로 의미를 전달하게 된다. 그럼으로써 번역가는 텍스트가 제공하는 모든 근거에 기초하여 의도된 의미, 함축된 의미, 전제된 의미 등과 같은 문제를 필연적으로 다룬다. 사회언어학, 화용론, 담화 언어학 등 다양한 분야의 학문이 이 과정과 밀접한 관계가 있는 연구 영역들이다.

　　MT 결과물의 샘플 텍스트 2A로 다시 돌아가서, 우리는 이러한 개념의 일부가 텍스트 2A가 나온 원천 텍스트의 인간번역에 어떻게 적용되는 지를 볼 수 있다. 문법 및 어휘적 관계를 해석하는 기초적인 작업 이상으로 인간 번역가는 텍스트가 암시하는 수학적 원리를 일반적으로 알고 있어야 할 뿐 아니라 다음과 같은 텍스트 생산자의 의도를 어느 정도는 인식할 수 있어야 한다.

1. *algebraic logic*과 *mathematical logic*을 서로 연관 있는 것으로 놓기
2. 독자의 관심을 *mathematical logic*의 본질에 집중시키기 위해 *algebraic logic*의 정의를 지연하기

이 장을 시작할 때 번역가 과제의 초기 목록에서 제시했듯이, 번역의 목적은 TL 규범을 준수하여 목표 텍스트의 독자가 이러한 의도를 쉽게 복원할 수 있도록 하는 것이다. 텍스트 2D는 텍스트 2A를 이러한 요구사항에 맞추어 사후편집해 본 것이다.

● 텍스트 2D

Algebraic logic, which is the subject of this course, is considered here to be the most elementary component of mathematical logic. We shall define later on what we mean by the term 'algebraic.' But for the moment, our most important task is to state what mathematical logic consists of since algebraic logic is but the first part of it.

이 과정의 주제인 대수논리는 여기서 수리논리의 가장 기초적인 요소로 볼 수 있다. 우리는 '대수'라는 용어가 무엇을 의미하는지 이후에 정의할 것이다. 하지만 지금 가장 중요한 것은 수리논리가 무엇으로 구성되어 있는지를 밝히는 것이다. 왜냐하면 대수논리는 수리논리의 첫 부분일 뿐이기 때문이다.

기계번역의 연구는 앞서 언급했던 초기 모델의 한계를 훨씬 넘어섰으며 야심찬 프로젝트가 다시 진행 중에 있다. 예를 들어 유로트라(EUROTRA)프로젝트는 유럽경제공동체(EEC)의 공식 언어들을 다룰 수 있는 "산업화 이전 원형의 MT 시스템"을 구축하고,

제한된 주제 영역(정보기술)과 텍스트 유형(유럽경제공동체 위원회 결정과 같은 공식적 공동체 문서)에서 인간의 큰 도움 없이 합리적 수준에서 우수한 수준까지의 번역을 제공하는 것을 목표로 한다.

(Arnold & des Tombe 1987: 115)

미국에서 인공지능(AI)에 기반을 둔 연구는 현재 초기 시스템이 의미론을 배제하고 통사론에 지나치게 집중함으로써 초래한 간극을 메우고자 한다. 번역하기가 '이해하기'(텍스트에서 의도된 의미를 재현한다는 측면에서)와 관련 있다는 가정 하에, 인공지능적 접근은 의미론적 분석을 전면에 내세울 뿐만 아니라 인간 번역가가 번역 과정에서 의존하게 되는 필요한 양만큼의 세상지식을 흉내내는 '지식 기반'까지도 통합시킨다. 이 분야에서 Schank & Abelson(1977)의 연구가 선구적인데, 이들은 '이해가 지식에 기반을 두고 있다'고 주장하며, 스크립트(scripts 사건의 표준적인 연속), 계획(plans 사건 연결에 관한 일반적 정보), 목표(goals 인간 행동의 인식 가능한 목적)라는 용어로 이러한 지식을 공식화하려고 한다. 현재의 기술 상태로는 완전히 자동화된 양질의 번역을 얻기가 힘들지만 이러한 접근은 사실 인간이 언어로 의사소통하는 과정에서 실제로 수반되는 요소들에 근거하기 때문에 유망하다고 볼 수 있다. 콜게이트 대학에서는 TRANSLATOR MT 시스템에 "인간 번역가의 전문적 지식을 재현"하는 데 목적을 둔 지식 기반을 통합시킨다(Tucker 1987: 38). 반대로 틀(frames 주제에 관한 상식적 지식의 유형), 계획, 스크립트의 측면에서 지식의 재현 역시 인간 번역의 과정과 관련이 있으며, 이는 Neubert(1985: 36-48)에 의해 자세히 논의되고 있다.

종합해 볼 때 이 모든 발전(맥락을 중요시하는 언어학, 사회언어학,

담화 연구, 인공지능)은 번역 연구에 새로운 방향을 제시해 주었다. 이 방향 덕분에 문화횡단적 의사소통 과정에서 번역가의 중심적인 역할이 회복되었고, 등가를 단지 텍스트 내의 실재의 문제로 보는 것이 중단되었다. Beaugrande(1978: 13)는 이와 같은 새로운 방향을 예고하고 있다.

> 번역학의 초점은 언어 간의 부수적인 양립 불가능성에서 벗어나 언어가 공유하는 체계적 의사소통 요인으로 전환될 것이다. 이 새로운 초점의 측면에서만이 등가나 번역 평가와 같은 문제들이 만족스럽게 설명될 수 있다.

3장에서 8장에 걸쳐, 우리는 비록 범위는 제한적이지만 맥락 연구에서 유망한 접근인 언어사용역(register)의 분석부터 시작하여 이러한 의사소통적 요소들을 조사할 예정이다.

3.

번역에서의 맥락: 언어사용역 분석

2장에서 설명된 배경과 함께 1960년대와 70년대 영국의 Michael Halliday와 동료 학자들이 전개했던 새로운 접근법은 언어를 텍스트로 접근하는 대안적 시각을 번역 연구에 제공하였다. Halliday(1971: 331)는 이러한 접근법과 관련하여 아래와 같이 설명하고 있다.

> 내가 말하는 기능적 언어이론은 언어가 우리 삶에서 일정 역할을 한다는 개념을 참조하여 언어구조와 언어 현상을 설명하고자 하는 이론이다. 따라서 일정한 보편적 유형의 요구사항이 충족되어야 한다.

체계기능적 모형(Systemic-functional model)으로 알려진 이 사회적 언어이론은 다양한 원천에 힘입어 실현을 보았다. 하지만 기본적으로는 인류

학과 언어학에서 나온 두 종류의 통찰력이 특히 영향을 미쳤다. 그 첫 번째는 Malinowski(1923, 1935)의 연구이고, 두 번째는 Firth(1935)의 연구이다.

Malinowski: 상황과 문화의 맥락

우리 입장에서 Malinowski의 맥락 이론이 원래 번역가를 생각하면서 발전되었다는 것은 놀라운 우연의 일치라 하겠다. Malinowski는 오지 문화 속에서 생활하는 사람들(서태평양 트로브리안드 제도에 사는 멜라네시아 민족들)과 작업하면서 이들의 문화를 영어권 독자들에게 어떻게 설명할 것인가, 라는 문제에 봉착할 수밖에 없었다. 텍스트에 나타나는 내용을 바탕으로 해당 문화를 연구했기 때문에(구전 전통, 고기잡이 원정대의 서사 등), 이 문제는 일종의 번역의 문제가 되었다. 의역, 직역, 아니면 해설을 붙인 번역 중 무엇이 이러한 텍스트들을 영어로 묘사하는 최상의 방법이었을까? 의역을 하면 이해는 가능하겠지만 문화적 식견은 전혀 전달하지 못하게 된다. 반면에 직역을 하면 원문의 겉모습은 유지되지만 영어독자들은 이해하기 힘들어진다. 결국 Malinowski는 해설을 붙인 번역을 선택하였다.

추가된 해설은 텍스트를 언어적 환경 및 비언어적 환경과 결부시킴으로써 텍스트에 '상황성을 부여'해 주었다. Malinowski는 이를 상황의 맥락(context of situation)이라고 칭했는데, 이 개념에는 텍스트의 생산과 수용 행위를 둘러싼 문화 전체가 포함된다. 그는 문화적 맥락이 메시지의 해석에 필수적이라고 생각하여 제식적 측면(전통사회에서 대단한 중요성을 갖는다)에서부터 일상생활의 가장 실제적인 측면에 이르는 다양한 요인들을 연구에 포함시켰다.

Firth: 의미와 언어 변이

Malinowski의 런던대학 동료교수인 J. R. Firth는 언어학의 존재 이유 (*raison d'etre*)는 의미의 연구에 있다고 하면서, 언어는 '맥락' 속에서의 '기능'과 관련지어 검토해야 한다고 주장했다. 즉 발화의 의미는 단순한 개별 단어의 의미라기보다는 발화를 통해 달성하고자 하는 내용과 관계가 있다는 말이다. 언어에 관한 이러한 시각은 상황과 문화의 개념 등, Malinowski가 설명했던 일부 개념을 바탕으로 구축되었다. 상황의 맥락은 이제부터 발화 사건(speech event)의 참여자, 일어나고 있는 행위, 기타 관련 있는 상황적 특징 및 언어 행위의 결과를 포함하게 된다. 이러한 변수들은 언어학적으로 분석하기가 쉬우므로 의미에 관해 진술할 때 유용하다.

　　Firth(1951)는 의미에 여러 층위가 있다고 제안한다. 각 의미 층위는 나름대로 의미 생산에 기여하기 때문에 번역가는 특정문제들, 즉 음운학적, 문법적, 연어적, 상황적인 문제들과 직면하게 된다. Firth의 입장에서 번역가능성의 한계가 발견되어야 하는 지점은 이러한 의미 층위의 측면에서다. 예를 들면 특정 유형의 운문을 번역할 때(Firth는 Swinburne의 예를 들고 있다), 하부 형식인 음성학과 음운론에서 극복할 수 없는 문제점들이 나타나기 때문에 시는 번역불가능하다는 단언적인 말을 종종 듣게 된다. 하지만 Gregory(1980)가 시사하듯, Firth는 엄격한 의미에서 번역가능성의 한계를 지적하고 있을 뿐이다. 이는 의미의 한 형식에 문제가 있다고 판단되는 텍스트는 아예 번역할 생각을 하지 말아야 한다고 충고하는 것과는 다른 입장이다.

상황적 설명

Firth와 Malinowski의 영향 아래, 의사소통적 사건을 기술하는 것은 이제 적절한 언어학적 분석 목표로서 꽤 널리 인식되고 있다. 이 의사소통적 사건들은 다른 종류의 데이터와 마찬가지로 사회언어학적인 인식에 기초한 언어학적 기술이 용이하다. Gregory(1967: 178)가 지적하다시피,

> 언어학적 기술(記述)에서 상황적인 것과 다른 종류 간의 차이는 지나치게 과장되어 왔다. . . . 맥락적이고 상황적인 진술의 발전이 부재하게 된 주요 이유는 분명 용기 부족(failure of nerve)이라 부를 수 있는 것, 즉 무엇이 기술 가능한 관련 있는 상황적 특징인지, 다시 말하면 상황적 '사실'인지를 단정 지을 수 없다는 두려움 때문이다.

하지만 무엇이 관련 있는 상황적 특징 집합을 구성한다고 말할 수 있는가? 물론 관련성의 기준은 다양하다. 2장에서 보았듯이, 언어학자들과 응용언어학자들 그리고 번역이론가들은 기술되어야만 하는 것에 대해 다양한 해석을 갖고 있다. 예를 들어, 번역 연구에서는 번역 과정에 대한 체계적인 기술이 우선적인 고려사항이다. 번역가들은 자신들의 입장에서 번역을 구성하는 상황적 요인들(출처, 지위, 번역 의뢰인 및 번역의 용도 등)의 역할을 오래 전부터 인식해 왔다. 언어학 분야에서만 이 인식이 더디게 일어났다.

언어사용역 개념

Catford(1965: 83)는 텍스트 맥락이라는 문제를 놓고 고심했던 번역 이론가들의 관점을 명쾌하게 표현하고 있다.

'총체 언어'(whole language)의 개념은 너무 광범위하고 혼성적이므로 이 개념을 다양한 언어적 목적들, 즉 기술, 비교 및 교육의 목적에 적용하기에는 유용하지 않다. 따라서 총체 언어 안에서 '2차 언어'(sub-languages) 즉 다른 종류의 언어를 분류하기 위한 틀 구조를 마련하는 것이 바람직하다.

그렇다면 무엇이 언어 사용의 변이를 결정하는가? 우리는 이 문제를 몇 가지 상이한 차원에서 접근해 볼 수 있다. 즉 언어가 전달되는 매체(음성 및 글자), 형식의 정형화(어휘 문법적 배열), 상황적 중요성(관련 있는 언어외적 특징들) 등이 될 것이다.

Halliday, McIntosh & Strevens(1964)는 언어 변이의 기술을 위한 틀 구조를 제안한다. 여기서 두 가지 차원이 인식되는데, 하나는 특정한 언어적 사건의 사용자들과 관련된다. 즉 화자/저자는 누구(혹은 무엇)인가, 라는 것이다. 사용자와 관련된 변이(Corder 1973)는 **방언(dialects)**이라고 부른다. 방언은 모든 층위에서 차이를 보여줄 수도 있지만 주로 음성적 매체에서 사람마다 차이가 난다. 두 번째 차원은 사용자가 언어를 어떻게 사용하느냐와 관련된다. 언어사용과 관련된 변이는 **언어사용역(registers)**이라고 알려져 있으며, 방언과 달리 주로 언어 형식(예: 문법과 어휘) 면에서 서로 다르다. 예를 들면,

(1)I hereby declare the meeting open
나는 이로써 회의의 개최를 선언합니다.

와

(2)Shall we make a start now?
이제 시작할까요?

는 언어사용과 관련된다. 반면에 (1)과 (2)가 호주인이나 미국인 혹은 영국인에 의해 발음될 때, 음질 혹은 특정 모음의 발음 방식 차이는 음성 매체의 차이이므로 사용자와 관련된다.

사용자-관련 변이

사용자에 따라 언어는 몇 가지 측면에서 차이를 보인다. 우리는 여기서 개인언어적, 지리적, 시간적, 사회적, 표준/비표준적 변이를 구분하게 될 것이다. 이들은 그림 3.1과 같이 표시될 수 있다.

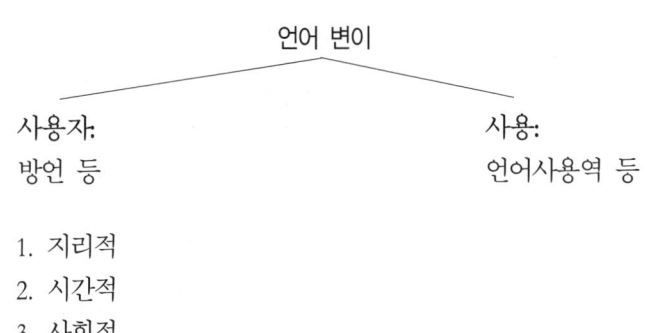

그림 3.1 사용-사용자 구분

지리적 방언

다양한 언어들이 지리적 변이와 일치함으로써 다양한 지리적 방언들이 생겨난다. 유념할 점은 지역적 방언의 경계선이 언제나 언어학적 근거에 따라 정해지는 것은 아니며 흔히 정치적이거나 문화적인 이유에 따라 정해진다는 점이다(네덜란드어 대 독일어의 예를 들면, 이들 언어는 언어적인 사항만을 기준으로 지리적 경계를 결정짓기가 힘들다). 지리적 변이를 둘러싼 또 다른 오해는 특정 언어는 그 언어가 사용되는 모든 지역에서 동일한 지위를 유지한다는 생각이다(예: 영국 남부에서는 한 종류의 영어만 사용한다는 생각). 지리적 변이의 역동성은 너무 복잡하여 깔끔하게 분류 정리하기가 힘들다. 지리적 변이뿐만 아니라 다른 유형의 방언을 더 잘 이해하려면 겹쳐질 수밖에 없는 '연속체'라는 개념이 필요할 것이다.

따라서 지리적 변이와 그 변이에 들어 있을 수 있는 이데올로기적이고 정치적인 함축에 대한 자각은 번역가와 통역사에게 매우 중요하다. 예를 들면, 악센트는 지리적 변이 가운데 좀 더 알아차리기 쉬운 특징의 하나로서 종종 문제의 근원이 된다. 몇 년 전, 외국 연극의 TV 극화에서 러시아 농부의 말투를 재현하면서 스코틀랜드 말투를 사용한 것을 놓고 벌어졌던 논란이 떠오른다. 스코틀랜드 악센트가 왠지 하층민의 지위와 관련 있을 것 같다는 추론이 생겨났던 것이다. 하지만 이는 분명 의도했던 바는 아니었다. 프로듀서나 감독과 마찬가지로 번역가들도 자신들이 내린 결정이 사회적으로 함축하는 바에 대해 늘 주의를 기울여야 한다. ST가 특정 방언으로 묘사되어 있는 경우 문제를 피해갈 수 없다. 몰리에르의 『돈쥬앙』에서 피에로의 말투는 텍스트 3A₁에서처럼 일드 프랑스 지방의 방언과 비슷하다.

- 텍스트 3A₁

Aga, quien, Charlotte, je m'en vas te conter tout fin drait comme cela est venu; car, comme dit l'autre, je les ai le premier avisés, avisés le premier je les ai . . .

한 영어번역가는 텍스트 3A$_2$에서처럼 '적당히 주저하는 . . . 합성한 서부 지역 방언'(Molière 1953: xxvii)을 사용한다.

- 텍스트 3A$_2$

Lookee, Lottie, I can tell 'ee just 'ow it did come about. 'Twas me as clapped eyes on 'em first in a manner o' speak'n'; first to clap eyes on 'em, I be . . .

우리는 번역가의 주저하는 태도를 이해할 수 있다. 왜 서부 방언인가? 어떤 식으로 합성할 것인가? 이러한 문제는 아래 텍스트 3A$_3$에서처럼 다른 번역(Molière 1929: 14)과 비교함으로써 인식할 수 있을 것이다.

- 텍스트 3A$_3$

Eye, marry, Charlotta, I'se tell thee autright haw it fell aut; for, as the zaying iz, I spied 'um aut ferst, ferst I spied 'um aut . . .

　　방언의 번역에서 등가를 달성하기가 어렵다는 사실은 희곡을 번역해 보았던 사람이라면 누구나 알 수 있다. ST의 방언을 TL의 표준 방언으로 번역하게 되면 ST에서 의도했던 특별한 효과를 잃게 되는 단점이 있는 반면, 방언을 방언으로 번역하게 되면 의도하지 않았던 결과를 초래할 위험이 있다(텍스트 3C의 논의 참조). 좀 더 일반적으로, 다양한 사투리와 상이한 지리적 방언의 어휘-문법적 특징들을 알아차리는 능력은 국제회의에서 유능한 통역사에게서 나타나는 특징이다. 비 원어민에 대한 통역사 훈련이 종종 영어의 표준발음에 초점이 맞추어지는 데 반해, 국제회의에서 사용되는 담화에서는 호주 영어, 나이지리아 영어, 인도 영어 등의 특징이 나타날 수도 있다. 따라서 통역사 훈련 프로그램은 영어 방언의 이러한 다양성을 반영해야 한다.

시간적 방언

시간적 방언은 세월의 흐름을 통한 언어의 변화를 반영한다. 각 세대는
그 세대만이 갖는 언어의 양식이 있는데, 변화를 감지하기는 힘든 반면
이러한 변화의 정도를 측정해 보려면 전전(戰前) 광고 텍스트를 읽어보
기만 해도 알 수 있다. 'guetto-blaster'(대형 휴대용 라디오 카세트)와
'video nasties'(폭력 비디오물) 등의 용어는 텍스트가 1980년대의 산물임
을 정의한다. 이러한 신조어들은 번역에서 문제가 될 수도 있다. 사전들
(단일어 사전 및 이중 언어 사전)이 당대의 용례를 계속 반영해 나가지
않는다면 특히 그러하다. 이전 시대의 텍스트를 번역하는 사람들은 목표
텍스트에서 고어를 사용할지 혹은 그에 해당하는 현대적 관용어를 사용
할지와 관련하여 상당한 문제에 부딪힌다. 한편 문학번역에서는 미학적
효과라는 추가적 고려사항이 존재한다. 『맥베드』(*Macbeth*)에서 발췌한 텍
스트 3B에서는 *petty*라는 어휘 항목이 문제의 소지를 안고 있다.

> ● 텍스트 3B
> Tomorrow, and tomorrow, and tomorrow,
> Creeps in this petty pace from day to day,
> To the last syllable of recorded time; (*Macbeth*, Act V, Scene V)

여기서는 이해의 문제일 수 있는데 이유는 *petty*가 'slow'(느린)의 의미로
쓰인 것이지 현대 방언에서처럼 'trivial'(하찮은)의 의미가 아니기 때문이
다. 하지만 한 아랍어 번역가는 의도된 의미를 인식하면서 'slow'의 지시
적 의미를 보존했음에도 불구하고 또 다른 문제와 마주쳤다. 그가 선택

했던 *batii*'는 표준 방언에 한정되는 까닭에 텍스트의 나머지 부분에서 달성되는 미학적 효과와 융화되지 못했던 것이다. 한편 *wa'üd*('서둘지 않는', '느린')라는 어휘 항목이었더라면 고전 아랍어의 지시적이고 미학적인 가치가 모두 성공적으로 보존되었을 것이다.

사회적 방언

지리적이고 시간적인 차원뿐만 아니라 사회적인 구별 역시 언어에 반영된다. 사회적 방언은 발화 공동체 내의 사회적 계층에 따라 나타난다. 번역가와 통역사인 우리는 여기서 이데올로기적, 정치적, 사회적으로 깊이 연관된 이해의 문제에 직면하게 된다. 등가성의 원칙을 지키려면 우리는 사회적 방언이 담고 있을 모든 담화적 힘까지 포함하여 그 방언의 완전한 효과를 번역하려고 애써야 하는 것이다. 그렇지만 사회적 지위가 판이하게 다른 대화 참여자들(예: 법정변호사와 피고인)과 함께 작업하는 협의통역사들은 통역 시 부지불식간에 상호간의 이해 증진을 위해 사회적 방언을 중립화하려 하고, 한쪽을 역성드는 인상을 주지 않으려 한다. 하지만 사회적 방언의 이데올로기적 의미를 희석시키려 할 때 통역사에게 허용된 합당한 범위는 어디까지가 될 것인가? 이러한 문제와 관련하여서는 5장과 6장에서 집중적으로 다룰 것이다.

표준 방언

이해가능성의 범위는 '표준 방언'과 '비표준 방언' 사이의 구분의 측면에서 정의된다. 비록 '표준 방언/비표준 방언'라는 개념이 사회적 방언처럼 위신을 나타내는 기능을 한다고는 하지만, 이것이 언어적 가치 판단을 의미한다고 생각하면 안 된다. 마찬가지로 표준 방언의 보급이 그저 통계(다수, 소수 등)의 문제인 것만도 아니다. 오히려 표준 방언이 진화하는 방식은 교육이나 매스미디어 등과 같은 요인들에 의해 강화되거나 지체되는 복잡한 과정이다. 따라서 표준 방언/비표준 방언을 이해하고 설명할 때, 기능적인 변이와 이것을 언어로 표현하는 방식을 고려하는 것이 중요하다. 둘 이상의 코드가 특정 발화 공동체 내에서 공존하는 상황에서 코드 변환이 무작위로 이루어지는 것이 아니므로 번역가나 통역사는 모든 언어 사용자들과 마찬가지로 관련된 '정체성'의 문제를 인식할 수 있어야만 한다. 예를 들면, 비표준 형식의 언어가 한 제품의 홍보용 광고에 사용되고 있다면, 특정 사회 집단 혹은 계층이 지닌 가치관과의 일체감이 환기되고 있는 것이다.

끝으로, 이상과 같은 사용자 관련 변이는 사실상 상당히 중첩된다. 아랍어의 예를 들어 보자. 아랍어에는 지역에 따라 혹은 시대에 따라 별 차이가 없는 '표준 방언' 즉 문어가 있다. 이 '고전적인' 표준 방언은 원천 텍스트도 역시 표준 방언인 경우 목표언어의 표준 방언으로 선택된다. 하지만 원천 텍스트가 비표준 방언(예:『피그말리온』의 코크니 사투리)으로 되어 있는 경우 아랍어 번역가는 어떻게 대처해야 하는가? Catford (1965: 87-8)는 이러한 종류의 문제에 대한 한 가지 일반해결책을 제시하고 있다:

> 여기서의 기준은 순전히 입지적인 기준이라기보다는 . . . '인간' 혹은 '사회'를 고려한 지리적 기준이다.

따라서 『피그말리온』을 아랍어로 번역했을 때 등가성은 기능적으로 확립된다. 목표는 사회적/언어적 '표지'(標識)를 드러내는 것이므로 특정 지역의 방언을 꼭 선택할 필요 없이 표준 방언 자체를 변형하는 방식에 의하면 될 것이다. 사용자의 지위는 목표언어의 음운론적 특징을 통해서가 아니라 문법을 비표준적으로 처리하거나 어휘를 고의적으로 변형하는 방식으로 나타내야만 할지도 모른다. 동일한 해결책은 인용된 몰리에르의 텍스트 $3A_{1,2,3}$에도 적용될 수 있을 것이다.

개인언어

사용자 관련 변이의 중요한 측면으로서 다른 종류와 중첩되고 있음을 명백하게 보여주는 것이 텍스트 사용자의 개성 즉 개인언어다. 개인언어는 '개인 특유의' 언어 사용 방식, 즉 선호하는 표현 및 특정 통사 구조의 과도한 사용 경향뿐만 아니라 특정 단어의 다른 발음 등과도 관련된다. 이러한 개인언어적인 차이점들을 하나의 텍스트 혹은 한 번의 경험 등을 기초로 분리해내고 기술하기는 어려워도 한 개인이 갖고 있는 말투의 특이성은 일반적으로 언어 변이의 중요한 측면을 나타낸다. 사실, 개인언어 변이는 시간적, 지리적, 사회적 특징 등 앞서 논의하였던 변이의 모든 다른 측면들이 갖고 있는 다양한 특징들을 포함한다. 이는 모든 유형의 변이를 '연속체'와 관련지어 생각할 수도 있다는 개념과 일치하는데, 연속체는 지속적으로 상호작용하는 일부 변이 영역에서 발견되는 특징들을 갖는다.

번역가에게 문제가 되는 점은, 개인언어가 보통 상황적으로 연관 있는 변이의 경계에 있기 때문에 그러한 개인언어를 번역해야 하는지, 혹은 그것들의 번역이 가능한지 하는 점이다. 만약 특정 언어활동 영역 안에서 변이가 체계적이라면 (게다가 우리는 그렇게 믿고 있다), 특정한 변이 사례를 기술하는 실제적인 분류표시보다 더 많은 것이 관련된다. 개인의 특유한 언어 사용은 어떤 표준적, 지리적, 사회적, 시간적 방언을 사용할 것인가에 대한 그 개인의 선택과 무관하지 않다. 이는 또한 발화의 목적과 연결되어 있으며, 궁극적으로는 사회문화적인 의미를 전달할 것이다. 예를 들면 사무엘 베케트의 프랑스어 원작인『고도를 기다리며』에서 블라디미르의 개인언어는 가정법과 이따금씩 사용하는 3인칭 대명사가 특징이다(*Peut-on savoir ou Monsieur a passe la nuit? Monsieur a des exigences a faire valoir?*). 이러한 장치의 과장된 형식성은 이 방랑자의 외형 상태와 강한 대조를 이루면서, 그의 성격의 중요한 특징이 된다.

개인언어에 부여된 이와 같은 중요한 지위는 O'Donnell & Todd (1980: 62)가 인식한 바 있는데, 이들은 개인언어에 대한 개념을 다음과 같이 방언(dialect)과 문체(style) 사이를 구분 짓는 기초로 상정한다.

'방언'을 개인언어들 사이에서 발견되는 변이의 유형으로, 그리고 '문체'는 개인언어 안에서 발견되는 변이의 유형으로 상정한다.

따라서 각기 다른 사람들이 'round the twist'(정신이 나간)를 발음하는 방식은 방언에 따른 변이인 반면, 한 개인이 'peculiar'(특이한) 혹은 'eccentric'(기이한)과 대조적으로 'round the twist'를 사용하는 것은 '문체'의 관점에서 설명될 것이다. 문체에 대한 이러한 개념은 특정 개인언어 안에서 일어나는 변이의 종류를 확인하는 것이지 개인언어들 사이의 변이를 확인하는 것이 아니다. 정치인들은 특정 효과를 위해 정교하면서도 의식적으로 선택한 구어 표현을 사용한다. 따라서 영국의 노동당 당수인 닐 키녹이 'off his trolley'(제 정신이 아닌)라는 표현을 연설에서 사용하면, 통역사는 이것을 키녹의 개인언어적 특성으로서가 아니라 특정 효과를 내기위해 키녹이 의식적으로 선택한 문체임을 알아차리는 것이 중요하다.

이제 사용자 관련 변이와 번역하기의 관련성을 실례를 들어 요약해 보자. 텍스트 3C는 D. H. 로렌스(1960)의 소설에서 사냥터지기 멜로어의 말이다.

• 텍스트 3C

'Tha mun come ter th' cottage one time', he said . . . 'Ah mun ta'e th' lantern', he said. 'The'll be nob'dy'.

'사용자'의 용어로, 우리는 텍스트 3C를 그림 3.2와 같이 분석할 수 있다.

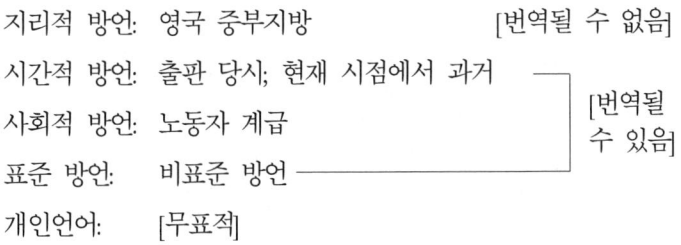

지리적 방언: 영국 중부지방   [번역될 수 없음]
시간적 방언: 출판 당시; 현재 시점에서 과거 ─┐
사회적 방언: 노동자 계급   ├ [번역될 수 있음]
표준 방언: 비표준 방언 ──────────┘
개인언어: [무표적]

그림 3.2 텍스트 3C의 사용자에 대한 특징 부여

이 구절을 기타 유럽어로 번역한 것을 보면 (프랑스어와 독일어, 덴마크어 번역 참조) 아래에서처럼 방언적 말투를 번역하려 한 시도가 전혀 없다는 것이 흥미롭다.

'Du muBt mal zu meinem Haus kommen,' sagt er. . . . 'Ich muB die

laterne nehmen', sagt er, 'es wind schon niemand unterwegs seirn'.
(Lawrence 1960)

이들 번역가들은 모두 목표언어에서 방언의 등가를 인위적으로 이루기를 거부하고 있다. 하지만 원천텍스트의 비표준적인 말투에서 나오는 이질적 효과가 어쩔 수 없이 사라진 것 또한 사실이다.

사용 관련 변이

방언과 문체를 구별해서 언어 변화를 설명하면 언어 사용자들의 의식적인 문체 선택에 대한 설명에 도움이 된다. 하지만 이러한 선택에 영향을 미치는 요인들은 무엇인가? 사용자-사용 틀(Halliday 외 1964, Gregory & Carroll 1978, 그 외의 학자들이 전개했던) 내에서 살펴보면 주어진 상황과 그 속에서 사용되는 언어 사이에 어떤 관계가 존재한다. 언어사용역은 이런 식으로, 말하자면 사용에 따라 구분되는 다양한 종류를 나타내기 위해 쓴 용어다. Halliday외(1964: 87)를 인용하면,

> 언어사용역의 범주는 사람들이 언어로 하는 행위를 설명하기 위해 가정된 것이다. 언어활동이 일어나고 있는 다양한 맥락 속에서 그 활동을 관찰하면, 각기 다른 유형의 상황에 적절한 것으로 선택되는 언어 유형이 각각 다르다는 점을 발견하게 된다.

즉 언어사용역은 스포츠 해설이나 교회의 예배의식 등과 같이 두 언어활동에서 나타나는 문법이나 어휘 등의 차이라는 측면에서 정의된다. 우리는 그림 3.3에서와 같이 언어사용역의 변이를 세 가지 주요 유형으로 구

분한다.

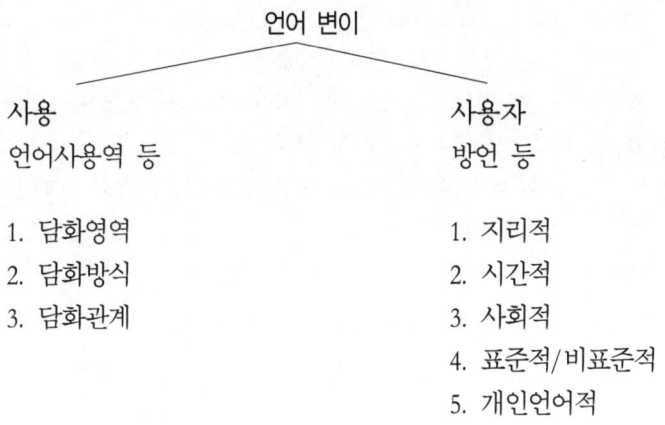

언어 변이

사용   사용자
언어사용역 등   방언 등

1. 담화영역   1. 지리적
2. 담화방식   2. 시간적
3. 담화관계   3. 사회적
                            4. 표준적/비표준적
                            5. 개인언어적

그림 3.3 사용 관련 변이

언어사용역을 분리하면서 Halliday외(1964)는 이 개념이 어떻게 이해되어야 하는지에 관해 많은 언급을 하고 있다. 첫째, '상황' 범주는 언급되고 있는 사건이나 사건의 상태로만 한정적으로 해석되어서는 안 된다. 이들만으로는 언어학적 선택에 대해 판단하지 못하기 때문이다. 상황-사용 관계를 구축함에 있어 더욱 중요한 점은 특정한 언어 발화가 실제 사용에서 적절하게 되는 '관습'이다. 이에 대한 통찰은 텍스트의 부적절성을 다루어야 하는 번역가나 교정자와 특히 관계가 있다. 그 예는 영자 잡지에 실렸던 텍스트를 옮겨 실은 한 뉴스 보도인 텍스트 3D$_1$에서 볼 수 있다.

• 텍스트 3D$_1$
The newly formed Babylon Company for the Production of cinema and TV films decided to produce three TV serials in the coming months

including '*The Last Days*' and '*An Evening Party*.'

It is noteworthy that Babylon Company was formed on February 7, 1980 with a capital of over 6 million Dinars.

극장용 영화와 TV 영화 제작을 위해 새로이 설립된 바빌론 주식회사는 향후 수개월에 걸쳐 'The Last Days'와 'An Evening Party'를 포함하여 3편의 TV 시리즈를 제작하기로 결정했다.

바빌론 주식회사가 6백만 디나르가 넘는 자본을 들여 1980년 2월 7일 출범한 것은 주목할 만한 일이다.   (IRAQ 8.2.1980)

이 텍스트는 분명 아랍어의 번역이다. 하지만 텍스트의 언어(특히 두 번째 단락)와 그 언어를 둘러싼 상황적 관습(뉴스 보도 관습) 사이의 모호한 관계가 문제다. 영어로 된 뉴스 보도에서는 보통 배경적 정보를 나타내는 *it is noteworthy* 같은 표현은 쓰지 않는다. 만약 이 텍스트가 소기의 목적을 달성하고자 한다면 상당한 수정이 필요하다. 번역의 교정 단계에서 교정자가 상황적 적절성을 위반하는 텍스트 부분을 삭제하고 제시 순서를 바꾼다고 가정하면 아마 텍스트 3D₂와 같은 식이 될 것이다(텍스트 구조에 관한 9장도 참조하라).

• 텍스트 3D₂

The Babylon Company for Production of Cinema and TV films, established yesterday with a capital of over ID 6 million, has decided to produce three television serials over the coming months, including *The Last Days* and *The Evening Party*.

6백만 디나르가 넘는 자본을 들여 어제 출범한 극장용 영화 및 TV 영화 제작사인 바빌론 주식회사는 향후 수개월에 걸쳐 '*The Last Days*'와 '*An Evening Party*'를 포함하여 3편의 TV 시리즈를 제작하기로 결정했다.

언어사용역 이론을 공식화하던 초기에 Halliday와 동료학자들이 내놓았던 두 번째 의견은, 특정 언어사용역의 정체성을 결정짓는 것은 둘 이상의 어휘항목으로 이루어지는 연어 관계이지 독립적으로 쓰이는 어휘 항목들이 아니라는 것이다. 마찬가지로, 비록 문법 자질이나 어휘 자질이 개별적으로 특정 언어사용역을 가리킬 수 있다 하더라도, 이 두 가지 층위에서 나오는 자질들의 혼합이 중요하다는 사실을 흔히 발견하게 된다. 아래의 두 문장 (1)과 (2)는 명제의 내용 면에서는 등가적이다.

(1) I am sending you . . .
(2) Please find enclosed . . .

하지만 (2)번 문장의 연어 형식은 사적인 편지의 관습을 위반하고 있기 때문에 친구에게 격의 없이 보내는 편지로는 부적절해진다.

셋째로, '상황 유형'의 범주에는 일반 유형의 유사한 상황들(토큰)이 모두 포함된다. 따라서 치과의 접수계에 다음 진료를 예약하는 것은 인식되는 상황 유형의 특정 토큰이다. 사용자가 관습적인 상황 유형을 인식함으로써 효과적인 의사소통이 촉진된다고 생각할 수 있다. 여러 가지 개별 상황에 들어맞는 문법적, 어휘적인 자질들의 공통적인 핵심을 확인할 수 있다. 바로 여기에 텍스트 유형 이론의 씨앗이 있는데, 이에 대해서는 8장에서 전개하기로 하겠다. 우선은 이러한 통찰이 번역가와 직접적인 관련이 있다는 점에 주목하도록 하자. 번역가 양성 프로그램은 종종 법률 번역, 기술 및 행정문서 번역 등 상황적인 강의계획안을 기초로 한다. 이러한 틀 안에서 용어들에 대해 집중적으로 연구해 보는 것은 분명 유익하며, 아래의 검토 내용처럼 언어의 실제 사용의 측면들이 과소평가되어서는 안 된다.

담화영역

언어사용역은 기본적으로 담화영역, 담화방식 그리고 담화관계라는 세 가지 측면으로 구분해볼 수 있다. '무슨 일이 일어나고 있는가(즉 활동 영역)를 가리키는 담화영역은 Gregory & Carroll(1978)이 텍스트의 '의도 적 역할'이라고 칭하는 것, 즉 사회적 기능(예: 사적 대화, 설명 등)을 반영하는 언어 사용의 유형이다. 이것은 Crystal & Davy(1969)가 말하는 '분 야(province)와 유사한데, 분야는 담화영역의 직업적이고 전문적이며 특화된 성격(예: 종교적인 설교)을 추가적으로 강조한다. 언어사용역에 대한 설명 중 어떤 것을 선택하든, 담화영역이 주제와 같지 않다는 데는 일반적으로 의견이 일치하고 있다. 첫째, 우리는 다양한 주제가 나타나는 담화영역을 종종 접한다(예: 담화영역 상 정치적 담화의 주제는 법이나 법규, 과세 혹은 외교 정책 등이 될 수 있다). 둘째, 수영 강습과 같은 특정 담화영역에서는 언어의 사용이 부차적이다. 달리 말하면, 주제가 특정 상황(예: 물리학 강의)에서 지극히 예상 가능하거나 혹은 특정 사회 활동 (예: 법정 심리)을 구성할 때라야 비로소 우리는 담화영역과 주제 사이의 밀접한 관련을 합리적으로 인식할 수 있다.

번역과 통역에서 영어와 같은 원천언어를 번역할 때는 담화영역이 문제가 될 수 있다. 영어는 과학 및 기술분야의 발전을 이끌었고, 그 결과 Gregory(1980)가 이러한 '세상 경험'(world experience)을 반영하기 위한 '유표적 담화영역'이라고 칭하는 광범위한 담화영역이 발전되어 나왔다. 개발도상국의 목표언어로 번역하는 번역가들은 이러한 담화영역에서 새로운 표현을 만들어내야 하는 어려움에 직면한다. 이는 이중 언어의 용어 문제를 넘어 정체성, 이데올로기 등과 같은 더 광범위한 문제들을 끄집어내는 활동이다. 마찬가지로, 영어와 불어가 목표언어일 때는 '요루

바족 추장을 찬양하는 수천가지 이름'을 번역하려면 어려움을 겪을 것이다(Gregory 1980: 464).

담화방식

담화방식은 언어활동의 매체를 가리킨다. 담화방식에는 사용되고 있는 언어 부호의 본질이 드러난다. 담화방식은 기본적으로 담화와 글, 그리고 그러한 구분에 기초한 다양한 배합방식의 구분이다(예: 말하기 위해 쓴 글 등). Gregory & Carroll(1978: 47)은 도표를 이용하여 다양한 담화방식을 확장시켜 설명하는데, 아래 그림 3.4와 같다.

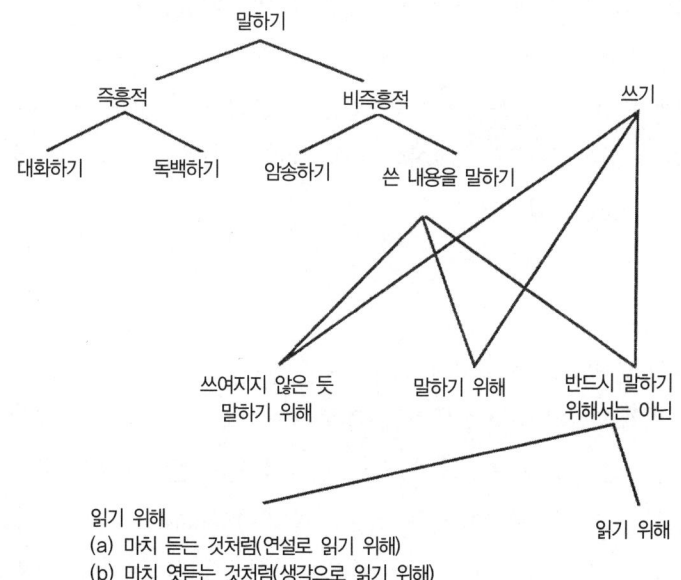

그림 3.4 담화방식

채널은 의사소통의 수단으로서 담화방식의 중요한 측면이다. 채널에는 말하기 대 글쓰기를 초월하여 전화 통화, 에세이, 상업서신 등과 같은 다른 의사소통적 사건이 포함되며, 대화나 독백처럼 언어 사용에서 나타나는 차이도 여기에 포함된다. Halliday의 후기 저작에서는, 담화방식이 설명적, 교훈적, 설득적, 묘사적 개념 등과 같은 수사적 개념까지 포함하고 있다.

하지만, 담화방식의 변동이 번역물에서 부적절하게 반영되는 일은 심심찮게 일어난다. 이는 고전 문학작품의 번역에서뿐만 아니라 신문기사의 번역에서도 마찬가지여서 신문기자가 즉흥적으로 내뱉은 말이 종종 심사숙고를 거쳐 나온 생각처럼 비중 있게 읽히기도 한다. 마찬가지로, 영화에 자막을 입힐 때는 담화방식의 특정한 음운론적 자질이 자막쓰기에서 재현되어야 한다. 이러한 담화방식 전환에는 문제가 있을 수 있는데, 주정뱅이의 분명치 않은 발음을 자막으로 어떻게 재현해야 할 것인지와 같은 문제가 그것이다. 이 부분은 추가적으로 더 연구해봐야 할 만한 가치가 있다.

담화관계

담화관계는 발화자와 메세지 수신자 사이의 관계를 나타낸다. 이는 '격식'에서 '비격식'까지 등급을 매겨서, '정중한-구어체의-친밀한' 등과 같은 기본적인 구분을 통해 분석될 수 있다. 이러한 연속 변이의 바탕위에서 다양한 범주들['격식 차리지 않은'(casual), '친밀한'(intimate), '경의를 표하는'(deferential) 등]이 제시되었지만, 이러한 구분들은 불연속적인 범주라기보다는 연속체로서 이해되어야 한다는 사실이 중요하다.

이러한 변이는 문화적으로 서로 구별이 뚜렷한 언어들 사이의 번역과 관련 있다. Namy(1979)는 미국과 프랑스의 노동조합 간부들 간의 통역이 지속적인 담화관계의 변화와 어떤 연관을 가지는지를 말해주는데, 프랑스 측은 의도적으로 교양 있고 격식 차린 담화관계를 사용하고 있고, 미국 측은 관습적으로 풍부한 구어체를 쓰면서 노동자 계급을 대변하고 있음을 보여준다.

격식성의 정도를 나타내는 인간 사이의 담화관계 외에, Gregory & Carroll(1978: 53)은 다른 종류의 담화관계, 즉 기능적 담화관계(functional tenor)가 있다고 제안한다. 이는 다음과 같은 용어로 정의될 수 있다.

기능적 담화관계는 언어가 그 상황 속에서 어떤 목적으로 사용되는지를 기술하기 위해 사용되는 범주다. 화자가 설득하고 하는가? 혹은 권고하고 있는가? 아니면 훈계하고 있는가?

사실 담화영역과 담화방식 그리고 담화관계, 세 가지 이 모든 변수에는 중복되는 부분이 있다. 언어 사용의 세 가지 차원에서 축적되는 가치들이 언어사용역을 정의하고 확인하는데 도움을 준다. 세 변수들은 상호의존적이다. 일정 수준의 격식성(담화관계)은 적절한 의사소통의 채널(담화방식) 안에서 특정 수준의 전문성(담화영역)에 영향을 미치기도 하고 영향을 받기도 한다. 예를 들면 원천언어로 된 학회 발표 논문의 초록을 목표언어로 번역해야 하는 번역가들은 관련된 담화영역, 담화방식, 담화관계의 미묘한 변화에 신경을 쓸 것이다. 초록은 읽기 위해 쓴 것으로 보통 중립적인 기능적 담화관계를 보여준다. 하지만 초록의 원천이 되는 학회 발표 논문은 '발표를 위해 쓴' 것일 수 있으며, 종종 매우 설득적이다.

언어사용역의 내재적 모호성

하나의 언어사용역을 다른 언어사용역과 구분 짓는 엄격한 형식적 기준이 전무하므로, 특정 언어사용역의 정확한 경계를 식별하는 데는 항상 어려움이 있었다. 특정 언어사용역을 단순히 특정 상황과 동일시하게 되는 위험이 상존함으로써 '정치 언어', '광고 언어', '신문잡지 언어' 등 소위 '특수 언어들'이 생겨났다. 이와 같은 과도한 일반화는 오해를 낳을 수 있으므로, 텍스트의 다기능적 본질을 인식하는 것이 중요한데, 이 문제는 뒷장에서 자세히 살펴보겠다.

이 문제가 언어사용역 분석의 초기에 나타났던 정서를 반복하고 있다는 점은 주목할 만하다. 일찍이 1960년대 초에 Halliday와 동료 학자들은(1964: 94) '[화자가 . . . 여러 가지 언어사용역의 형태로 말하므로' 텍스트 내에서 언어사용역의 전환이 가능해진다고 주장하였다. 번역가의 관점에서 보면, 하나의 동일한 텍스트에서 일어나는 이러한 종류의 변동이 결정적인 중요성을 갖는다. 예를 들면 텍스트 3E에서는 언어의 사용이 적어도 네 가지 영역에서 분명하게 나타나 있다. 이들은 로마 숫자로 번호가 매겨져 있으며, 아래에서 논의되고 있다.

A back door to war

Claudia Wright reveals Israel's involvement in President Reagan's military plans in Central America

Washington

'Americans do not support vacillation,' Colonel Robert McFarlane, currently Deputy National Security Adviser to President Reagan, wrote in a 1978 study of presidential policy in military crises. Americans 'expect their leaders to lead, to be clear, forthright and firm. Particularly when American lives or property have been lost, the American impulse is toward firmness. It must not be reflexive—a knee jerk—but rather thought out and appropriate in strength to the task.'

Since 1981, when McFarlane joined the administration, he has been testing out his theory as principal planner of US military tactics in Central America. As the President's newly appointed Middle East negotiator, he will now have his chance to try out the same methods in another combustible area.

전쟁의 비밀

클라우디아 라이트가 레이건 대통령의 중미에서의 군사계획에 대한 이스라엘의 개입을 폭로하고 있다.

워싱턴

'미국인들은 우유부단함을 지지하지 않는다.' 레이건 대통령의 현 국가안보담당 부보좌관인 로버트 맥팔레인 대령은 1978년 군사 위기에서의 대통령 정책 연구라는 글에서 이렇게 썼다. 미국인들은 '자국의 지도자가 지도력과 함께, 분명하고 솔직하며 굳건하길 기대한다. 특히 자국인의 생명이나 재산이 손실을 입었을 때 미국적 충동은 확고부동 쪽을 지향한다. 그 충동은 반사 작용적－무릎을 쳤을 때의 신체적 반응－이어서는 안 되며 세심히 계획되어야 하고 과업의 강도에 따라 적절해야 한다.'

1981년 행정부에 합류한 이후로 맥팔레인 대령은 중미에서의 미 군사전략의 주요 입안자로서 자신의 이론을 실험해 왔다. 대통령으로부터 중동지역 협상자로 새로이 임명됨으로써 그는 또 다른 전쟁위험지역에서 동일한 방법을 시험할 기회를 갖게 되었다.

(*New Statesman* 1983)

I (클라우디아 라이트가 중미에서의 . . . 을 폭로하고 있다)

여기에는 편집 과정의 '주의 끌기' 장치가 들어 있다. 언어사용역 분석 차원에서 아마 다음과 같이 설명될 수 있을 것이다.

- 담화영역: 주제에 대한 자극적인 흥미
- 담화관계: 능수능란한, 해당 분야에 정통한 영업기교
- 담화방식: 헤드라인 같은 요약. 마치 듣는 듯한, 읽을 목적의 글
  (즉 TV나 라디오 진행자의 도입부를 연상시킨다)

II (미국인들은 . . . 지지하지 않는다 . . . 적절해야 한다)

  – 담화영역: 미국의 대내 정책과 현 국제 정세

  – 담화관계: 감정적, 가동적, 수식어의 조작적 사용

  – 담화방식: 정치 연설, 발화 목적의 글

III (레이건 대통령의 . . . 로버트 맥팔레인 대령은 . . . 군사적 위기에서

  의 . . . 이렇게 썼다)

  – 담화영역: 뉴스 보도

  – 담화관계: 객관적, 사실적

  – 담화방식: 읽힐 목적의 글

IV (1981년 이후로 . . . 전쟁위험지역에서 . . . 갖게 되었다)

  – 담화영역: 현 정세에 대한 평가(추적 보도)

  – 담화관계: 권위적, 평가적 논평

  – 담화방식: 외견상 객관적으로 보도하면서 사견 섞기, 정독을 요

            하는 글

성공적인 번역이라면 언어 변이를 적절하게 사용함으로써 이 같은 다양
한 '조화'를 반영하고자 할 것이다.

특정 언어사용역

언어 사용의 총 범위를 열거해 보려 한다는 건 알다시피 소용없는 일이
다. 상황 유형의 범주는 유용한 분류 장치에 불과하다. 하지만 실제 분석
에서 상황과 언어 사이의 상응관계가 모호한 상태이므로 텍스트를 분류

하는 다양한 기준들이 연구되어야 할 것이다(8장 참조). 그럼에도 불구하고 언어의 사용자와 사용의 교차점이라는 측면에서 언어를 분류하려고 한다면, 상당히 잘 정의된 언어적 변이의 유형으로 시작할 필요가 있다. 이러한 점에서 특정 언어사용역은 유망한 조사연구 분야라 하겠다.

여기서 말하는 특정이란 의사소통의 목적을 가리킨다. 이러한 언어 사용역의 기본적 자질 하나는 상당히 잘 정의된 언어활동 분야 안에서 사용되는 예측가능하면서 한정적인 수의 형식적(음운론적, 어휘적, 문법적)인 어휘항목과 패턴이다. 특정 언어사용역의 한 가지 예는 국제간 통신에 사용되는 언어다. 이점에서 기계 번역에서 지금까지 가장 성공적이라고 간주되어 왔던 분야가 특정 언어사용역의 번역이라는 점은 놀랄 일이 아니다. 캐나다의 일기 예보 번역에 사용되는 메테오(METEO) 시스템은 1500여 개의 표제어로 이루어진 특정 용어사전을 활용하고 있으며, 그 뒤 수정하지 않고도 80퍼센트의 성공률을 보여준다고 한다.

특정 언어사용역의 정도는 연속체로 이해될 수 있다. 한 쪽 끝에 '외교 조약'과 같이 가장 제한적인 언어사용역이 있고, 다른 쪽 끝에는 '신문 잡지 언어'와 같이 개방적인 언어사용역이 있다. 그 사이에 일기 예보나 보험계약서 등과 같은 언어사용역이 놓일 수 있다. 연속체는 특정 언어 사용역과 그것이 사용되는 상황과의 관계를 설정하는데, 그 관계를 Gregory & Carroll(1978: 68)은 다음과 같이 표현한다.

상황이 전형적이거나 틀에 박힌 것일수록 담화영역이나 담화방식 그리고 담화관계에서 선택할 수 있는 선택 범위는 더욱 제한된다. .
. .

기계 번역 시스템을 선택했던 몇몇 기관들이 이제는 직원들에게 텍스트를 작성할 때 기계 번역이 가능하도록 특정 언어사용역을 사용하도록 권장한다는 사실은 흥미롭다.

한편 '상업'이나 '언론'과 같은 비 특정 언어사용역을 가정하는 일은 경계해야 한다. 이와 같이 광범위한 영역에서는 어휘와 문법 항목의 빈도를 계량화하려고 해봐도 언어사용역의 의미 있는 특성화에는 결코 이르지 못한다. 따라서 언어사용역에 대해 우리가 갖고 있는 개념이 특정 분야에서의 언어 사용을 예측하는데 상당히 적절한 반면, 비 특정 분야에서는 그 효과가 적다. 이 분야에는 번역가들이 대응해야 하는 다른 요인들이 작용하고 있는데, 이것이 4장의 주제가 될 것이다.

4.

번역하기와 담화로서의 언어

언어사용역을 넘어서

이 장에서는 언어 사용자(즉 번역가)가 텍스트에 반응하는 방식을 바라
보는 또 다른 관점을 다룰 것이다. 하지만 텍스트에서 언어사용역의 구
성 요소를 알아내는 것이 담화 과정의 필수적인 부분임을 전제로 하는
것은 변함없으며, 무엇이 일어났는지(담화영역), 누가 참여했는지(담화관
계), 메시지를 이어가기 위해 선택된 매체가 무엇인지(담화방식)에 대한
분석을 통해 문맥을 재구성하는데 독자도 포함 시킨다. 이 세 가지 변수
는 의사소통이 일어나는 기본적인 조건을 제공해 준다는 의미에서 의사
소통적 처리(communicative transaction)를 구성한다.

　이제 앞서 제시한 의사소통의 모형을 실제 텍스트 샘플에 적용해

보도록 하자. 텍스트 4A는 전형적인 번역 자료이다. 이 텍스트가 번역된 학술지는 국제기구가 출판한 많은 학술지 중의 하나인 『세계 건강 포럼』 (*World Health Forum*)으로, 종종 다른 언어들로도 번역된다.

● 텍스트 4A

DENTAL PUBLIC HEALTH AND DISEASE PREVENTION

Oral health care does not have the makings of a dramatic issue. Very few people die of oral disease, and its effect on the economies of nations is insignificant. Yet very few people manage to avoid oral disease, and the two major variants — dental caries and periodontal disease — can and do cause irreversible damage. In the process, dental caries can cause some of the most severe pain that the average person is likely to experience in his lifetime. In 1978 a national survey in the United Kingdom, where 4% of the national health budget is spent on dental care, showed that 30% of the adult population was edentulous . . .

치아 공중 위생과 치아 질환 예방

구강 건강관리는 심각한 문제를 제기하지는 않는다. 구강 질환으로 사망하는 사람은 극소수이며, 구강 질환이 국가 경제에 미치는 영향도 미미하다. 하지만 구강 질환을 피할 수 있는 사람은 거의 없으며, 그런 대표적인 구강 질환 두 가지가 바로 충치와 치주 질환으로 이 질환은 돌이킬 수 없는 손상을 입힐 수도 있고 또 실제로 입히기도 한다. 진행 과정에서 충치는 보통 사람이 평생에 걸쳐 겪는 가장 심각한 통증을 일으킬 수도 있다. 1978년 영국에서 행해진 전국적인 통계 조사에 따르면, 영국은 국민 건강 예산의 4%를 치아 관리에 투자하는데, 성인 인구의 30%가 상실치로 밝혀졌다. . .

초기 언어사용역 이론의 공식(Halliday 외 1964, Gregory & Carroll 1978)

으로 텍스트 4A를 기술해 보면, 이 기사는 사회 의학적인 관점에서 평가되며(담화영역), 반전문적인 독자를 위해 의료 학회에서 작성하고(담화관계), 학구적인 글쓰기 관습 내에서 읽히도록 작성되었다(담화방식). 이런 방법으로 다량의 텍스트 샘플을 분석한다면, '의학 영어'와 같은 전문 언어를 확립하는데 기반이 될 것이며 이러한 전문 언어는 번역가 훈련이나 시험에서의 전문성을 평가할 수 있는 구성요소가 될 것이다.

따라서 언어사용역 분석에 관한 연구는 모든 영역의 번역가들에게 해당된다. Gregory(1980: 466)에 따르면,

> 언어사용역 등가의 성립은 번역 과정에서 주된 요소로 간주 된다. 즉 이러한 등가를 성립하는 문제가 번역가능성의 한계를 시험하는 중요한 부분이다.

텍스트 4A를 다른 언어로 번역할 때의 문제점은 적절한 담화영역에 등가적인 용어(*oral health care*-구강 건강관리, *dental caries*-충치, *periodontal disease*-치주질환, *edentulous*-상실치. . .)를 선택하고 적절한 담화관계와 담화방식(형식적, 문어)으로 된 목표 언어 표현을 만들어 내는 것이다.

하지만 언어 사용자들은 맥락을 다루고 실제 텍스트 자료에서 반영된 방식을 추적하는 데 이것보다 더 많은 것들에 의존하게 된다. 번역가는 이와 관련하여 다음과 같은 의문점을 갖는다.

1. 번역 활동은 직관적으로 감지되거나 표면적으로 명시된 '문체' 관례에 따라서 SL과 TL의 언어사용역을 맞추기만 하면 되는가?
2. 텍스트가 등가를 성립하는데 충분하다고 인식되는 상황적인 변수

들의 편집물로 축소될 수 있는가?

텍스트를 조금만 깊이 읽어도 이 모든 의문점은 그렇지 않다는 것으로 답을 내릴 수 있다. '치아 공중 위생과 치아 질환 예방'이라는 제목의 기사가 다음과 같은 문장,

구강 건강관리는 심각한 문제를 제기하지는 않는다.

로 시작한다면 독자는 자동적으로 저자의 숨은 의도를 추론하게 되는데, 이 의도가 바로 구강 건강관리가 사실상은 중요하다는 것이다. 텍스트 과정 메커니즘에 의해 유능한 독자는 텍스트 후반부에 이르기도 전에 '심각한 문제를 제기하지는 않지만. . .' 하는 의사소통적인 의도를 대략적인 등가로 받아들일 수 있다. 따라서 텍스트 과정 메커니즘이 언어사용역 분석만으로 설명될 수는 없다. 여기에서 문장을 하나의 실재로 기술하는 한 가지 차원이 결여되어 있다. 이 실재는 화제를 언급하는 것뿐 아니라 일종의 행위를 수행한다.

　번역가의 관점에서 볼 때, 이는 그리 중요한 문제가 아니다. 그 이유는 번역가가 의도한 의미를 인지할 수 없을지도 모르기 때문이라기보다는(이 능력은 전문 번역에서 필수 조건이다) 어떤 경우 의도된 의미의 표현이 원천 언어와 목표 언어 텍스트 규범 사이에서 미묘한 차이를 일으킬 수도 있고 그에 따라 등가를 성취하기가 더 어려워 질 수도 있기 때문이다. 번역은 외연적 의미라는 점에서 보면 충실히 옮기는 것일 수도 있으나 원문을 확실하게 옮기는 것은 실패할 수도 있다. Widdowson(1979: 105)이 지적하듯이 등가는 단지 언어학적이고 의미론적일 뿐 아니라 화

용론적이다. 게다가 그는 다음과 같이 덧붙인다.

정의상으로 우리는 물론 독립된 문장만 가지고는 화용론적 등가를
성립시킬 수 없으며 오직 맥락 안에서 발화가 무엇으로 간주되는지
를 고려함으로써 등가를 성립시킬 수 있다.

맥락의 세 가지 차원

언어사용역 분석이 맥락의 의사소통적(communicative) 차원을 들여다 볼
수 있는 의의있는 통찰력을 제공했지만, 그 통찰력만으로는 충분하지 않
다는 데 문제가 있다. 앞에서 살펴 본 것처럼 맥락 안에서 추가적으로 또
다른 차원을 알아 볼 수 있다. 화용론적(pragmatic) 차원이 바로 '단어들
로 무엇인가를 할 수 있는' 능력과 관련한 가치를 이 분석에 부여한다.
하지만 기호학적(semiotic) 차원이라 불리는 세 번째 차원이 있는데 이는
화용론적 가치를 포함하여 의사소통적 항목을 기호 체계 안에서의 하나
의 기호로 다룬다.

세 가지 차원 모두를 설명하기 위해 통계치에 대한 진술이 포함된
텍스트 4A로 돌아가서 생각해보자.

국민 건강 예산의 4%를 치아 관리에 투자하는데

물론 통계와 백분율, 비율 등(담화영역)을 다루는 것은 대부분의 사람들
이 학교에서 배우는 기술적 교육의 중요한 부분이다. 그리고 숫자 등을
신속하게 다루는 능력은 통역 훈련의 초기 단계에 습득해야 할 중요한
기술이다. 하지만 위와 같은 통계적 진술의 의미는 화용론적 분석이 주

어진 숫자로 어떤 '행위'가 수행되는지를 시사해 줄 때에만 적절히 파악될 수 있다. 4퍼센트가 너무 적은 수치('겨우 4퍼센트?')인가, 너무 많은 수치('4퍼센트나?')인가, 아니면 사건의 중립적인 진술('적절한가')인가? 화용론적 해석을 올바르게 인식하는 것은 중요하다. 일부 언어에서는 특정한 화용론적 읽기를 명료하게 하는데 명시적 표지가 사용된다. 협의 통역에서 인용된 수치의 의미를 명시적으로 밝히는 것은 때때로 중요하다. 수치의 의미가 분명해지는 정도는 종종 번역가나 통역가의 몫이다.

그렇다면 한 텍스트의 각 요소는 그것의 '부분적' 화용론적 의미를 나타내지만, 연속적인 요소들의 화용론적 가치가 '전체적인' 기호론적 가치로서의 기호로 다른 요소들과 상호 작용하고 있다는 것을 깨닫는 것이 중요하다. 다시 말하자면, '겨우 4퍼센트'라는 해석은 '유감스러운', '수치스러운' 등의 다른 기호를 포함하는 일반적인 유형에 속하는 토큰이다. 텍스트 4A에서 이 토큰은 전체적인 계획(현재의 부적절성을 강조하는 '치아 관리에 관한 논쟁')의 역할을 한다. 이 맥락의 상호작용적인 차원이 기호학적 차원이다. 이는 화용론적 읽기를 한층 더 진전시키며 독자가 특정 문화에 적절한 가치의 전반적인 시스템 안에서 특정 메시지(특정한 행동 방향을 논하는 과학자로서 저자의 이데올로기적 입장)를 발견하는 데 도움을 준다. 번역가가 TL 버전에서 메시지의 온전한 전달을 가능하게 하는 것이 바로 화용론적이며 기호론적인 가치의 인지이다.

그림 4.1은 앞으로 더 상세히 설명할 맥락의 세 가지 차원의 표시이다.

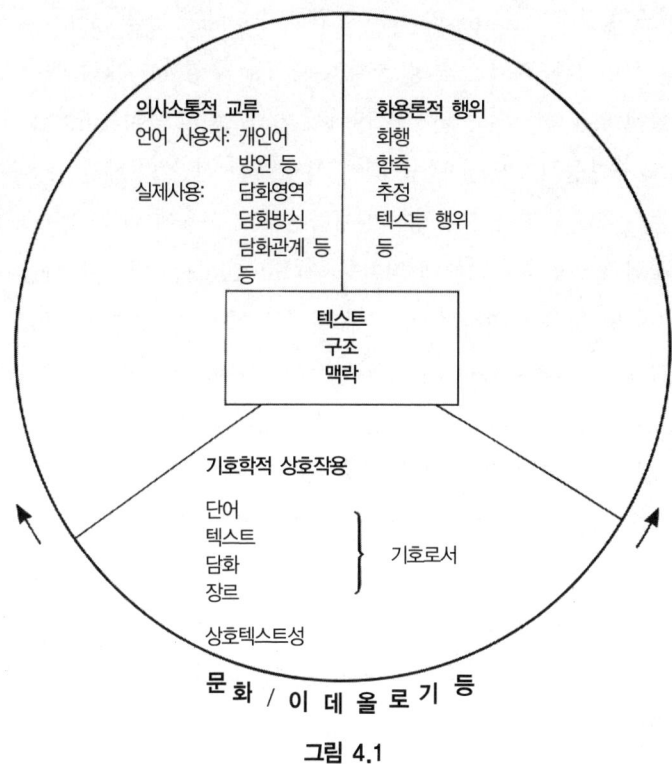

의사소통적 교류

언어 사용자: 개인어
            방언 등
실제사용: 담화영역
          담화방식
          담화관계 등
          등

화용론적 행위

화행
함축
추정
텍스트 행위
등

텍스트
구조
맥락

기호학적 상호작용

단어
텍스트
담화
장르

} 기호로서

상호텍스트성

문 화 / 이 데 올 로 기 등

그림 4.1

화용론적 차원

화용론은 언어와 발화 맥락의 관계를 연구하는 학문으로 정의되어 왔다.
Stalnaker(1972: 380)는 이를 다음과 같이 보다 도움이 될 만한 정의로 내
리고 있다.

화용론은 문장들의 사용 목적, 즉 한 문장이 한 발화로 적절히 사용
된 실제 세계의 상황을 연구한다.

옥스퍼드 철학가 J. Austin(1962)은 행위를 수행하는 문장 능력을 최초로 조사한 사람이다. 이러한 문장 능력이 문장을 구성하는 개별 어휘 항목의 총합에 의해 전달되는 의미를 넘어서 의사소통적 목적을 달성하게 한다. 소위 수행동사(일인칭 단수, 현재 시제로)는 선언('이 배를 . . . 라 이름 짓는다, 또는 '내가 진지하게 맹세하건데 . . .' 등에 나타나는 동사)을 통해 실제 행위를 완성하는데 기여를 한다고 Austin은 밝히며, 사실 모든 발화는 어떤 것을 의미하는 것 외에 실제로 어떤 의사소통적 힘을 가지고 있는데 이는 의사소통에서의 역동적 요소이며 이 요소들이 의사소통을 앞으로 진전시켜 나간다고 언급했다. Austin의 화행 이론에 대한 설명과 Searle이 재정립하고 발전시킨 내용은 언어학 교과서에 많이 실렸다. 우리의 의도는 이러한 이론을 세부적으로 재검토 하자는 것이 아니라 주된 발견을 다시금 되새기고 그 이론을 텍스트 분석가로서 번역가의 작업에 적용하는 것이다.

Austin은 언어 사용자가 발화를 할 때 수행되는 세 가지 종류의 행위를 구별하였다.

1. **발화 행위(Locutionary act)**: 잘 구성되고 의미 있는 문장을 발화함으로써 수행되는 행위
2. **발화수반 행위(Illocutionary act)**: 발화에 수반되는 의사소통적 힘 (예: 약속, 경고, 인정, 부인 등)
3. **발화효과 행위(Perlocutionary act)**: 청자/독자에게 끼치는 발화의 효과. 즉, 수신자의 마음/지식/태도의 상태는 해당 발화에 의해 바뀜

텍스트 4A의 첫 문장에서 우리는 발화 행위가 일련의 개념을 영어의 통사적 제약에 따라 나열된 어휘에 맞게 부호화 하는 것을 포함한다고 말할 수 있다. 여기서의 발화수반 행위는 양보의 형식으로 나중에 취소될 진술을 하는 것을 포함한다. 또 발화효과는 처음에 비논쟁적인 관점으로 이해되었던 것에 대한 독자의 동의를 이끌어내기 위한 것일 수 있다. (확실히 짚고 넘어가야 할 점은 실제적인 발화효과가 작가가 의도한 것과 다를 수도 있다는 것이다. 독자의 반응은 작가의 조정에 지배를 받지 않기 때문이다.) 그렇다면 본질적으로 의사소통적 힘을 발화에 부여하는 것은 발화수반 행위이다. 발화 행위, 발화수반 행위, 발화효과 행위가 함께 **화행(speech act)**이 된다.

화행

화행을 분류하기 위해 다양한 시도들이 있어 왔다. 우리의 목적은 Searle (1976)에 이어 Traugott & Pratt(1980)가 제안한 분류법을 정리하는 것만 해도 충분하다.

1. 진술(Representatives): 사건의 상태를 진술하기 위한 행위 (진술하기, 말하기, 주장하기 등)
2. 표현(Expressives): 사건의 상태에 대한 화자의 정신적, 감정적 태도를 표현하기 위한 행위 (비탄하기, 찬양하기 등)
3. 판정(Verdictives): 판단을 평가하고 옮기는 행위 (평가하기, 추정하기 등)
4. 지시(Directives): 텍스트 수신자의 행동에 영향을 끼치는 행위 (주문하기, 요청하기, 도전하기 등)

5. 약조(Commissives): 행동의 진행으로 화자를 인도하는 행위 (약속하기, 맹세하기, 서약하기 등)

6. 선언(Declarations): 행동을 포함하여 실행하는 발화자의 행위 (축복하기, 세례주기, 해산시키기 등)

적어도 원칙상으로는 어떠한 발화라도 위에서 나열된 화행의 연속체로 분석되어질 수 있다. 따라서 텍스트 4B는 다음과 같이 확인될 수 있는 일련의 화행으로 이루어져 있다.

● 텍스트 4B

Sir-Did Dr Dugdale intend to imply that the superiority of breast-feeding had not been adequately demonstrated? If so, he should look again. It is clearly superior in all settings, not just for babies in the Third World for whom the WHO code was intended. Although the reasons are complex, deaths and a variety of non-fatal illnesses (not just diarrhoea) are much less frequent among breast-fed infants even in industrial nations. I have complied a bibliography of the accumulating evidence, which I should be happy to send to anyone who requests it.

선생님, 더그데일 박사님께서 모유수유의 우수성이 적절하게 논증되지 않았다는 것을 암시하려고 하셨습니까? 만약 그러하다면, 박사님께서는 다시한 번 살펴보셔야겠습니다. 모유수유는 WHO가 지정한 제 3세계의 아이들 뿐 아니라 모든 지역에서 확실히 우세합니다. 그 이유는 복잡할지라도, 사망과 각종 치명적이지 않은 질병(설사뿐 아니라)이 산업국가에서조차 모유수유를 하는 아이들에게는 훨씬 적게 발견되었습니다. 저는 증거 자료를 모아왔으며 이 자료를 요청하시는 분께는 누구라도 기꺼이 보내드리겠습니다.

『세계 건강 포럼』

우리는 첫 문장의 질문을 판정으로 분류할 것인데, 그 근거는 더그데일 박사의 판단에 대해 함축적인 비판이 판정이라는 데 있다. 두 번째 문장 역시 판단이라는 점에서 판정이다. 이어지는 두 문장은 표현으로 분류될 수 있는데 이는 평가적 요소인 *확실히clearly*나 *훨씬 적게much less*와 같이 저자의 관점을 전달해 주기 때문이다. 다섯 번째 문장은 진술(*저는 . . . 모아왔으며*)과 약조(*. . . 보내드리겠습니다*)로 이루어져 있는데, 이 문장에서 작가는 행동 방향을 스스로 약속한다. 각 요소의 지시적 의미를 넘어서서 번역가는 차례대로 나타나는 각 화행의 발화수반력을 옮기고자 할 것이다.

이제 Austin의 수행문에 관한 연구를 살펴보는데, 그 연구에서 Austin은 문장이 약조인지 선언인지 등으로 간주하기 위해 특정한 조건이 만족되어야 한다고 밝혔다. 예를 들어 아래의 문장을 보자.

The meeting is adjourned.
그 회의는 휴정되었습니다.

사실을 진술하는 가치와는 별개로 우리는 이 발화 하나만 가지고도 특정한 환경에서 해당 행위, 즉 회의의 휴정을 수행한다는 것을 인지한다. 그렇지만 누구라도 단순히 문장을 발화한다고 하여 회의를 성공적으로 휴정할 수 있다는 것은 사실이 아니다. 상세히 말해 발화자는 그 회의의 참석자여야 하고, 또한 의장처럼 그렇게 말할 수 있는 권력이 있어야 하며, (보통은) 그 회의가 시작되었고 또 인증할만한 휴정이 용인되는 구실을 가지고 있어야 한다. 화행의 성공적인 결과를 위한 이런 조건이 적절성 조건(felicity conditions)으로 알려져 있다.

특히 법정 통역가는 다양한 법정 맥락에 적절한 발화를 통제하는 조건을 인지할 것이다. 공식화된 발화(선서하기, 형벌선고 등)를 제외하고라도 법정 대화에서 참여자의 역할은 그들이 성공적으로 발화할 수 있는 화행의 범위를 미리 결정짓는 것처럼 보인다. 예를 들어 피고인은 명령, 질문, 토론 등은 하지 않을 것이고 변호사는 주장, 질문, 위협 등을 할 것이며 반면 판사는 충고하고 선고하며, 휴정하는 특권을 가지고 있다. 법정에 둘 이상의 언어가 사용될 경우 통역가는 자신들의 언어 수행이 적절한 화행을 확실히 완수해야 하는 압박을 받을 것이고, 따라서 말하자면 요청을 명령으로 인식하도록 전달하면 심각한 결과를 초래할 수도 있다.

협력 원리와 Grice의 격률

적절성 조건은 의사소통을 할 때 성실하게 임하는 것이 사회적 의무(성실성 조건; Searle 1969)라는 가정에 근거한다. 협력, 진실성, 의도 등의 개념은 Grice(1975, 1978)에 의해 주창한 화용론의 또 다른 발전의 핵심이다. Grice는 성공적인 의사소통을 위한 규칙을 더 면밀히 발전시키기보다 의사소통에 있어서 참여자들이 관습적으로 고수하는 격률을 밝히는데 더 주안을 두었다. 간단히 열거하자면 다음과 같다.

1. **협력(Cooperation)**: 참여하고 있는 대화 교환의 용인된 목적이나 방향 지시에서 요구하는 만큼 대화에 기여하라.
2. **양(Quantity)**: 정보량을 필요한 만큼 과도하지 않게 전달하라.
3. **질(Quality)**: 거짓이라 믿는 것이나 적절한 증거가 불충분한 것을 말하지 말라.

4. 관련성(Relation): 관련 있는 것을 말하라.
5. 양태(Manner): 명료하게 하고, 모호하고 중의적인 표현을 피하며, 간략하고 정돈되게 전달하라.

이 모두를 고려해 보면, 격률은 대화에서 최대한 효과적이며 효율적이게 의사소통을 할 수 있는 방법으로 요약될 수 있다. 이 격률들의 기저에는 참여자가 이상과 같은 무언의 관습에 따라 의사소통에서 보통 자신들의 목적을 추구한다는 가정이 있다. 이 관습에서 일탈할 경우 다른 참여자는 함축(implicature)과 같은 것으로 인식하게 된다. 예를 들어 다음의 의사 교환을 살펴보자.

A: There's going to be trouble when John finds out.
B: Why? What's going on?
A: It's a nice day today, isn't it?
B: Oh, come off it!
A: 존이 알면 문제가 생길거야.
B: 왜? 무슨 일이야?
A: 오늘 날씨 참 좋다, 그렇지?
B: 야, 쓸데없는 말 하지 말고!

화자 A는 확실히 관련성의 격률을 위배했다. 하지만 B는 거기에 넘어가지 않았다. B는 A가 날씨에 관해 대화를 시작한다고 가정하는 것이 아니라, 이러한 위반이 A에 의해서 고의적으로 시도된 것이라고 추론한다. 이런 시도는 B가 너무 캐묻는다는 것을 A가 지적하고자 하기 위함이다.

따라서 관련성은 재성립된다. Beaugrande & Dressler(1981: 123)는 다음과 같이 말한다.

> 대화 참여자는 담화가 일관적이고, 정보적, 관련적, 협동적으로 의도되어 있다는 자신들의 가정을 버리기 보다는 표현되지 않은 내용을 추론할 것이다.

이러한 격률이 보편적이지 않을 수도 있다는 데에 증거가 있음을 주목할 필요가 있다. Keenan(1976)은 마다가스카르의 화자가 종종 양의 격률을 무시하는 것을 설명한다. 이러한 복잡한 현상에는 더 많은 연구가 필요하다. 하지만 번역가에게 여전히 의문은 남는다. TL 수용자는 SL 수용자가 한 만큼 표현되지 않은 내용을 추론해 낼 수 있는가? 번역가는 어느 정도까지 TL 수용자의 부족한 부분을 보충해야 하는가? 번역가 발화(TL 텍스트)의 발화효과는 번역가의 통제에 영향을 받는가? 이런 문제들은 5장에서 세부적으로 논의될 것이다.

이러한 화행과 대화적 함축의 피상적인 제시로 보면, 이 격률의 전체적 논쟁이 화자와 청자, 발화상황을 포함하는 구어체적 담화방식의 관점으로만 판단된다는 사실이 분명해질 것이다. 이 문제를 협의 통역에 적용해 보면 명백하다. 즉 통역가가 문맥에서의 발화가 가진 발화수반력을 잘못 나타내거나 제대로 인지하지 않으면서 발화에서 나타난 발화 행위를 유능하게 번역하는 것(ST의 단어에 적당한 등가를 발견하고 이를 TL의 통사구조에서 올바르고 적절하게 연결시킨다는 의미)은 완벽히 가능하다. 따라서 훈련 중인 통역가가 참여한 협상 회의에서 영어 화자는 그의 대화상대방(불어 화자)이 제시한 쟁점에 다음과 같이 반응했다.

● 텍스트 4C₁

If we are content merely to condemn the American position, it is perhaps
not a very positive attitude to the problem. It might be preferable . . .
만약 우리가 미국인의 입장을 비난하는데 단순히 만족한다면 이 문제에
대한 아주 긍정적인 태도라 할 수 없을 것입니다. 더 선호되는 것은 . . .

그 통역가는 불어 화자를 보며 다음과 같이 말했다:

● 텍스트 4C₂

Votre attitude n'est pas positive. . .
당신의 태도는 긍정적이지 않습니다. . .

이 시점에서 불어 화자는 종전까지의 협조적인 협상 태도를 서먹하고 거
리를 두도록 바꿔버렸다. 통역가는 의도하지 않았지만 토론의 새로운 쟁
점(그리고 불만족의 간접적인 지적)을 제기하려는 시도를 직접적인 비난
으로 변화시켰고, 따라서 발화수반력을 왜곡하고 의도하지 않은 발화효
과 행위를 초래했다. 글로 작업하는 번역가라면 종종 모르고 넘어갈 수
있는 실수가 (왜냐하면 결과가 즉각적으로 명백히 나타나지 않기 때문에)
협의 통역가의 활동에서는 항상 고통스럽게도 분명히 드러난다.

번역시 의미 협상하기

화행 이론이 구어의 담화방식을 지향함에도 불구하고 그 연구의 결과들
은 물론 문어 텍스트에도 동등하게 적용이 가능하다. 적절성 조건은 말
하기의 상황과 관련지어 인지하는 것이 더 쉬운데 이는 대화자가 발화
현장에 있고, 발화가 화자와 청자의 의도에 따라 규제되는 방식을 추정

해 낼 수 있기 때문이다. 반면 문어 담화에서 독자는 어떠한 면에서 보이지 않는 존재이기 때문에 텍스트 생산자가 독자의 반응을 직관으로 알고 그에 따라 담화를 형성하는 범위까지만 상호작용한다. 그러나 이 상호작용은 인간 언어활동(따라서 번역 행위)에서 결과물이 아니라 과정으로서 여전히 중요하다. 텍스트의 의미를 생산자와 수용자가 서로 협상한 어떠한 것이며 한번 부호화 되고 나면 인간의 처리 활동과 무관한 정적인 실재가 아니라고 보는 것은 우리가 생각하기에 번역과 번역교육, 번역평가를 이해하는 핵심이다.

맥락의 화용론적 차원에 대한 우리 연구의 시작은 본질적으로 의사소통에서 의도가 인식되는 방법을 보여주었다. 번역가는 모든 SL 텍스트 의도의 유능한 처리자가 되는 것과 더불어 TL 독자/청자가 받을 것 같은 효과에 관해 판단을 해야 하는 위치에 있어야 한다. 하지만 지금까지 우리의 분석은 텍스트에서 의도성의 구체적인 본질을 다루는데 충분하지 않다. 이것이 5장에서 우리가 다룰 주제이다. 그러나 앞서 제안한 바와 같이 맥락의 세 번째 차원이 있는데, 이는 기호로서 화행의 상호작용을 밝히는 것이다. 텍스트 4A와 4B, 4C를 분석하며 우리는 수반되는 다양한 화행사이에서 일어나는 상호작용의 역할과 관계있는 가정에 암묵적으로 의존했다. 이것이 맥락의 기호학적 측면이다.

의사소통적, 화용론적, 기호학적 상호작용

우리는 특정한 번역 문제를 고려함으로써 의사소통적, 화용론적, 기호학적 차원의 독립성을 증명할 수 있다. 다음의 텍스트 예시는 '경어체'의 사용을 보여준다. 이 예시는 아랍어의 영어 번역본에서 발췌하였다.

● 텍스트 4D

Sayyid Faisal bin Ali, the Minister for National Heritage and Culture, left
Muscat yesterday for New York.

국가 유산 문화부 장관인 사이드 파이살 빈 알리는 어제 머스캣을 떠나
뉴욕으로 갔다.

● 텍스트 4E

HH the Amir Shaikh Isa Al Khalifa received **Shaikh Mohammad Al
Khalifa**, the Foreign Minister, . . . and **Ghazi Al Gosaibi**, Bahrain's
ambassador to the United State.

아미르 샤이크 이사 알 칼리파는 외교부 장관인 샤이크 모하마드 알
칼리파 외무부 장관과 . . . 가찌 알 호사이비 주미 바레인 대사를 맞이하
였다.

● 텍스트 4F

And when he had accomplished that, there was such a shouting and
singing and hustle and bustle, a veritable babel, that was only restrained
when **the sheikh**, their father, got up . . .

그가 그것을 수행하였을 때 그곳에는 외침과 노랫소리, 투쟁, 떠들썩함만
이 있었고 바벨을 방불케 했다. 샤이크, 그들의 아버지가 일어났을 때야
잠잠해졌다. . .   (Hussain 1932)

SL 텍스트에서 *사이드(sayyid)*도 *샤이크(shaikh-sheikh로 쓰이기도 함)*도 모
두 경어체로서 사용되었다. 그렇지만 번역할 때 그것이 남아있어야 할
경우와 없어져야 할 경우는 무엇일까? 텍스트 4D, 4E, 4F에서 번역가의
해결책은 그림 4.2처럼 정리할 수 있다.

	아랍어	영어
(4D)	*sayyid*	음역
(4E)	*sayyid*	*Ghazi*앞에서 생략
(4E)	*shaikh*	음역
(4F)	*sheikh*	음역

그림 4.2 번역에서의 경어체

의사소통적 단계에서 *sayyid*와 *sheikh*의 사용 변화 정도는 담화관계나 격식성의 정도 문제라 말할 수 있다. 그렇지만 맥락에서 이 항목들은 번역가에게 여러 가지 문제를 안겨 주는데, 이 문제들은 비록 이 항목들이 담화관계의 용어(격식적, 비격식적 등)와 다른 화용론적 가치(예: 예우)로 인해 학습되었다 할지라도 어휘 의미를 아는 것 이상을 요구하는 것들이다. 수반된 여러 복잡성을 다루면서 텍스트 4D와 4E, 4F의 다른 번역가들은 미묘한 차이를 알아차렸을 것인데, 이는 다음과 같이 요약될 수 있다.

1. 텍스트 4D에서 *sayyid*라는 칭호는 음역으로 이는 예언자 모하마드의 후손(복잡한 정치적, 종교적 암시)이기 때문이다. 다른 맥락에서 *sayyid*는 여전히 아랍어로 쓰일 수 있지만, 특별한 지위와 관련이 없을 때는 영어의 'Mr'로 대체되거나 심지어는 생략될 수도 있다. 서구에서 사용하는 'Mr'의 의미가 문화적으로 너무 거슬릴 때는 텍스트 4E에서처럼 생략하는 것이 적절하다.

2. 텍스트 4E와 4F에서 *shaikh*라는 칭호는 음역으로 남겨졌는데, 그 이유는 텍스트 4F의 번역에 주석을 명백히 달았기 때문이다. (예: Hussain의 Paxton 1932: 8)

Shaikh or sheikh. Means literally 'an elderly man.' Hence it is used among Bedouins for the chief of a tribe and among civilized Arabs for the head of an order or sect, like the dervishes. Shaikh has many other uses besides. It may mean a learned doctor of religion (there are no priests in Islam) or a senator. Here it is merely used as a title of respect for the author's father, as being the head of the family or one who memorized the Quran.

샤이크 또는 섀이크. 글자 그대로는 '나이가 지긋한 남자'를 의미한다. 따라서 베두인들 사이에서 한 부족의 장을 일컫거나 문명화된 아랍인들 사이에서 데르비시와 같은 교단, 혹은 분파의 장을 일컬을 때 사용된다. 이 외에도 샤이크는 다양하게 사용될 수 있다. 이는 종교 박사(이슬람에는 사제가 없다) 또는 원로로 사용될 수도 있다. 여기서는 단순히 가장이거나 코란을 외우고 있는 사람에게 쓰듯이 저자 아버지를 위한 존경의 칭호로 사용된다.

번역가의 주석에 나타난 것과 같은 의미의 목록조차도 등가를 성립하는 충분한 기초가 되지는 못한다. 사실 번역가는 해당되는 항목이 언어 시스템(용법) 안에서 가질 수도 있는 모든 가치를 알고 있다. 그러나 이 잠정적 가치가 항상 실제 맥락에서 적용 가능한 것은 아니며 번역가는 실제로 사용하는 그들 스스로의 패턴을 연역적으로 추론할 필요가 있다. 호칭이나 지칭의 형식 등에서 수반되는 복잡한 패턴화하기는 심지어 '사회의 서열'이나 '계층'과 같은 개념을 넘어설 수도 있다. 이것은 오로지 이러한 형식이 '기호'로서 행동하는 상호작용의 차원이라는 관점으로만 학습될 수 있다.

기호학적 차원

담화를 둘러싼 가정과, 전제, 관습은 특정 문화가 현실을 구성하고 분할하는 방식을 반영한다. 모든 언어는 자체의 방식으로 이런 분할을 표현하도록 되어있다. 마찬가지로 한 문화 시스템에서 다른 문화 시스템으로의 의미를 전이시킨다는 것은 맥락적 차원과 관련된다. 맥락적 차원은 다른 의사소통적, 화용론적 자질이라는 측면에서 문화가 작용하는 방식을 우리가 이해할 수 있게 해준다.

기호론(semiotics) 또는 기호학(semiology)은 기호의 자연 상태, 즉 사회에서 그 기호를 연구하는 과학이다. Saussure는 사회 심리학의 부분으로 파악하고, Peirce는 뚜렷한 '논리적' 성향으로 파악한 기호학은 무엇이 기호를 구성하고, 무엇이 기호 간의 상호작용을 규제하며, 무엇이 기호의 탄생과 소멸 방식을 결정하는지에 초점을 둔다. Jakobson(1971: 698)은 다음과 같이 설명한다.

> 모든 메시지는 기호로 구성된다. 결과적으로 기호학이라고 불리어지는 기호의 과학은 어떤 기호를 막론하고 모든 기호 구조의 기저에 깔린 일반적인 원칙과, 메시지 안에서 기호가 사용되는 특징 및 다양한 기호 체계의 세부적인 내용을 다룬다. . .

텍스트 4D와 4E, 4F의 담화 조각들은 상당한 기호학적 의미가 있다. 다양한 형태의 호칭이나 지시는 우리가 한 문화 안에서 그것을 통해 의미를 교환한다는 점에서 기호이다. 텔레비전 인터뷰에서 영국 정치가들은 자신들을 인터뷰 하는 사람에게 비격식성과 연대감 등을 표현하기 위해 이름('Donald')을 부르는 경우가 흔하다. 그렇지만 어떤 맥락에서 성('Mr.

McCormack')으로 바꾸어 부르는 것은 단순한 격식성 이상의 의미를 나타낸다. 예를 들어 이런 경우 '나는 한계를 넘어선 것을 지적 합니다'라고 알리는 것일 수도 있다.

언어 실제 사용의 상호작용적 차원은 단지 개별 어휘 목록의 층위에서 작동하지 않는다. 이것은 더 큰 단위와 관련될 수도 있다. 번역가는 어쩌면 한 텍스트 안에서 전체 연속체를 유지 또는 개조하고나 심지어 생략하면서 기호학적인 등가를 이룰 수도 있다. 텍스트 4E의 SL 버전은 기호론적 이유로 영어 버전에서 고의적으로 생략된 연속체가 포함되어 있다. 만약 이를 문자 그대로 번역한다면 텍스트 4G와 같이 나타날 것이다.

● 텍스트 4G

. . . Bahrain's ambassador to the United States, who called in order to greet His Highness and enquire about his health on the occasion of returning from his posting in Washington.

. . . 바레인 주미 대사를 . . . 했는데, 주미 대사는 워싱턴 임지에서 돌아와 왕께 인사를 드리고 안부를 묻기 위해 알현했다.

(『걸프 뉴스』에서 번역, 아랍어 판)

영어 사용 목표 독자들에게는 텍스트 4G의 모든 정보들이 텍스트 4E에 이미 나타나 있다. 만약 주미 바레인의 대사가 바레인에서 왕을 알현한다면 그는 그의 임지에서 돌아와 인사를 위한 일상적 단어를 주고받을 거라고 가정해야한다. 그렇다면 왜 SL 텍스트에서 잉여적인 정보가 나타나야만 하는 것일까? 그것은 의심할 여지없이 아랍 뉴스 보도에서 특권 계급에 대한 존경을 나타내는 텍스트적 관습과 관련이 있다. (그러나 이것이 그 자체만으로 기호학적 중요성이 없지는 않다. 이는 우리의 논의가 진행될수록 명확해 질 것이다.)

번역가는 텍스트 4G의 SL 버전을 기호로, 즉 기호학적 단위로 접근했다. Saussure학파의 용어로 기호는 표현과 내용(또는 기표와 기의)이 분리될 수 없는 단일체이다. 우리에게 있어서 *to greet and enquire about his health*(표현/기표)라는 일련의 단어는 중대한 과대 단순화의 위험을 무릅쓰고 '마땅한 존경심을 표함'으로 해석될 수도 있는 복잡한 화행을 내용/기의로 가지고 있다. 의미 체계의 한 부분으로 이 행위는 아랍 문화에 뿌리깊이 박혀 있다. 이는 세대에 걸쳐 내려 온 의무적인 사회 관습이라는 측면으로 이해된다. 이는 해당 문화에서 독특한 것이며 필요한 조정이 이루어 졌을 때만 사회 문화적(즉, 기호간) 경계를 넘어 전달될 수 있다. 이런 경우에 번역가는 외국 거주 영어 화자 공동체를 목표 독자층으로 고려하여 텍스트 4G와 기능적으로 등가인 기호가 없다는 것을 정확히 인식했다. 이것은 기호에 대한 Peirce의 정의와 일치하는데, 즉 기호란 '누군가에게 어떤 측면에서 무엇인가를 상징하는 어떤 것'이다(논문집 Vol. II, para. 228).

기호간 전의

그렇다면 번역은 첫째로 기호를 다루며, 기호가 표시하는 기호학적, 그리고 화용론적, 의사소통적 자질들을 보전하려고 시도한다. 그렇지만 기호간 전의의 과정은 제약 없이는 이루어지지 않는다. 말하자면 주어진 담화영역과 의도된 화용론적 행위에 의해 만들어진 가치들 사이의 상호 작용으로 수반되는 제약들이 있다. 예를 들어 언어의 은유적 사용은 늘 부가적으로 의도된 의미를 가진다. 따라서 은유를 어떻게 번역할지 결정하는 중요한 요소가 되는 것은 은유의 기호학적 위치이다. 최소한 이러한 결정은 부분적으로 장르나 담화, 텍스트와 같은 기호학적 범주로 이루어질 것이다.

장르적 제약

장르는 특정 사회 상황에 속한 참여자들의 의도 뿐 아니라 그 상황에 수반되는 기능과 목적을 반영하는 '텍스트의 관습화된 형식'이다(Kress 1985: 19). 사회 기호학적 관점에서 언어의 이러한 특정 사용은 규범이라는 말로 가장 잘 설명되는데, 이 규범은 의사소통하는 능력의 부분으로 내재화된다. 장르는 서로 전혀 공통점이 없는 시나 책 서평, 세례식 등을 포함하여 문학적일수도 비문학적일수도 있으며, 언어학적일수도 비언어학적일수도 있다. 장르의 종류가 어떻게 번역가의 결정에 영향을 끼치는가의 예로 아랍어의 문학 텍스트가 영어로 어떻게 번역 되는지 다음을 참고하라. 이는 텍스트 4F와 연결된다.

- 텍스트 4H₁
. . . when the sheikh, their father, got up from his bed and called for a jug of water in order to wash himself before praying.
그들의 아버지께서 침대에서 일어나서 기도하기 전 그 스스로를 씻기 위해 물 한 동이를 부탁하셨을 때 . . .

4H₁의 아랍어 원문은 다음과 같이 직역될 수 있다.

- 텍스트 4H₂
. . . when the sheikh, their father, got up from his bed and called for a pitcher of water to use for his ablutions.

그들의 아버지께서 침대에서 일어나 목욕재계에 사용할 물 한 동이를 부탁하셨을 때 . . .

이 예에서 문학 번역가가 채택한 접근은 아마도 기자 번역가가 전체 부분(텍스트 4G)을 생략하는 것을 선택한 접근과 대조될 수 있다. 여기에서 문학 번역가가 선택한 해결책은 특정 문화의 기호(*ablution*의 확장)를 명시적으로 나타내는 것이다. 문학 장르의 제약 안에서는 얼마나 소수문화 집단에만 속하는지에 상관없이 문화적 지시가 보존어야 되고 더 명확해질 것(즉, 종교적 의식으로서의 ablution)을 기대하는 문화적 규범이 있다. 그러나 해당 TL 문화에서 뉴스 보도의 관습은 텍스트 4G에서처럼 '경의를 표하는 의식'과 같은 번역을 보통 용인하지 않을 것이다.

이런 텍스트 4D, 4E와 같은 담화 예에 대한 번역가의 반응은 또한 장르를 고려함으로써 통제되어야 한다. 두 원천 텍스트는 그 텍스트들의 근원이 되는 사회적 행사(social occasions)들의 기호학을 반영하는데, 예를 들어 공식적 국가 행사에 대한 뉴스 보도가 그렇다. 하지만 TL 텍스트의 장르는 고국을 떠나 영어를 사용하는 공동체에서는 '간략한 뉴스'가 될 것이다. 여기에는 번역가의 결정에 영향을 끼칠 수밖에 없는 본질적인 차이점이 있다. 참여자의 목표와 의사소통의 목적을 고려하면 SL 장르에서는 적절하게 공식적인 사교적 인사말— . . . *in order to greet His Highness and enquire about his health* . . . — 이 TL의 장르 관습에 있어서는 완전한 잉여정보가 된다.

따라서 장르와 그 장르의 소속은 기호적 체계 간의 전이 과정에 중요한 역할을 한다. 다시 한 번 여기서 수시학적 담화방식과 의도성과 같은 요인들이 작용한다. 그렇지만 Martin(1985)의 지적대로 장르의 관습은 이러한 요인들 외에도 장르가 텍스트 안에서 부호화하는 방식에 강한 영향을 끼치는 특정 문화의 지표다.

담화적 제약

장르에 반영된 사회적 사건에서의 참여자는 그 사건의 특징이 되는 태도적으로 결정된 표현에 연관될 수밖에 없다. 장르로서의 책 서평은 서평가들이 자신들이 다루고 있는 주제에 대해 전형적인 태도의 표현을 하게 된다. 이 경우 표현의 담화방식은 '평가적'이다. 태도적 표현의 다른 예로 권력을 행사하는 사람들의 '힘'의 담화인 압력 단체의 신념적(committed) 담화 등이 있다. Foucault(1972)와 Kress(1985)의 말대로 이러한 표현의 방식이 담화로 지칭된다. 장르와 담화의 상호 관계는 그림 4.3에서와 같이 나타낼 수 있다.

여기에서 발전된 담화의 개념은 Barthes(1970)가 지칭한 **문화적 부호(cultural codes)**와 비교될 수 있다. 문화적 부호는 개념적 체계로 한 텍스트 안에서 한 요소의 외연적 의미가 추가적인 내포적 의미를 획득하는 과정을 조절한다. 이는 문화가 텍스트에 역동적으로 압력을 가하는 것으로 파악할 때 일어난다. 따라서 예를 들어 이데올로기는 다양한 핵심 용어를 통해 그 자체를 표현하는데, 이 용어들은 텍스트를 넘어 일련의 확립된 규칙으로 우리를 이끈다. '자본주의 언론'이라는 표현이 좌파의 신념적 담화라고 알아볼 수 있는 자질이 되려면 그 표현은 이데올로기적 대립의 내포적 체계 안에서 인식되어야만 한다.

그렇기에 담화는 말하기와 생각하기의 방식이고, 이는 장르와 마찬가지로 의례화될 수 있다. 예를 들어 '성차별자의 담화'(또는 그런 담화의 페미니스트적인 분석)는 럭비 노래와 같은 한 장르의 형식 안에서 식별될 수 있는 구체적인 패턴으로 여겨질 수 있다. 장르와 담화의 상호 관계는 또한 문화적으로 결정된다. 여기에는 어떤 담화가 어떤 장르와 같이 나타나는지, 혹은 어떤 장르가 어떤 담화와 같이 나타나는지에 대한 제약이 있다. 예를 들어 '투쟁적'이고 '무정부주의적'인 담화는 이사회 회의에서 부적절하다. 마찬가지로 관료적 담화는 대중 집회에서 원망을 사게 될 것이다.

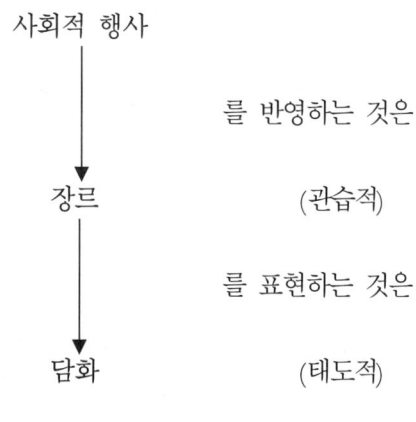

그림 4.3 장르와 담화

그렇지만 각 문화마다 각각의 조합이 있다. Ed Muskie 상원 의원이 텔레비전으로 방송되는 미국 대통령 선거 운동에서 눈물을 터뜨리며 격앙된 감정을 표현했을 때, 대통령이 되고자하는 그의 희망은 사실상 끝이 나는 결과를 가져왔다. 그러나 이집트의 Nasser 대통령이 육일 전쟁의 패배 후 가진 대국민 연설에서 사임하겠다는 뜻을 밝혔던 격앙된 눈물의 담화는 그의 지도력에 대한 대중의 신뢰를 이끌었고, 그 결과 그의 정치적 수완을 강화시켰다.

번역가나 통역가가 이와 같은 담화적 제약을 어떻게 다루는지 살펴
보는 예로서 텍스트 4I의 담화 샘플을 보자.

● 텍스트 4I

Fallaci: . . . But you **frighten** people, as I said. And even this **mob** which
calls your name is frightening. What do you feel─hearing them
calling out like this, **day and night**, knowing that they are there, **all
of them there sitting for hours, being shoved about, suffering**, just
to see you for a moment, and to **sing your praises**?

Khomeini: I **enjoy** it. I **enjoy** hearing and seeing them. **Because** they are the
same ones who **rose up to throw out** the internal and external
enemies. Because their applause is the continuation of the **cry** with
which the **usurper was thrown out**. It is good that they continue
to be **agitated**, because the enemies have not disappeared. Until the
country has settled down, the people must remain **fired up**, ready
to **march** and attack again. In addition, this is **love**, an intelligent
love. It is impossible not to **enjoy** it.

팔라치: . . . 하지만 제가 말했듯이 당신은 사람들을 위협합니다. 그리고
심지어 당신의 이름을 외치는 군중들도 위협합니다. 어떻게 느끼
십니까? 그들이 이렇게 외치는 것을, 밤이고 낮이고 그들이 거
기에 있음을 알고 있다는 것을, 모두들 거기에 몇 시간씩 앉아
있고 서로 밀치락달치락 하고, 고통 받고 있다는 것을. 단지 당
신을 잠깐이라도 보기 위해 또 당신을 찬양하기 위해.

호메이니: 저는 그것을 즐깁니다. 그들을 듣고 보는 것을 즐깁니다. 왜냐
하면 그들은 내부와 외부의 적들을 몰아내기 위해 일어선 바로
그 사람들이기 때문입니다. 왜냐하면 그들의 갈채는 권력을 침
탈한 자를 몰아낸 외침의 연속이기 때문입니다. 그들이 계속해
서 선동되는 것은 좋은 일입니다. 왜냐하면 적들은 사라진 것이

아니기 때문입니다. 국가가 정착할 때까지 사람들은 격분한 채 남아 있어야 하며, 진격하고 다시 공격할 준비가 되어 있어야 합니다. 게다가 이것이 사랑, 총명한 사랑입니다. 이것을 즐기지 않는다는 것은 불가능합니다. (Johnstone 1987; 강조된 부분은 추가)

텍스트 4I는 1979년 이란의 아야톨라 호메이니가 한 서양 기자와 『뉴욕 타임즈』에서 인터뷰 하였을 때 일어났던 의사소통의 상세한 내용을 Johnstone(1987)이 분석한 흥미로운 논문에서 발췌한 것이다. 이 텍스트가 일반적인 질의응답이 아니라는 것을 관심 있게 볼 필요가 있다. 팔라치는 도발적인 인터뷰 스타일로 유명하고 이 인터뷰에서 그녀는 호메이니와 거의 대등하게 열성을 담아 이야기한다.

호메이니와 동행하였던 두 명의 이란 통역가들의 관점에서 보면 이 상황에서는 장르(정치적 인터뷰)의 제약을 넘어서 작동중인 일련의 추가적인 제약이 있다. 이 제약들은 감정적인 신념의 담화와 관련이 있다. 이 목표 텍스트는 바레인 대사의 알현에 관련된 뉴스 보고서인 텍스트 4E에서 채택하였던 잉여 항목의 생략과는 다른 해결책을 보여준다. 여기에서 어휘 잉여성과 통사적 반복은 동기화된 것처럼 보이며 결과적으로 온전히 다 번역되었다. 따라서 팔라치의 영어 사용에서 나타난 감정 표출은 호메이니의 페르시아어 통역가 통역의 감정 표출과 연결된다. 이러한 현상들을 더 나아가 조사하는 것은 유용할 것이다. Johnstone의 관심은 번역이나 통역보다는 문화적으로 결정된 추론의 패턴과 관련이 있다. 하지만 그녀의 분석이 함축하는 바는 번역에 있어서 담화적 제약의 영향력에 관한 모든 연구와도 관련이 된다.

텍스트적 제약

장르와 담화 신호는 쉽게 식별 가능하지만 그 범주들은 아주 광대하고
널리 퍼져있다. 담화와 장르 안에서는 우리가 설명해야만 하는 변동이
있다. 예를 들어 책 서평에서 '객관적인 요약하기'의 담화가 '주관적인 평
가'의 담화를 허락할 때 차이점이 발생한다. 이 변화는 문제해결 과정이
라는 용어로 설명될 수 있다. 참여자들은 평가받는 작가의 권위가 도전
받는 상황의 차이점들을 인지한다. 이 차이점들은 반론이나 재주장 등을
통해 평가할 필요 등과 같은 수사학적 목적을 불러일으킨다. 반론과 재
주장은 우리가 텍스트라 부르는 것을 구성한다. 담화 안에서 텍스트를
인지하는 과정을 Kress(1985: 12)는 다음과 같이 요약한다.

> 개인의 담화적 역사와 개인의 현재 담화 위치, 상호 작용이 일어나
> 는 담화의 맥락 안에서 해결되지 않는 차이점으로부터 문제가 발생
> 할 가능성은 언제든지 있다. 이 차이점은 텍스트를 생산하는 동력이
> 다. 모든 텍스트는 특정한 문제틀에서 일어난다. 텍스트는 따라서
> 담화의 표명이며 담화의 의미이고 특정한 문제를 풀기위해 시도하
> 는 현장인 것이다.

따라서 구체적인 실체로서 텍스트는 기호학적 분석의 기본 단위이다. 텍
스트는 주어진 장르 안에서 인식되는 담화를 형성하기 위해 연결된다.
이 과정에서 번역가는 텍스트가 가진 제약에 영향을 받게 된다. 이 제약
이 번역가가 지켜야 하는 수사학적 목적의 지표들이다. 우리는 이러한
지표들을 **텍스트적 제약**(textual constraints)의 부분으로 받아들인다. 텍
스트 4I에서 나타난 이러한 예들은 논쟁이 어떻게 전개되는지를 보여주

기 위한 지표로서 접속사(왜냐하면, 게다가)를 수사학적으로 사용한다. 장르적 요소와 담화적 특성, 텍스트적 지표가 함께 번역가나 통역가 판단의 기초를 형성한다. 그림 4.4는 그림 4.3에서 나열되었던 것에 텍스트적 차원을 더한 것이며 텍스트와 담화, 장르 사이의 계층적인 관계를 설명한다.

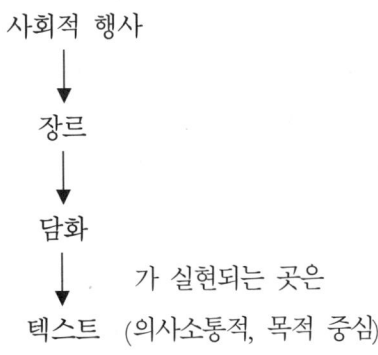

그림 4.4 텍스트와 담화, 장르간의 계층적 관계

이러한 장르적, 담화적, 텍스트적 제약들이 전면에 나오는 것이 초록 작성(abstracting)과 같은 과정에서다. 초록(abstract)은 그 나름의 관습을 가진 하나의 장르이다. 담화의 측면에서 초록은 중립적인 경향이 있다. 텍스트적 단계에서 우리는 일관성이 유지되기를 기대한다. 하지만 텍스트 4J₁은 불어 논문의 영어 초록인데, 여기에서는 일관성을 발견하기가 어렵다. 장르적, 담화적 관습을 위배하고 있을 뿐 아니라 텍스트적 전개에도 특히 문제가 있다.

- 텍스트 4J₁

Is the rise of the Soviet Union to power and domination due more to the efficiency of its system and its leaders' know-how than to the shortcomings of those who, in the West, hold the same responsibilities? No. The present imbalance is the outcome of a series of errors in judgement, unfounded speculation, about-faces and broken illusions . . .

소련이 강국으로 부상한 것은 같은 책임이 있는 서방 지도자들의 결점 때문이라기보다는 소련 체제의 효율성과 그 곳 지도자들의 노하우에 기인한 것인가? 아니다. 현재의 불균형은 이러한 일련의 판단 착오, 근거없는 추측, 태도 전환과 깨어진 환상 . . . 의 결과이다.   (Gallois 1983)

이 텍스트는 일관성이 성립하기까지 여러 번 읽을 필요가 있다. 그러나 텍스트 4J₁이 초록인 원천 논문은 서양 지도자들이 소련의 공격에 직면하기에 무능력하고 약하다는 일관된 논쟁을 전개시켰다. (더 일반적인 냉정한 태도를 수용하는 대신에) 원천 텍스트에 신념적 담화를 유지하기 위한 시도로 번역가는 텍스트의 응집된 진행에 부정적인 영향을 끼쳤다. *series of errors* . . .는 'those in the West'에 필요한 만큼 귀착되지 못했다. 'on the part of Western leaders'와 같은 몇몇 구들이 있었다면 비록 담화와 장르라는 관점에서 볼 때 초록이 여전히 부적절할지라도 최소한 응집성을 유지할 수도 있었다. 아래의 텍스트 4J₂는 동일한 ST 논문의 초록이다. 이 버전은 영어 초록의 장르적, 담화적, 텍스트적 관습을 존중하려고 시도한다.

- 텍스트 4J₂

Over the past twenty years, the reasons for the failure of the West to contain Soviet power and domination are to be found in the shortcomings

and lack of coordination of Western leaders and their policies . . .
지난 20년간 소련의 권력과 지배를 봉쇄하는데 서방이 실패한 이유는 서
양 지도자와 그들 정책간의 결점과 부조화에서 찾을 수 있다. . .

사용역의 화용론과 기호론

이 장의 목적은 언어사용역 분석을 의사소통적 과정의 복잡함을 설명할
수 있을 만큼 발전시키는 것이었다. 의도성은 담화영역, 담화방식, 담화
관계 안에서 이루어지는 선택의 근거가 되고 번역가의 결정에 새로운 관
점을 제공해 준다. 동시에 기호학적 차원 때문에 우리는 서로 상호 작용
하는 방식으로 이런 변수들을 볼 수 있게 된다. 담화영역[맥락의 경험적
(experiential) 구성]에 기호학적 차원을 더하는 것은 그것을 장르와 그들
의 관습과 관련시킨다. 유사하게 담화관계[맥락의 대인적(interpersonal)
구성]는 태도 표현으로서의 담화와 관련된다. 마지막으로 장르와 담화는
맥락의 텍스트적(textual) 요소를 통해 텍스트 안에서 표현을 찾는다. 그
림 4.5는 이러한 상호 관계를 나타낸다.

담화영역 (경험적) ⟶ 장르

담화관계 (대인적) ⟶ 담화

담화방식 (텍스트적) ⟶ 텍스트

그림 4.5 맥락의 화용론과 기호론

5.

행위로서 텍스트를 번역하기: 맥락의 화용론적 층위

4장에서는 화용론적 분석을 위한 기본 개념, 즉 화행, 적절성 조건, Grice 의 협력원리와 격률에 관해 간단히 들여다보았다. 그러나 이 개념들과 번역 활동과의 관련성은 잠시 언급만 되었을 뿐 자세히 논의되지 않았다. 따라서 이 장에서는 이런 기본적인 화용론적 개념에 사회 문화적 요소를 추가하여 이들을 실제 번역 문제들에 대한 분석과 연관시켜 보고자 한다.

화행(Speech Act) 개념의 가치는 의도되거나 달성하려는 행위의 개념을 발화의미에 추가시킴으로써 번역에서 등가에 대한 판단 기준을 조정해준다는데 있는 듯하다. 따라서 등가란 명제적 내용(propositional content)뿐만 아니라 발화수반력(illocutionary force)의 측면에서도 이루어져야 한다. 담화 차원에서의 번역의 의사소통 실패(말하자면)는 화행을 적절히 전달하지 못해 발생한다. 예를 들어, 공식 담화를 번역할 때, 발화수반력의 등가는 문화 규범의 차이에 따라 달라진다. 즉, 업무용 서신에서는 의도를 직접적으로 드러내는 것이 관례인 언어에서 그렇지 않은 언어로 서신을 번역할 때, 의도하지 않았음에도 불쾌감을 주는 결과를 초래할 수 있다. 예를 들어, 'we should be grateful if you would let us know . . .'(그 내용을 알려주신다면 정말 감사하겠다) 또는 'we should like to suggest . . .'(제안하고 싶다)처럼 영어의 관례적인 요청 방식 대신에 'kindly inform us immediately of your intentions . . .'(즉시 원하는 바를 알려주길 바람) 또는 'we are sending you instructions . . .'(지시사항을 송부함)과 같은 문장들로 번역된 경우가 그렇다.

발화수반구조

우리는 지금까지 텍스트란 연속되는 화행으로 구성되어 있으며 번역에서 등가를 달성시키기 위해서는 각 문장에 담긴 발화수반력들을 각각 별개로 취급해야 한다고 생각해왔다. 실제 화행 분석에 대한 연구들의 상당부분은 개별 문장 분석에 관련된 것들이며, 문장들이 연결된 경우는 어떠한지에 대해서는 상대적으로 소홀히 다루었다. 그러나 Ferrara(1980a, b)가 지적하였듯이 화행은 연속된 문장 안에서의 입지와 지위에 따라 그 해석이 크게 달라진다. 간단한 예를 들어 보면, 'there are thirty people in here'란 발화의 인식된 지위는 공기텍스트에 따라 달라진다. 즉, 만약 그 발화가 'Could you open the window?'와 함께 발생하는 발화 쌍의 첫 번째 발화라면, 문을 열게 하기 위한 화자의 주요 의도를 정당화시키기 위한 하위 목표로써 연속된 발화에서 종속적인 행위라는 지위를 갖는다. 하지만 이 발화가 'how many people are in here'에 대한 대답이었다면, 이것은 대화에서 늘 함께 등장하는 '인접 쌍'(질문 후에 대답이 등장하고,

인사는 인사로, 제안 다음에는 수락이나 거절이 발생하는 것이 된다. 따라서 연속된 문장 안에서 화행의 상호관계는 텍스트의 발화수반구조의 개념이 되면서, 텍스트의 진행을 결정하고 텍스트의 결속성을 유지시킨다. 번역에서는 화행 대 화행을 맞추는 것이 아니라 발화수반구조의 등가 달성을 목표로 한다.

다음의 예시는 아프리카 국가들의 불안한 상황을 아프리카의 황혼에 은유적으로 표현한 텍스트의 일부로, 이것의 적절한 예가 될 수 있다.

● 텍스트 5A

Avant que la nuit s'installe, une parure de'étoiles.
Trompeuse.   (Pomonti 1979)

예비 번역가들이 한 영어 번역들은 다음의 세 종류로 구분된다.

(1) As night draws on, the sky is deceptively adorned with stars.

(2) As night draws on, the sky is adorned with stars. It is misleading.

(3) As night draws on, the sky is adorned with stars. But appearances are deceptive.

(1)이 부적절해 보이는 이유가 단순히 두 문장을 한 문장으로 합쳐놓았기 때문이라고 생각할 수도 있다. 그러나 이러한 설명으로는 일반화할만한 가치를 끌어내기 힘들다. 사실, 이 설명 때문에 혹자는 두 문장을 한 문장으로 결합시키는 것은 절대 정당화될 수 없으며, ST 어순은 늘 존중되어야 한다고 생각할 수도 있다. 하지만 실제 번역가들도 공감하겠지만,

이런 변화는 적절한 맥락에서 당연히 일어날 수 있다. 하지만, 텍스트 5A의 경우 ST의 한 단어 문장인 Trompeuse로 구현된 화행은 당연히 TT에서 표현되어야 하고, 낙관적인 묘사라는 하부 목표는 종속적이어야 하며, 그 낙관주의를 부정하기 전에 나와야 하는 ST의 발화수반구조와 양립할 수 있는 방식으로 번역되어야 한다. 그러나 (1)에서는 낙관주의가 단언되기도 전에 부인되었다. 반면 (2)의 경우를 보면, 각 화행은 정확한 순서로 성실히 나열되었지만, 첫 번째 문장과 두 번째 문장 간의 함축적인 관계는 불분명하다. 이런 분야 담화의 SL 전통적 텍스트 규범인 병렬구문에 의해 달성되는 함축적 반론은 대조를 나타내는 대조신호로, 보다 명시적으로 표시되어야 한다. 이 텍스트의 결속성은 개별 발화수반행위의 등가가 아닌 순차성의 등가에 의해 달성된다. 따라서 (2)보다는 (3)이 더 선호된다.

텍스트행위

연속된 화행들의 축적 결과는 이제 텍스트행위(Text Act) 즉 화행 연속체의 주요 발화수반력(Horner 1975)에 대한 인식으로 이어진다. 8장 텍스트 유형 기호학의 논의에서 이 개념이 얼마나 유용한지를 발견하게 될 것이다. 하지만 이 장에서는 텍스트행위의 층위에서도 등가를 판단할 수 있다는 개념, 즉 ST의 주요 발화수반력이 번역문에서 유지되었는가에 대한 생각으로 한정한다. 종종 텍스트 전반(p. 147 참조)에 걸쳐 깔려있는 명백한 화용론적인 개념의 전이는 아마도 텍스트행위의 층위에서 가장 잘 판단될 수 있을 것이다. 다시 말해 우리는 각 문장이나 구에서 어느 정도로 정확하게 아이러니가 전달되었는가 보다는 전체 텍스트에 그 아이러니의 어조가 반영되었는가에 논의의 초점을 둔다.

협의 통역(liaison interpreting)에서는 한쪽 화자의 개입이 갖는 주요 발화수반력이 반영되지 않아서, 대화 상대방이 제안이나, 요청, 수행과 같은 반응이 요구된다는 점을 알아차리지 못하는 경우가 발생한다. 단순히 그 텍스트행위가 전체 통역된 발화에서 충분한 힘을 갖고 나타나지 않았을 뿐 어떠한 형식적인 요소들도 누락되지 않았다. 이러한 통역에서 우리는 한 쪽 대화자가 오지도 않을 반응을 조바심 내며 기다리는 것을 종종 보게 된다. 분명히 의사소통이 중단되지 않았고 통역가와 다른 쪽 대화자 모두가 현 상태에 만족하는 것처럼 보이는 데도 말이다. 이런 경우, 다른 경우에서처럼 ST와 TT 간의 단어 대 단어만을 비교한다면 중요한 사항의 누락을 찾을 수 없다. 하지만, 텍스트행위와 같은 텍스트 층위의 평가 기준을 고려하게 되면, 번역에 대한 평가는 단어 대 단어, 문장 대 문장 비교와 같이 불충분한 층위를 뛰어넘을 수 있다.

물론 텍스트행위의 인지는 연속성을 갖는 담화의 화행들을 인식하는 능력에 달려있다. 하지만 화용론에서의 최근 연구들(예를 들면, Levison 1983, Haslett 1987, Van Dijk 1982)은 화행 분석의 가치에 대해 비판적이다. 앞서 소개한 개념들을 부정하지 않고도, 이 같은 비평과 최근 화용론에서 따르는 방향을 고려해 봄으로써, 우리는 맥락의 화용론적 측면을 정교히 다듬을 수 있다. 개괄적으로 말한다면, 이 비평들은 다음의 세 가지로 요약된다. 첫째, 의사소통에서 화행의 역할에 대한 주장들은 실험적인 구현이 부족하다. 즉 실제 상호작용하는 텍스트에 대한 분석이 부족하다. 분석 대상인 자료들의 대부분은 의사소통적 측면에서 보면 탈맥락화된 문장들로 구성되어 있고, 문법책에서나 볼 수 있는 인위적 문장들에서 벗어나지 못하고 있다.

둘째, 상호작용에서 청자의 역할을 무시하는 경향이 있다. 마치 발화수반력과 발화효과가 미리 정해져서 청자는 완전히 수동적인 역할만을 한다고 보는 것이다. 그러나 청자(혹은 독자)는 실제 의사소통 과정의 적극적인 참여자다. 게다가 발화수반행위 그 자체는 내재된 결과를 갖고 있어, 발화수반적인 것과 발화효과 사이에 경계가 모호하다. 마지막으로, 문장들이 모든 중요한 맥락, 특히 발화를 좌우하는 사회관계 체계와는 별개로 고려된다. 결국 화행 분석으로는 화자의 동기, 신념, 그리고 배경 지식과 같은 본질적인 문제들을 설명할 수 없다.

경험적인 분석

Austin이후 지금까지 화용론이란 분과학문이 성장하는 데 근간이 된 철학적 전통은 무엇이 결속된 발화를 구성하는가에 대한 판단을 직관에 의존하면서 발화의미 논리에만 주로 집중해왔다(Levinson 1983: 286-7 참조). Searle(1969)은 화용론에 대한 자신의 책에 『언어철학에 관한 에세이』(*An Essay in the Philosophy of Language*)란 부제를 붙이면서, 다음과 같이 화용론에 대해 정의한다(p. 4).

지시, 진실, 의미, 필요성과 같은 언어의 일반적인 특징들에 대해 철학적으로 기술하려는 시도 . . .

이런 틀 안에서 언어는 규칙지배적인 행동으로 보인다. 그러나 적절한 언어적 행동에 대한 규칙을 형성할 때, 자연스럽게 발생하는 발화 연속에서 그런 가치들을 시험해 보고자 하는 시도는 찾아 볼 수 없다. 만약 그런 시도가 있다면 '진술', '묘사', '질문'과 같은 화행들은 담화에서 의도

분석의 주요 도구가 아니라는 것이 증명될 것이다. 게다가, 어떤 문장이 '진술'이라고 확인되었다고 해서, 그것을 번역하는 데 어떠한 전략을 세워야 하는지 알게 되는 것은 아니다. 하지만, '진술', '주장'과 같은 일반적인 화행은 대부분의 텍스트에서 '위협', '약속'처럼 좀 더 엄밀하게 정의할 수 있는 화행보다 훨씬 빈번하게 발생한다.

이렇게 철학적으로 화용론에 접근하는 방식은 인지적 평가 기준에 의존하면서, 실제로 발생하지 않는 문장에 주력한 반면, **대화분석 (conversational analysis)**이라고 알려진 최근의 담화분석 접근방식은 '실제로 발생하는 대화녹음에서 반복적으로 나타나는 패턴'을 분석하는 완전히 경험적인 방식이다(Levinson 1983: 287). 대화참여자들이 상호작용하는 방식을 관찰하는 것이 비공식적 구어 담화에만 해당될 것 같지만, 사실 관련된 경험적 방법과 원리는 문어에도 똑같이 적용될 수 있다. 문어 텍스트가 대화에서와 같은 방식으로 텍스트의 생산자와 수용자 사이에 협상되는 일종의 의사소통 행위로 간주되면, 텍스트를 결과가 아닌 과정으로, 그리고 번역을 종이 위에 활자처럼 생명 없는 인공물이 아니라 살아있는 유기체 위에 수행하는 하나의 작용으로 볼 수 있다.

물론, 이것은 전문 번역가가 자신들의 일상작업에서 항상 의식하는 것을 텍스트-언어학의 용어로 단순히 진술하는 것에 불과하다. ST와 TT 모두는 독자(의뢰인이나 고객)를 위해 생산되는 것으로, 독자의 요구, 기대 등은 ST 생산자의 의사소통적 의도와 지속적으로 대치된다. 따라서 ST 생산자의 의도가 상품을 파는 데 있다면, 광고와 같은 텍스트의 번역은 언어적으로 단순히 비교하는 것에서 벗어나 그 목적(설득적 텍스트 행위)에 얼마나 잘 부합했는가로 평가되어야 한다. 물론, 광고 카피 번역은 순전히 정보(제조사가 생산품에 대해 알리고 싶은 것) 전달을 위해 의

뢰되었을 수 있다. 그렇다면 이런 경우, 번역가의 목표는 그에 따라 수정되어야 한다. 즉, TT의 의사소통적 목적은 더 이상 ST의 의사소통적 목적과 같지 않다. 텍스트와 번역된 텍스트에서 '무엇이 어떻게 진행이 되고 있는지'에 대한 대규모의 경험적인 분석이 대화 분석과 비슷한 원리에서 행해진다면 번역 연구에 유용할 것으로 보인다. 사실 화용론에 대한 다양한 해석은 번역활동에 적용될 수 있는 가능성에 따라 평가될 수도 있을 것이다.

그러나 현재 대화 분석의 관심과 그에 따른 연구 결과들은 대화에서의 차례 지키기(turn-taking)나 인접 쌍(질문과 대답, 제안과 수락, 인사대 인사, 등), 선호되는 대답(인접 쌍에서 가능한 두 번째 부분 중에 기대치들의 랭크 순위)등과 같은 주제들과 연관된다. 이러한 주제들은 결국 문어 번역보다는 협의 통역 과정들과 밀접한 연관성이 있는 것 같다. 통역가는 차례 지키기를 어떻게 해결하는가? 통역가는 인접 쌍에서 개입하는가? Levinson(1983: 304)에 따르면 인접 쌍의 발화는 다음과 같은 규칙하에 발생한다.

화자가 어떤 쌍의 앞부분을 생산하고 나서 말을 멈추어야 한다. 그리고 다음 화자가 그 지점에서, 그 쌍의 두 번째 부분을 생산해야 한다.

통역가가 늘 개입해야 할 필요가 있는가? 어느 범위까지, 어떻게 성공적으로 개입할 것인가? 이것들이 통역학의 경험적인 연구들이 자체적으로 대답해야 하는 문제들이다. 직관적으로 누구나 협의 통역에서 발생하는 어색함이나 시간 지체의 상당 부분이 이와 같은 문제와 관련이 있다는

것을 느낀다. 하지만, 불행히도 이런 현상에 대한 실제적, 경험적인 연구
가 진행되지 않았는데 그 이유는 상대적으로 녹음된 자료에 대한 접근이
힘들기 때문이다(Knapp-Potthoff & Knapp 1987를 보라). 하지만 이런 연
구의 범위는 엄청나다. 대화분석에서 관심을 두는 주제들은 의사소통의
물리적 채널이 통역의 필요성으로 변경될 때 협상과정에서 어떤 일이 발
생하는가를 조사하면 더 심화될 것이다.

맥락에서의 발화수반력

주요 화행 이론에 대한 또 다른 비난은 문장의 화용론적 의미를 잘 정의
된 맥락과는 별개의 것으로 치부해 버리는 습성에 쏟아지고 있다.
Levison(1983:18-19)은 발화란 문장과 맥락의 쌍이라고 대략적으로 정의
하였다. 하지만 이 연구에서 조사한 화행 문헌들을 살펴보면, 놀랍게도
거의 맥락 없는 문장으로만 구성되어 있다. 한편, Ferrara(1980a: 241)는
다음과 같이 말한다.

> 맥락과 맥락 고유의 규범, 사회 구성원들이 일반적으로 맥락으로 믿
> 는 것에 대해 정확하게 인지하지 않으면 연속 상에 있는 행위의 적
> 절성을 평가할 수 없다.

번역가의 관점에서 보면, 이것이 전체적인 화용론적 의미에 대한 평가에
도 적용됨이 분명하다. 마찬가지로 그러한 평가는 성공적인 번역을 위해
서도 중요하다. 5B와 5C는 이에 대한 좋은 예가 될 것이다. 다음은 해당
텍스트의 배경을 정리한 것이다. 1985년 7월 환경단체인 그린피스
(Greenpeace)의 전함, '레인보우 워리어'(Rainbow Warrior)호가 뉴질랜드

의 오클랜드 항구에서 폭파되었으며, 이로 인해 선원 중 한 명이 사망했다. 이 사건은 프랑스 비밀기관이 연루된 것으로 의심되었지만 체포된 용의자들은 자신들이 폭발물 장착과 관련이 없음을 증명해보였고, 파괴 공작원으로 의심되는 두 번째 팀은 폭발물이 장착되기 전에 이미 뉴질랜드를 떠나버렸다. 9월 경 프랑스 정부의 공식조사팀은 비밀 기관이 연루되어 있다는 확실한 증거가 없다고 보고했다. 따라서 『르몽드』(Le Monde)지가 세 번째 파괴 공작팀이 존재하며 다른 두 팀과 연락을 하고 있고 그들이 폭발물 장착에 연루되었음을 폭로하는 것은 (1)전 세계적인 특종이 될 것이며, (2)프랑스 정부에 잠재적으로 피해가 갈 것이고, (3)믿을 만한 증거가 바탕이 되지만, 그렇더라도 (4)세심한 주의를 가지고 다루지 않는다면 신문사가 소송에 휘말리는 것으로 이어질 것이다. 이전에 발생했던 유명한 『워싱턴포스트』지의 닉슨 대통령 폭로 사건의 경우처럼, 법률 고문이 신문이 발행되기 전에 텍스트를 꼼꼼히 검토하여, 법정 소송의 위험을 줄일 수 있도록 텍스트를 수정하라고 주장할 것이다. 따라서 직접적인 의미에서, 그 텍스트의 실제 형태(어휘 선택, 정보의 선택)는 그것을 둘러싼 특정 환경을 반영하는 것이며 사실상 텍스트의 생산을 지배하는 사회적 조건의 반영임을 보여준다.

게다가 번역의 환경 역시 마찬가지로 중요하다. 이 기사는 제한된 짧은 시간 안에 작성되었는데, (『가디언』지가 『르몽드』지로부터 출판전 배포기사를 얻지 못한다면) 다음날 『가디언』지 조간 1면에 실릴 예정이었다. 외국 언론의 장문의 번역본이 그런 대접을 받는 일은 거의 드문 일이다. 법적 제약은 비슷하게 적용된다(물론 검찰 기소를 받을 위험은 확실히 덜하지만). 그러나 더 강도 높은 제약, 화용론적으로 중요한 제약은 영국 언론의 1면 기사가 갖는 텍스트 규범을 준수하는 것과 관련된 가독성에 대한 요구에 있다. 본질적으로 그런 규범은 신문사마다 다르고 문화 공동체 마다 다르다. 『르몽드』지의 관습은 『가디언』지의 관습과 같지 않으며, 심지어 탐사보도라는 공통의 영역 안에서도 다르다. 간단히 말해, 원천 텍스트의 주요 발화수반력(말하자면 심층조사)을 나타내야 하는 번역가의 임무는 적절한 발화효과를 성취하려는 욕구에 의해 가려진다.

이런 종류의 텍스트에서는 대조화용론의 흥미로운 예가 발생한다. '주장'을 나타내는 프랑스어 시제('가정법'과 '가정법 완료', 서법이라고 보기도 함)의 활용이 이에 해당한다. 따라서 seraient(텍스트 5B, 125줄)와 aurait été coordonnée(156줄)는 관습적으로 텍스트 생산자가 좋은 증거는 확보하고 있으나 사실로서 공개할 준비가 되지 않은 '주장'으로써 해석된다. 이 시제의 사용은 면책조항, 즉 혐의가 있는 것에 대한 진의의 책임 회피 기능을 수행한다. 이것은 언론에서 이용하는 일종의 관습적 장치이다. 그러나 영어의 시제 체계에서는 같은 위치에 있는 시제('would be', 'would have been' 텍스트 5C 145-46줄 참조)는 아주 다른 목적을 수행한다. 이런 시제를 사용함으로써 얻게 되는 관습적 발화수반력은 'Congress would never agree to that'(국회는 그것에 동의하지 않을 것이다), 또는 'President Carter would have reacted quite differently'(카터 대통령은 아주 다르게 반응했었을 것이다) 등처럼 예측과 가정의 보다 약화된 형태이다. 영어언론의 규범 안에서 성취될 수 있는 의도된 효과의 등가성은 'is said to have . . .'(. . . 라 한다)와 같은 수동화, 또는 'may have'(일 런지 모른다. 텍스트 5C, 15줄)와 같은 조동사, 'according to well-informed source'(소식통에 따르면)와 같은 다른 관습적 방식으로 성취된다. 목표 텍스트 안에서 우세한 발화수반력과 발화수반구조의 등가를 이루는 것이 무엇보다도 중요하다.

Le «Rainbow-Warrior» aurait été coulé par une troisième équipe de militaires français

1 *L'attentat contre le Rainbow-Warrior (un mort, le 10 juillet, à Auckland) aurait été perpétré par* 5 *deux nageurs de combat de l'armée française. Telle est l'information que nous avons recueillie de sources concordantes:* 10 *il y avait en Nouvelle-Zélande une troisième équipe de militaires français, que les cinq membres de la DGSE* 15 *déjà identifiés, l'équipage du voilier Ouvéa et les faux époux «Turenge» étaient chargés d'épauler.*

20 *Cette révélation contredit formellement la version fournie par la haute hiérarchie militaire à M. Bernard* 25 *Tricot. Dans son rapport, celui-ci assurait que les militaires français n'avaient participé qu'à une mission de sur-* 30 *veillance de Greenpeace et ne mentionnait pas l'existence d'une troisième équipe.*

Dans l'entourage du 35 *ministre de la défense, après avoir qualifié l'attentat de «regrettable, inadmissible et scanda-leux», on ajoute: «Ceux* 40 qui ont été arrêtés n'ont pas fait le coup, l'équipage de l'*Ou véa* pas davantage. Quant à une autre équipe, nous 45 ne connaissons pas

d'autre équipe de la DGSE dans cette affaire et nous ne croyons pas à l'implication d'autres 50 équipes des armées françaises.»

Qui, le 10 juillet au soir, dans le port d'Auckland en Nouvelle-55 Zélande, a posé deux bombes sur la coque du *Rainbow-Warrior*, le «navire amiral» du mouvement écologiste 60 Greenpeace? Qui, si les auteurs de cet attentat, *«criminel et absurde»* selon M. Mitterrand, sont bien français, leur 65 en a donné l'ordre? Telles sont toujours les deux questions-clés de l'affaire Greenpeace.

La rapport Tricot a 70 confirmé, le 26 août que des agents français se trouvaient alors en Nouvelle-Zélande et que leur mission visait 75 Greenpeace. Mais, il n'a pas été prouvé que les faux époux Turenge, les deux agents français incarcérés en Nouvelle-80 Zélande, soient les auteurs de l'attentat lui-même; et les autorités militaires, du ministre de la défense à la haute 85 hiérarchie, assurent que la mission confiée aux agents de la DGSE n'était que de surveil-lance et d'infiltration. 90 Depuis le 10 juillet, du temps a, cependant, passé et des bouches s'ouvrent.

Anciens et proches de la DGSE, «honorables correspondants» de ce service secret, policiers ayant eu connaissance de l'enquête néo-zélandaise, membres de cabinets ministériels placés à des postes sensibles, militaires du cadre de réserve collaborant avec les partis d'opposition, nombreux sont ceux qui parlent. Et ce qu'ils disent aboutit aux mêmes conclusions. Qui a agi? A les en croire, une troisième équipe, évoquée par *le Canard enchaîné* du 11 septembre, complémentaire de l'équipage du voilier *Ouvéa*, chargé de la logistique, et du faux couple Turenge, lequel aurait servi de «leurre» vis-à-vis des Néo-Zélandais, et aurait réunis le matériel apporté par l'*Ouvéa* aux auteurs de l'attentat. Ces derniers seraient deux nageurs de combat de l'armée française, chacun ayant posé une charge. Nos informateurs ne précisent pas leur base d'affectation, qui ne peut être que le Centre d'instruction des nageurs de combat (CINC) de la base d'Aspretto, en Corse, s'ils relèvent de l'armée de terre, ou Lorient s'ils relèvent de la marine. Mais, traditionnellement, c'est au CINC, lié à la division Action de la DGSE, que le service secret français fait appel pour ce genre d'opérations.

Ces deux militaires ont la même spécialité qu'Alain Turenge, de son vrai nom Alain Mafart commandant en second de la base d'Aspretto); et que les trois équipiers de l'*Ouvéa* (sous-officiers du CINC).

L'opération aurait été coordonnée par «Philippe Dubast», qui est, en fait, le commandant Louis-Pierre Dillais, «patron» de la base d'Aspretto. A l'exception de Dominique Prieur, alias Sophie Turenge, qui n'était que la couverture maritale d'Alain Mafart, l'opération tout entière semble donc bien avoir été confiée, au plus haut niveau, à des nageurs de combat de l'armée française. Et la DGSE, qui les emploie, a bien, ainsi, participé à l'attentat. Les deux auteurs directs de l'attentat, leur mission achevée, ont quitté Auckland par avion, sans être repérés, l'un pour Nouméa, l'autre pour Sydney (Australie).

La réponse à la seconde question (Qui leur a confié cette mission?) est cohérente avec le déroulement de l'opération...

Il s'agirait des généraux Jeannou Lacaze, alors chef d'état-major des armées, et Jean Saulnier, alors chef d'état-major particulier du président de la République, nommé depuis à la tête des armées en remplacement du général Lacaze, mais aussi du ministre de la défense lui-même.

Dans son rapport, M.

Tricot avait insisté sur le rôle de M. Hernu et du
205 général Saulnier dans la prise de décision, mais n'avait pas mentionné le général Lacaze.

Sortir du piège

210 A ce stade, il est impossible de savoir si ces trois personnalités sont directement impliquées, ou simplement
215 concernées en raison de malentendus et de non-dits lors des discussions sur Greenpeace. Le rapport de M. Tricot
220 insistait d'ailleurs sur cette ambiguïté. Le conseiller d'Etat s'est ainsi longuement interrogé sur la signification de la
225 phrase «*anticiper les actions de Greenpeace*» figurant dans une note du 1er mars de l'amiral Fages, au nom de la
230 DIRCEN, et destinée à M. Hernu. ...

BERTRAND
LE GENDRE et
EDWY PLENEL.

'Third military team involved in sinking'

1 *The French newspaper, Le Monde, published a report yesterday on how a "third team," under* 5 *orders from the French Government may have blown up the Greenpeace boat in Auckland harbour on July 10. We* 10 *give a partial text of the account by Bertrand Legendre and Edwy Plenel.*

The attack on the 15 Rainbow Warrior may have been carried out by two frogmen from the French armed forces.

Information corrobo- 20 rated from several sources is that there was a third team from the French armed forces in New Zealand, to which 25 the five members of the DGSE (General Directorate of External Security) already identified—the crew of the 30 yacht Ouvea and the fictitious married couple known as the Turenges— were to give support.

This completely con- 35 tradicts the version supplied by the armed forces at a high level to Mr Bernard Tricot, the special investigator. In 40 his report, Mr Tricot said that members of the French armed forces had taken part only in a surveillance mission 45 against Greenpeace.

But who in Auckland harbour, on the evening of July 10, placed two mines on the hull of the 50 Rainbow Warrior, the Greenpeace flagship? If the authors of this attack, which Mr Mitterrand described as 55 "criminal and preposterous!" are indeed French, then who gave them the order?

The Tricot report on 60 August 26 confirmed that French agents were in New Zealand at the time and that Greenpeace was the target of 65 their mission. But it has not been proved that the Turenges, the two French agents imprisoned in New Zealand, 70 were responsible for the attack itself; and the authorities responsible for the armed forces, from the Minister of 75 Defence down to senior officers, declare that the mission entrusted to these DGSE agents was only for surveillance 80 and infiltration.

But former members of the DGSE, those close to it, those who have performed services for 85 it, police officers with knowledge of the investigation in New Zealand, members of ministerial offices in sensitive 90 positions, officers on the armed forces reserve who are working with opposition parties— there are many people 95 who are talking now.

What they say points to the same conclusions: that there was a third team, mentioned by the 100 Canard Enchainé on

September 11, which was backing up the crew of the Ouvea. It was charged with logistics and to the Turenges, who were to act as a decoy to the New Zealanders and would have handed over the equipment transported by the Ouvea, to the saboteurs.

These would have been two frogmen—one for each explosive device, from the French armed forces, and each would have put one charge in place. Our informants do not specify where they came from, but this can only be the training centre for frogmen (CINC) at the Aspretto base in Corsica, if they were army frogmen, or L'Orient, if they were navy men.

But traditionally the French secret service calls on CINC, which is linked to the action division of the DGSE, for this type of operation.

The two members of the armed forces have the same speciality as Alain Turenge (real identity, Alain Mafart, second-in-command of the Aspretto base) and the three members of the Ouvea crew (NCOs at CINC).

The operation would have been coordinated by "Philippe Dubast", who is, in fact, Louis-Pierre Dillais, head of the Aspretto base. Apart from Dominique Prieur, alias Sophie Turenge, who was only there to provide the cover of a married couple for Mafart, the entire operation seems to have been entrusted at the highest level to French military frogmen. And the DGSE, in making use of them, was therefore involved in the attack. The two men who carried out the attack left Auckland by air, one for Noumea, in the French Pacific territory of New Caledonia, and the other for Sydney.

The reply to the question of who entrusted them with this mission is consistent with the course of the operation. . . .

Those who might have been involved are General Jeannou Lacaze, then head of the army general staff, and General Jean Saulnier, then chief of military staff at the Elysee, who later succeeded General Lacaze, but also the Minister of Defence himself.

At this stage, it is impossible to know if these three were directly implicated or simply involved through misunderstandings and incomplete information during discussions of Greenpeace. Mr Tricot's report, moreover, emphasised this ambiguity. He was persistently questioned about the meaning of the phrase "anticipate the actions of Greenpeace," which appeared in a note dated March 1 from Admiral Fages on behalf of DIRCEN and intended for Mr Hernu.

권력과 지위

발화수반력에 대한 번역을 고찰하고자 할 때, 고찰영역은 이제 SL과 TL 구성원의 태도와 신념, 지각까지로 확대되었다. 그러나 이 시각은 직접적인 발화상황뿐만 아니라 언어적 의사소통이 발생하는 사회 제도까지 확대되어야 한다. Bourdieu(1982)은 발화수반력이란 발화 안에서 단어 자체나 특정한 단어들 간의 결합에 의해서가 아니라 특정한 환경에서 발화의 생산과 수용에 영향을 미치는 사회관계 체계에 의해 주어진다고 지적한다. 사회 제도 안에서 언어 사용자의 상대적 권력과 지위는 사용되는 언어의 형태뿐만 아니라 의도되고 인지되는 발화수반력에 결정적인 영향력을 행사한다. 두 개의 독립적인 사회 구조 사이에 존재하는 번역가는 원천 텍스트에서 인정되는 규범이 무엇이며, 또 무엇이 그 규범에서 벗어난 것인지에 민감해야 한다. Fairclough(1985)가 언급했듯이, 어휘 선택은 사회적 역할과 지위를 반영하는 경향이 있으며 대안적 어휘(alternative lexicalization)는 다양한 이데올로기적 입장에서 나올 수 있다.

따라서 1987년 열린 '소수 언어 출판에 관한 회의'에서, 한 기고문에서 프랑스 남부의 프로방스어(Occitan)가 une langue minoritaire(소수 언어)가 아닌 une langue minorisée(직역하면, 소수의 입지에 놓이게 된 언어)로 언급되었다. 정보손실이 거의 없고 별로 중요한 문제(접미사에 무엇이 있는지?)가 아니라는 판단 하에, 이 ST의 문구를 '소수 언어'로 번역했다면 먼저 발화의 주요 동기를 제공하는 역동적 힘을 반영하지 못했을 뿐만 아니라 작가의 의도를 묵살하는 것이 되었을 것이다. 해당 원천 텍스트에서 발화 생산자의 신조어는 그냥 있는 것이 아니다. 그것은 4장에서 정의되었듯이 장르와 담화의 강력한 신호를 구성하며, 전체 세계관을 반영한다(해당 언어를 지키고 싶어하는 고객의 입장이 거절됨). 이런 의도된 의미를 반영해야 하기 때문에 해당 ST문구를 확장하여 '소수의 지위로 강등되는 언어'와 같이 번역하게 된 것이다. 본질적으로, 특정한 형태의 텍스트, 즉 과학실험보고서, 특허문서에서는 이런 종류의 문제가 거의 발생하지 않을 것이다. 그러나 협의 통역가들은 이데올로기를 반영하는 담화와 특정한 사회 제도에서 승인되는 언어 형태에 대해 지속적으로 의식한다. 법정 통역 분야에 발생한 다음의 사례는 이 점을 잘 보여줄 것이다.

법정 출두에 앞서 변호사와 피고인 사이에 이루어지는 형량 협상의 원활한 진행을 위해 한 영불(English/French)통역가가 요청되었다. 피고인들은 영국에 온 두 명의 세네갈 인들로 그들은 자신들이 죄가 없다는 완강한 입장이었지만, 변호사는 그들이 결정적으로 불리한 증거를 갖고 있으며, 두 피고인들은 영어를 상당히 잘하지만 무언가 숨기기 위해 연막을 칠 목적으로 통역 서비스를 요청했다고 확신했다. 이 경우에, 상호간의 깊은 불신은 변호사의 법정 담화와 피고인들의 낮은 지위 담화간의 분명한 차이(결국 발화 상황 참여자들 간의 권력균형을 필연적으로 반영한다)로 인해 더욱 깊어졌다.

무죄라고 선언하면 아마도 징역형을 받을 것이고 유죄라고 선언하면 벌금이나 일이주간의 짧은 징역형을 받겠지만 영국에서 추방될 수 있다(피고인들의 진술된 목적)는 의견을 말할 때, 변호사는 권력과 권위의 담화인 법정 언어를 채택하였다. 따라서 피고인들은 마음속으로 변호사를 고소인과 동일시했다. 피고인들은 어떠한 방법으로도 변호사가 자신들을 대표한다고 느낄 수 없었다. 반대로, 피고자들의 발화(프랑스어, 그러나 모국어는 아니다)는 약자로서 그들의 입장을 반영하고 재생산하며 강화시킨다. Bourdieu의 말을 빌리자면, 이들의 언어학적 생산물은 특정 언어학 시장에서 낮은 가치를 갖게 되는 것이다. 이런 상황에서, 통역가는 불확실한 입장에 서있다. 변호사는 통역가를 피고인들이 세워 둔 불확실한 장벽으로 여길 것이며, 피고인들은 통역가를 법정 대변인으로 볼 것이다. 반면 통역가는 (실제 의사소통을 원활히 진행하기 위해) 조종의 역할을 해야 할 것 같은 유혹을 받지만, 양 측의 언어 교환의 실제 발화 수반력을 끌어내야 하는 임무에 묶여 있다.

이런 경우가 드물지는 않다. 또 다른 경우를 보면, 경찰과 피의자를 중개하는 통역가들은 경찰들이 마치 통역가 자신들이 피의자를 대변하고 있기라도 하듯이 경찰들의 행위를 통역가에게 정당화시키려고 하는 것을 발견한다. 관료들(경찰과 변호사) 눈에는, 피의자가 통역가를 활용할 수 있다는 것 때문에 피의자들이 어느 정도의 지위를 확보하고 있는 것처럼 보인다. 협의 통역가는 이러한 상황을 어느 정도까지 조정할 수 있는가? 담화 태도를 반영하고 설명할 수 있는 여지가 있는가? Brislin (1980)은 그런 여지가 있으며 언어적이든 비언어적이든 문화 간 의사소통의 어려움에 대한 인식과 조정은 통역가의 역할의 일부를 형성한다고 지적한다. 물론 전문 통역가들이라면 이러한 문제에 대해 각자의 의견을 가지고 있겠지만 협의 통역가를 위한 적절한 지침을 세우는 것이 필요하다.

중요한 것은 회의 통역을 위한 행동강령은 존재하지만 그것을 만든 국제회의통역사협회(AICC, Association Internationale des Interprétes de Conférebnce)가 협의 통역을 자신들의 영역 밖의 일로 간주하는데 있다. 게다가 드보르니크 번역가 헌장(Dubrovnik Translator's Charter)은 문어 번역 작업에만 해당된다. 따라서 협의 통역은 개별 통역사가 임기응변적으로 자신의 절차를 정해야 하는 영역처럼 보인다.

Anderson(1975)과 Harris(1981)는 통역가의 양분된 충실성에 대해 논의하고 있다. Anderson은 통역가가 자신의 모국어를 구사하는 고객과 더 가깝게 동일시하는 경향이 있다는 가설을 제시했으며 따라서 국제 외교 분야에서는 충실성 분쟁의 문제를 없애기 위해 각각의 협상 팀이 자신의 통역가를 수행한다고 언급했다.

이것은 통역가가 한쪽의 의뢰인만을 담당하게 함으로써 역할이 주는 긴장의 상당 부분을 없애려는 목적이 있다. . . 통역가의 언어적 능력이 협상팀의 무기가 된다. (Anderson 1975: 217)

한편, 법정 통역가는 '역할갈등'으로 시달리기 쉽다. Harris(1981)는 심지어 통역가가 착석한 자리(검찰 쪽에 더 가까운지 피고인에 더 가까운지)에 따라 의뢰인이 통역가의 중립성을 신뢰하는 정도에 얼마나 영향을 미칠 수 있는지를 언급한다. 그는 또한 그가 관찰한 경우, 통역가는 자신의 중립성을 표명하기 위해 1인칭 어법 보다는 3인칭 어법을 선호한다고 밝혔다 ─ 'Le président vous demande . . .'(the presiding judge is asking you . . ., 재판장이 당신에게 묻기를…) 'Die Zeugin twortet. . .'(the witness's answer is that . . ., 증인의 대답은 …). 증인 중 한 명이 통역가에게 '왜 당신은 그런 의미 없는 질문들을 하고 있습니까?'라고 물을 때는 이렇게 거리를 두는 장치를 사용할 필요성이 더욱 분명해진다(Harris 1981: 198). 따라서 이런 경우는 분명 통역가를 법정 대리인으로 동일시한다.

이제 특정 환경 하의 특정 담화가 갖는 영향은 처음 가정했던 것보다 훨씬 더 많은 요소들을 포함하고 있는 것처럼 보인다. 우리는 의사소통 과정의 모형 안에 언어 사용자의 신념이나 생각, 발화 및 글쓰기 상황의 사회적 환경과 그것이 언어 사용자에게 미치는 영향, 사회에서 우세한 제도적 관계의 담화라는 개념을 포함시켰다. 이것은 발화의 '의미'가 텍스트 표면에서 표현되는 것에 제한될 수 없다는 것을 뜻한다. 화용론적 가치는 언어 형태에 있는 것이 아니라 특정 사회적 배경 안의 화자의 의도로부터 생겨난다.

발화를 이해하는 것은 단순히 코드화된 형태에 담긴 메시지를 해석하는 문제가 아니라 '화자 의미'(speaker's meaning)를 해석하는 문제라는 Grice의 견해는 이제 폭넓게 받아들여지고 있다. 이것이 번역가에게 어떠한 의미가 있는지를 살펴보자. 일반적인 경우, 번역가는 ST의 수용자로서 ST의 텍스트 세상 환경의 관찰자이다. 독자로서 번역가의 역할 중 하나는 ST의 의도된 의미의 모형을 구축하는 것이며 의도된 수용자들에게 ST가 미칠 가능한 영향에 관해 판단하는 것이다. 텍스트의 생산자로서 번역가는 다른 사회 문화적 환경 하에서 TT 독자로부터 의도된 효과를 얻기 위해 '화자 의미'에 대한 자신의 해석을 재생산하려 한다.

해석과 추론

그런 견해의 기저에는 두 가지 주요 원리가 있다. 먼저, 우리의 연구를 문장(혹은 텍스트) 의미로 제한하지 않고 화자 의미와 청자 의미(또는 저자 의미와 독자 의미)를 고려해야 한다. 둘째, 원천 텍스트 이해란 개념은 잘못된 것으로, 독자 의미는 저자 의미를 해석한 것으로 다루는 것이 더 정확하다. Green과 Morgan(1981: 177)에서는 다름과 같이 지적한다.

청자가 발화를 이해하는 방식을 기술하려는 시도는 의사소통이 단순히 '사고' 또는 '의미'를 언어적인 패키지에 담아 코드화하고 해석하는 것이라는 담화 견해를 함축할 수 있다.

오히려, 청자/독자의 임무는 화자/저자의 의사소통적 의도의 모형을 구축하는 것이다. 그 모형은 대개 그가 세상에 대해 알고 있는 것과 일치하고 텍스트가 진행되면서 나타날 지시사항과도 일치되어야 한다. 여기서 우리는 Beagrande & Dressler(1981)처럼 텍스트가 제시하는 지식(text-presented knowledge)과 세상 지식(world knowledge)을 구별한다. 그러나 '지식'이란 단어가 갖는 사실적 내포의미는 도움이 되지 않는다. 따라서 우리는 가정(assumption)이라는 용어를 더 선호한다. Prince(1981: 232)는 '공유된 지식'이라고 종종 일컬어지는 것을 대신에 가정된 친근성(assumed familiarity)이란 개념을 사용하면서 다음과 같이 언급한다.

화자가 특정하거나 '공유된 것'을 다룰 때 지속해야 하는 것은 청자가 가정하는 내용을 가정하는 것이다.

우리는 대화참여자가 아는 바를 전혀 모를 수도 있다. 그러나 우리 모두가 공유하는 인식적 환경에 대해 가정할 수 있으며 또 가정하기도 한다. Prince는 새로운 담화 실재와 텍스트적으로 또는 상황적으로 드러나는 실재 그리고 추론할 수 있는 실재들을 구별했다. 드러나는 실재는 구축된 담화 모형에서 공기텍스트 또는 그것이 상황적으로 관련 있는 것이든지 간에 이미 활성적인 실재이다. 번역학의 측면에서 볼 때, 중요한 점은 ST 독자에게 추론되거나 상황적으로 환기되는 것이 TT 독자에게도 똑같이 나타나지 않을 수도 있다는 것이다. ST와 TT 독자들은 서로 다른 인식 환경에서 작용하기 때문에 추론하기의 임무를 수행하는 데 있어 똑

같이 준비되어 있지는 않다. 이런 차이로부터 발생하는 텍스트 짜임새의 조정은 10장에서 알아보기로 한다.

번역에서의 효과성과 효율성

텍스트 생산자로서 번역가는 ST의 생산자와 비슷한 입지에 있다. 하지만 번역가는 원천 텍스트와 목표 텍스트 사용자들 각각의 인식 환경에 대해 다른 가정을 하게 된다. 따라서 텍스트 5B와 5C를 비교하면, 다음과 같은 차이가 드러난다.

> *M. Bernard Tricot* (ST 24-25줄)
> 버나드 트리콧
> *Mr. Bernard Tricot, the special investigator* (TT 38-39줄)
> 버나드 트리콧 특별 조사관

무엇이 텍스트 수신자와 공유될 수 있을 것인가에 대한 텍스트 생산자의 판단은 앞으로 드러날 텍스트의 형태에 결정적인 영향력을 발휘한다. 모든 텍스트는 새로운 실재, 드러나는 실재, 추론될 수 있는 실재간의 균형을 이루려고 하며, 이 세 가지의 융합으로 독자/청자는 생산자의 의사소통 의도를 추론할 수 있다. 이 균형은 효과성의 원리(관련 내용의 최대한의 전달과 의사소통 목표의 수행을 달성하는 것)와 효율성의 원리(처리 과정의 노력을 최소화하여 가장 경제적인 방식으로 효과성을 달성하는 것)의 지배를 받는다. 따라서 텍스트에서 무엇을 포함하고 무엇을 그대로 받아들일지에 대한 결정을 이끌 원리는 다음처럼 진술될 수 있다.

효과성에서 얻어지는 결과가 추가적인 처리 노력을 보상할 만큼 충분한가?

따라서 텍스트 5B의 번역가가 the special investigator를 목표텍스트에 넣은 것은 위에서 언급한 것처럼 필요요건을 충족시킨다. M. Bernard Tricot를 단순히 Mr Bernard Tricot로 번역하는 것은 번역가가 TT 수용자의 인식적 환경(이 경우는 프랑스 정치에 대한 지식)에 대해 가정한 것을 고려할 때, 충분히 명시적이지 않다고 생각된다. 반대로 다음과 같은 TT 버전은 사실상 보다 많은 지식을 전달한다.

> *Mr Bernard Tricot, the special investigator appointed by the French President with the remit of producing a report on the whole affair and specifically the alleged involvement of the French secret services . . .*
>
> 사건 전반, 특히 프랑스 정보기관이 연루되었다는 주장에 대한 보고서 제출의 임무를 받고 프랑스 대통령에 의해 임명된 버나드 트리콧 특별조사관은 . . .

그러나 효과성(비교적 적은)이 증가하는 것보다 텍스트 처리와 관련된 추가(상당한) 노력의 더 비중이 커지면서 축소된 보상의 법칙이 작용한다. 이런 의미에서 Grice의 양의 격률을 이해하여야 한다(4장 참조).

> 요구된 만큼의 정보를 주어라. 요구된 것 보다 더 많은 정보를 주지 말라.

그렇다면 TL의 문화적 환경 안에서 특정 의사소통의 목적을 위해 '요구된 것'은 번역가가 판단할 문제이다. 우리는 적합성에 대해 이런 용어로 정의내릴 수 있다. 텍스트 5B의 번역가가 확고하지만 조심성 있는 판단을 내렸다는 것이 다음의 샘플로부터 분명해 진다.

> *Les deux auteurs directs de l'attentat . . . ont quitté Auckland . . . l'un pour Nouméa, l'autre pour Sydney (Australie).* (ST 175-182줄)
> 폭파를 수행한 두 남자는 오클랜드를 떠났다. 한명은 노우메로, 따른 한명은 시드니로 떠났다.

> *The two men who carried out the attack left Auckland . . . one for Noumea, in the French Pacific territory of New Caledonia, and the other for Sydney.* (TT 163-170줄)
> 폭파를 수행한 두 남자는 오클랜드를 떠났다. 한 명은 프랑스 태평양 지역인 뉴칼레도니아의 노우메로 또 다른 한 명은 시드니로 떠났다.

Nida(1964: 130)는 이와 같은 과정을 텍스트에 '문화적 잉여'(cultural redundancy)를 회복시키는 것이라고 지칭했다. 양의 격률의 측면에서 생략이나 잉여의 개념들은 화용론적 변수들로 보이며 ST와 TT 사용자의 상호적 환경에 따른 가정에 달려있다. 위의 '노우메'와 '시드니'의 예는 보다 일반적인 층위에서 텍스트 전반을 지배하고 있는 처리과정의 구체적인 어휘적 예의 불과한 것으로, 텍스트에서 나타나는 생략과 잉여의 정도는 텍스트 사용자 집단의 기능에 따라 결정된다.

관련성

텍스트에서의 생략과 중복은 또한 관련성 원리의 지배를 받는다. Grice의 관련성 격률은 다음과 같다.

관련성이 있어야 한다.

관련성 원리를 발화 해석을 지배하는 중심적인 요소의 지위로 격상시키는 데 있어, Sperber와 Wilson(1986: vii)은 다음과 같이 주장한다.

의사소통한다는 것은 한 개인의 관심을 요구하는 것이다. 따라서 의사소통한다는 것은 의사소통되는 정보가 관련성이 있음을 함축하는 것이다.

왜냐하면 우리는 의사소통에서 우리와 관련 있어 보이는 정보에만 집중(최소한의 처리 노력으로 최대의 인지적 효과)하기 때문이다. 의사소통에 대한 이런 견해를 표면적인 추론적 과정(청자는 의도를 나타내는 증거를 제공하는 화자에게서 의미를 추론한다)으로 발전시키는데 있어, Sperber와 Wilson(p. 103)은 다음과 같이 주장한다.

신정보와 개인과의 관련성은 개인이 그 정보로 인해 세상을 어느 정도 더 잘 표현하게 되었냐는 측면에서 평가되어야 한다.

따라서 '신'정보와 '구'정보의 상호 관계는 3가지 가능한 '맥락적 효과'를 야기한다. 그것은 이전에 지니고 있던 가정들을 강화시키거나, ('신'정보가 '구'정보를 확인할 때) 확인되지 않은 허위 가정들을 약화시키거나 제거한다('신'정보와 '구'정보가 상충될 때). 또는 신정보와 구정보의 융합은 다른 맥락적 함축이 도출되는 전제조건의 역할을 한다. 가정이 맥락적 효과를 성취한다면 맥락에 관련 있다고 볼 수 있다. 텍스트 5C를 보면, 우리는 이런 의미에서 각각의 어휘 목록[frogmen(잠수부)은 Rainbow Warrior 사건의 독자 모형에서 잘 표현하게 된 점으로 언급]에서부터 담화 사건 전체(예를 들어 '정부의 비연루'라는 이전의 전제를 없애는 것)까지 각 층위에서 '누군가 진실을 말하고 있지 않다'와 같은 도출된 함축을 가지고 관련성이 어떻게 평가될 수 있는지를 알 수 있다.

　이제 이런 추론적 의사소통의 관점이 용인되면 맥락의 관련성은 정도의 문제로 평가될 것이며, 더 나아가 ST의 환경에서 관련 있던 것이 정도의 차이는 있겠지만 TT 환경에서도 관련 있다고 평가될 것이다. 의도된 수용자에 대한 관련성을 평가하는 것은 번역가의 또 다른 임무이다. ST를 선택적으로 줄여서 번역하는 경우(이 개념에 대해서는 Sager 1983: 122 참조)에는 그 과정에서 원천 텍스트의 어떤 부분을 생략해야 하는지를 결정하는 것이 포함된다. 텍스트 5B와 5C의 전체 기사들을 비교해 보면, ST 저자의 의도가 프랑스 정치내부와 밀접히 관련 있다(프랑스 대통령에게 미치는 정치적 피해를 계산한 것, 등)는 구문을 삭제함으로써 축소 번역되었음이 분명해진다. 물론, 이 경우 축소 번역한 것은 번역가보다는 편집가가 한 것으로 보이지만, 편집가와 번역가가 동일한 경우도 종종 있다.

　심지어, 전체 번역에서도 번역가는 TT 독자와의 관련성이 충분치 않아 보이는 정보를 생략할 때 책임을 질 수 있으며 실제 책임을 지기도 한다. 텍스트 5D₁의 번역인 텍스트 5D₂를 보라. 둘 다 스페인 항공사 기내잡지에서 발췌한 것이다.

- 텍스트 5D₁

Los habitantes no entendían nada, porque aunque la isla es de origen volcánico, desde hacía miles de años, en concreto desde el cuaternario, nunca había habido erupciones.

사람들은 어찌된 일인지 이해할 수 없었다. 왜냐하면 그 섬에는 선사시대 제 4기의 화산이 있기는 하지만 한 번도 폭발한 적이 없었기 때문이다.

- 텍스트 5D₂

The people could not understand what had happened, because the island, although originally volcanic, had never had an eruption.

사람들은 어찌된 일인지 이해할 수 없었다. 왜냐하면 그 섬에는 화산이 있기는 하지만 한 번도 폭발한 적이 없었기 때문이다.

여기에서 번역가의 결정은 심심풀이로 기내 잡지를 뒤적이는 승객의 텍스트 처리 환경에 적절하다는 판단에서 비롯된다. '선사시대 제4기'(Quaternary period)를 구체화하는 것은 이 섬이 원래 화산이었다는 정보의 맥락에서 맥락적 효과(이전에 정의했듯이)를 더한다고 볼 수 없다. '선사시대 제4기'는 영어 독자에게는 일상적이지 않거나 학습되어야 하는 것인 반면, 스페인독자에게는 기본적인 학교 학습내용으로 문화적 차이가 존재한다는 것은 흥미로운 점이다. 번역가가 어느 범위까지 그런 결정을 할 수 있는 자격이 되는지는 적절한 논쟁거리가 된다. '증진된 관련성'이 용인될 수 없는 직무침범이나 직무유기가 되는 때는 언제인가? 그러나 우리는 텍스트 처리 과정에서 관련성 문제에 대한 민감도가 번역가의 능력에서 필요한 한 부분이라고 생각한다.

개별 어휘 항목 층위의 불영 번역에 영향을 미치는 문제에도 위와 같은 원리가 적용될 수 있다(이 점에 대해 10장을 참조). 프랑스의 뉴스 보도/탐사보도라는 담화 분야를 지배하는 텍스트 관습은 명사구로 언급된 개념을 같은 텍스트에서 똑같은 방식으로 표현하지 않는다는 것이다. 따라서 *le dollar américan*은 그 다음에 *le billet vert*의 어휘가 되고 *le Président de la République*는 전방조응어 *il*와 *le chef de l'Etat* 또는 심지어 *L'Elysée*가 될 것이다. 비슷한 관행이 영어에서도 보인다. 하지만 그 결정은 어휘적 응집과 관련 있는 여러 고려 사항에 의해 지배될 것이다. 사실 어휘항목 대 어휘항목을 기반으로 하지 않는 번역은 의도하지 않은 결과를 초래할 수 있다. 텍스트 5B의 *M. Tricot*(219줄)은 바로 이어지는 공기 텍스트에서 *Le conseiller d'Etat*(221줄)로 언급된다. 이곳에서는 관련성 격률이 위배되지 않았다. ST 사용자들에게 그 표현 장치는 완전히 관습적이기 때문이다.

M. Tricot = Le conseiller d'Etat

그러나 영어에서는 그 관습이 다르다.

Mr Tricot . . . The Councillor of State

번역은 관련성 격률을 위배한 것으로 보인다. 공기텍스트나 맥락이 어느 것도 *Mr. Tricot*가 프랑스 최고 행정법원의 위원이라는 가정에 대한 증거를 제공하지 않기 때문이다. Grice에 따르면, 이렇게 격률이 명백하게 위반될 때, 대화 참여자들은 협력 원리가 지켜지지 않았다고 생각하기보다는 오히려 몇 가지 표현되지 않은 내용(함축)이 있다고 생각하는 경향이 있다. 이곳에서 독자는 최고 행정위원이 이 보도의 작가가 아닌 트리콧 보고서(Tricot Report)에서 언급된 사람이라고 당연히 가정하게 된다. 물론 이 번역가는 ST의 *le conseiller d'Etat* 자리에 TT에서 텍스트 응집을 유지하기 위해 적절한 어휘항목인 전방조응어 He를 대체시켜 놓아 그 함정을 피해갔다.

질, 관련성, 그리고 아이러니 번역

맥락의 화용론적 측면에 관한 이번 장을 마무리하기 위해, 우리는 Grice의 또 다른 격률인 질의 격률을 들여다보자.

허위라고 생각되는 것을 말하지 말라.
적절한 증거가 부족한 것에 대해 말하지 말라.

이와 관련하여, Grice(1975)는 아이러니의 수사학적 장치를 들어 설명했는데, 의도된 진술이 아이러니하다는 것을 알아차린다는 것은 질의 첫 번째 격률이 위반되었음을 인식하는 것이기 때문이다. 다시 말해 화자는 자신이 말한 것을 분명 믿고 있지 않다. 이것으로부터 파생된 함축은 화자가 (분명 진심이 아닌) 명제의 직접적인 해석에 대한 입장을 표현하고 있음에 틀림없다는 것이다. 이런 의미에서 Sperber와 Wilson(1981, 1986)의 '2차 해석'(second-degree interpretation)을 논했는데, 이것은 화자가 함축으로 자신을 분리시키고 있는(실제 또는 상상의) 한 근원에 반항하고 있다는 인식과 관련 있다. 이 반항은 화자 B가 조롱하고자 선택한 관습적 견해를 담고 있다.

A: This Chernobyl thing really worries me.

B: Ah, but don't forget: it couldn't happen here.

A: 나는 체르노빌과 같은 사건이 정말 걱정스러워.

B: 아 맞다. 하지만 그런 일은 이곳에서 일어나지 않을 거야.

또는 약간 애매한 또는 상상의 근원을 불러일으킨다.

A: You might even be appointed Managing Director.

B: Pigs might fly!

A: 아마 네가 전문이사로 임명될지도 몰라.

B: 해가 서쪽에서 뜨면.

Sperber와 Wilson은 '아이러니한 축소진술'(ironic understatement)과 같은 장치들이 사실 질의 격률을 어기지 않는다는 이유로 아이러니에 대한 Grice의 설명을 비난했다. 그러나 '반향된 2차 해석'(예를 들어, 상상되는 견해를 불러일으키는 것)은 본질적으로 Grice의 견해와 다르지 않다고 생각된다. 따라서 '아이러니한 축소진술'은 질의 격률을 위반하지는 않지만 분명 양의 격률(요구되는 만큼 정보를 주어라)을 어기고 있다.

A: (폭우를 보며) 비가 제대로 내리는 것 같군.

같은 방식으로 질의 격률을 위배할 때 아이러니한 감탄사 '농담이겠지'는 '나는 네가 그런 말도 안 되는 의견에 동의하기보다는 네가 진심이 아니라고 믿고 싶다'라는 함축을 보여준다.

간단히 말해, 여기서 우리가 지지하고자 하는 아이러니에 대한 설명은 명백한 격률 위배가 발생할 때 다음을 함축한다는 것이다.

1. 화자는 표현된 의견과 자신을 별개로 한다.
2. 화자는 그것에 대한 입장을 보여주기 위해 그 의견에 반향 한다. (조롱, 분노, 격분)

그리고 적절한 추론을 이끌어 내는 것은 2차 해석과 관련 있는데, 다음과 같이 성취된다.

3. 명백히 제시된 의견을 공기텍스트적으로 전혀 어울리지 않게 제시된 의견과 짝짓는 것
4. 명백히 제시된 견해를 상호적 인지환경이라고 가정되는 것과 짝짓는 것

번역이 원본의 명제적 내용을 충실히 반영했지만 원천 텍스트에서 감지되는 아이러니의 정도를 번역에서 나타내지 못하는 경우를 종종 볼 수 있다. 이런 경우에, 외연적 의미 또는 내포적 의미에서 잘못 짝지어졌다고 보기는 어렵다. 그러나 위에서 설명했듯이, 아이러니에 대한 설명의 장점은 아이러니의 적절한 번역을 달성하는 문제를 밝힐 수 있다는 점이다. 텍스트 $5E_1$은 Jean-Paul Sartre가 1953년 프랑스 경제의 문제점을 분석하면서 쓴 글의 형식적인 번역이다.

- 텍스트 5E₁

Whose fault is it? you ask. Well, It's the Germans' fault because they were the ones who declared two ruinous wars on us. And it's the fault of the Russians who, in Moscow, are holding up the reconstruction effort. . .

그것은 누구의 잘못인가? 글쎄, 우리를 상대로 두 번의 파괴적인 전쟁을 일으킨 장본인인 독일인의 잘못이다. 그리고 모스크바에서 우리의 재건 노력을 방해하고 있는 러시아인들의 잘못이다.

Jean-Paul Sartre는 그가 조롱하려는 수많은 관습적인 믿음에 반향하고 있다. ST의 동시대 독자들은 질의 격률의 위반과 반향 되는 의견을 인식하는데 문제가 없다. 그러나 TT의 독자는 ST의 독자와 똑같은 인식적 환경을 공유한다고 볼 수 없기 때문에, 번역가는 텍스트 5E₂의 예처럼 아이러니의 의도를 독자가 인식할 수 있도록 추가적으로 실마리를 제공해야 할 필요성을 느낄 수 있다.

- 텍스트 5E₂

And whose fault is that? you ask. Ah well, first of all, there are the Germans who declared two ruinous wars on us. And then there are the Russians who, far away in Moscow, are holding up the reconstruction effort. . .

그리고 그것은 누구의 잘못인가라고 묻는다면, 글쎄, 우선 두 번의 파괴적인 전쟁을 선언한 독일인에게 잘못이 있다. 그리고 저 멀리 모스크바에서 우리의 재건 활동을 방해하는 러시아인들에게 잘못이 있다.

텍스트 5E₂는 자신의 역할 이상을 하고 있으며 명백한 실마리가 덜 필요할 지도 모른다. 그러나 성공적인 번역은 TT 독자가 최소한의 추가적 노력으로 2차 해석을 할 수 있는지 없는지에 달려 있다. 모든 경우에서, 아이러니적 의도의 인식여부가 중요하며, 이는 번역가의 결과물을 결정짓게 될 것이다.

지금까지 번역가와 관련 있는 화용론적 개념에 대해 검토해 봄으로써 분자적으로 화행을 분석하는 것에서 출발하여 진화하는 실재로서 보다 역동적인 텍스트의 개념을 인식하게 되었다. 또한 공유된 인지 환경에 대한 가정들을 만들어냄으로써 생산자와 수용자가 협력하고 의사소통하는 과정으로서 텍스트를 인식하게 되었다. 또한 우리는 언어 사용자가 효과성원리와 효율성원리에 따라 어떻게 서로 간 의사소통 목적과 관련성을 형성해 가는지 살펴보았다. 그러나 지금까지 문화적 환경과, 문화적 환경이 담화 안에서 상호작용에 미치는 영향에 대해 성찰한 것은 대략적이었다고 볼 수 있다. 따라서 이제 기호학 차원으로 관심을 돌려보자.

6.

기호로서 텍스트를 번역하기:
맥락의 기호학적 차원

화용론에서 기호학까지

이 책에서는 실제 텍스트의 복잡성을 설명할 수 있을 만큼 충분히 포괄적인 맥락의 정의를 제시하고자 했다. 우리는 번역가를 염두에 두고 다음의 두 가지 기본 전제를 바탕으로 하여 논의를 전개하였다. 첫째, 특정 담화영역(담화방식, 담화관계 등)내에서의 어휘적, 통사적 선택은 결국 발화의 목적, 실제 세계의 조건 등과 관련하여 화용론적으로 고찰함으로써 결정된다. 둘째, 발화의 의사소통 취지를 완벽하게 인식하기 위해서는 화용론적 행위뿐만 아니라 다양한 담화 요소간의 상호작용을 '기호'로서 규제하는 기호학적 차원까지 이해해야 한다. 상호작용은 텍스트 내의 다양한 기호들 사이에서 이루어지며, 또한 이런 기호를 만든 생산자와 의도된 수용자 사이에서도 발생한다. 이러한 상호작용적인 기호차원을 통해서만 언어사용자들이 단어를 사용할 수 있고 또한 의사소통 처리과정에서 담화영역, 담화방식, 담화관계의 가치들이 진정한 역할을 하게 된다.

텍스트 분석에서 화용론과 기호학의 상호의존성을 입증하기 위해 다음의 담화 예시를 살펴보자. 이 예시는 조지 오웰이 '정치와 영어' (Politics and the English language)(1945)에서 제시한 것으로 '러시아 전체주의를 옹호하는 어떤 부유한 영어 교수 . . . 를 생각하게' 한다. '그는 "당신의 적수를 없앰으로써 좋은 결과를 얻을 수 있다면 그렇게 하기를 바랍니다."라고 솔직하게 말할 수 없다. 그러므로 그는 아마도 다음과 같이 말할 것이다. . . .'

● 텍스트 6A

While freely conceding that the Soviet regime exhibits certain features which the humanitarian may be inclined to deplore, we must, I think, agree that a certain curtailment of the right to political opposition is an unavoidable concomitant to transitional periods, and that the rigours which the Russian people have been called upon to undergo have been amply justified in the sphere of concrete achievement.

우리는 소비에트 체제에 인도주의자가 비판할지도 모르는 어떤 특징이 있다는 것을 자유롭게 인정하는 반면 정치적 반대권리를 어느 정도 박탈하는 것은 과도기에서 피할 수 없는 부수적 결과임에 동의해야만 한다고 나는 생각한다. 또한 러시아 국민에게 겪도록 요구된 곤고함은 구체적 성취의 측면에서 충분히 정당화되었다고 생각한다.

Gregory & Carroll(1978: 34)은 '전문 언어가 오용될 수 있는 것은 물론이고 실제 의미하는 바를 숨기는 가면이 될 수 있다는 것을 보여주기 위해 이 텍스트를 인용한다. 이 학자들처럼 우리도 텍스트 생산자가 만든 '가면' 효과가(실상이든 가상이든) 의사 전문어(담화영역), 교수의 권위와 권력(담화관계), 학문적 강연의 성찰적 태도(담화방식)를 채택하는 기능을 할 것이라고 가정해도 무방할 것이다. 이 모든 요소들이 최종 효과에 상당부분 기여할 것이라는 것은 의심의 여지가 없다. 그러나 똑같이 중요한 다른 요인들도 활발하게 수반되는데 이는 번역과 같이 텍스트를 재작업할 때 두드러지게 특히 나타난다. 만족할 만한 번역을 하기 위해, 번역가는 우선 아래에 제시된 항목들(리스트 A)이 리스트 B의 화용적 주석에 포함된 해석처럼 개방되어 있도록 해야 한다. 이러한 주석들은 물론 실제 번역에서는 나타나지 않을 것이다. 다만 B와 같은 주석은 원천 텍스트가 무엇을 말하는지 뿐만 아니라 무엇을 하고 있는지에 대해 독자/번역가가 얼마나 민감해야 할지를 지적할 뿐이다. 예를 들어 고단함(*rigours*)(리스트 A)을 번역할 때 번역가는 교수의 담화에서 고의적으로 숨겨진 것을 명시화하지 않으면서도 TL 등가가 허락하는 범위 안에서 TT 독자가 찾아낼 수 있는 암시를 확보해야 한다.

리스트 A	리스트 B
자유롭게 인정하며	입에 발린 말을 하며
어떤 특징	행위의 흔한 패턴
비판할지도 모르는	굳게 반대하는
우리는, 동의해야만 한다고	정말이다
나는 생각한다.	
권리를 어느 정도 박탈	권리를 완전히 부정
피할 수 없는 부수적 결과	예견된 결과

과도기	필요한 만큼 긴 기간(무한정?)
곤고함	육체적 고통(고문, 살해)
요구된	강제된
겪다	고통받다
충분히 정당화된	권력있는 자에게 납득된
구체적 성취	연방의 궁극적 목표

리스트 A의 항목들은 화용적 가치를 가정한다. 이 화용적 가치는 A의 항목을 리스트 B에 포함된 가능한 독해로부터 주의를 돌리려는 의도적 행위(intentional acts)로 바꾼다. 그러나 이 과정은 개별 단위나 구에서 멈추지 않고 절이나 절-연속체의 더 높은 층위까지 달한다. 예를 들어 다음의 종속절은 '약한 확신', 심지어 '허위 양보'를 나타내는 기호가 된다.

While freely conceding that the Soviet regime exhibits certain features which the humanitarian may be inclined to deplore . . .
소비에트 체제에 인도주의자가 비판할지도 모르는 어떤 특징이 있다는 것을 자유롭게 인정하는 반면 . . .

이것은 '반박되기 위해 인용된 논제'이다. 이 발화는 Grice의 격률 중 질의 격률('거짓이라고 믿는 것을 말하지 말라')을 위반한 것일 수 있으며, 이 과정에서 '너무 . . . 를 자세히 들여다보지는 말자'고 주의를 돌리는 함축을 생산한다.

따라서 우리는 개별 항목들로 나타난 기호뿐만 아니라 텍스트의 전체적 연쇄도 기호로 인식된다는 것을 알았다. 담화영역, 담화방식, 담화관계의 특징들이 특별한 효과를 나타내기 위해 조작되기만 하면 이러한 특징들은 필연적으로 고의적인 행동을 전달하게 되며 기호로서 잠재성을 가지게 된다. 이런 방법으로 텍스트의 다른 기호들과 상호작용하게 되는 것이다. 다음의 요소는 '정치적 선전'의 영역을 전형화한 것이다.

we must, I think, agree that a certain curtailment of the right to
political opposition
우리는 . . . 정치적 반대권리를 어느 정도 박탈하는 것에 동의해야
만 한다고 나는 생각한다.

여기서 독자들은 '인용된 논제를 반박하기'로 해석되는 의도를 인식한다. 그러나 이러한 독해는 전체 단위를 기호로 먼저 인식하는 것에 달려있다 (예: '특정 시각에 대해서 입에 발린 말을 했기 때문에 나는 당신들이 내 말을 들어주길 바랍니다.'). 실제로는 텍스트 사용자들이 그림 6.1에서처럼 '허위 양보'-'반대'-'입증'을 포함하는 연속체를 인식하게 된다.

　　이와 같은 형식은 특정 문화의 유형화된 사고 특징 덕분에 인식가능하다. 사실 우리는 텍스트 6A의 맥락에서 '우리의 부유한 교수'가 '거짓말'을 하려고 언어를 사용한다는 것을 인식하는 순간 기호학의 영역에 들어왔다. 이것은 언어 사용자로서 우리가 언어적 표현을 기호로 사용하기 때문에 당연한 결과이다.

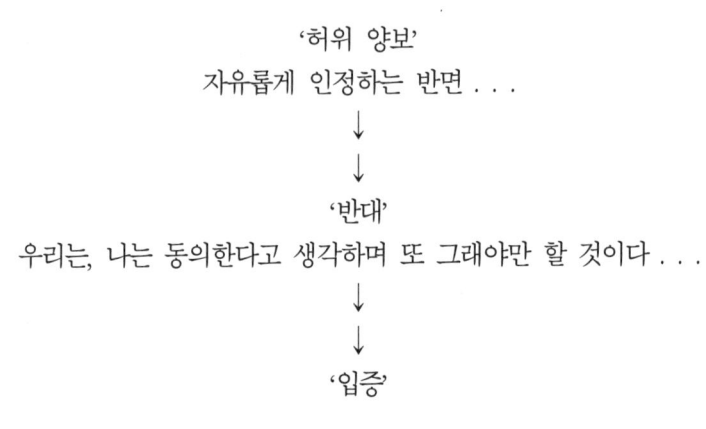

'허위 양보'
자유롭게 인정하는 반면 . . .

↓
↓

'반대'
우리는, 나는 동의한다고 생각하며 또 그래야만 할 것이다 . . .

↓
↓

'입증'

···················

그림 6.1 텍스트 6A에서의 연쇄

Peirce의 기호의 정의(부재하는, 존재하지 조차 않을 수도 있는 무언가의 자리를 대신하는 어떤 것. . .)를 상기하면서, 다소 흥미롭게도 Eco(1973: 1149)는 다음을 제안한다.

> 이것이 의미하는 바는 기호의 근본적인 특징이 내가 그것을 *거짓말 하기 위해서* 사용할 수 있다는 것이다 . . . (거짓말을 하는데 사용된 모든 것은 올바른 상황에서 진실을 말할 때 사용될 수도 있기 때문 이다.)

따라서 맥락의 기호학은 전체를 가능하게 하는 차원(의사소통을 진행시 키는 원동력)으로 보일지도 모른다. 이는 화용론과 다른 맥락적 특징 뒤 에서 동기를 부여하는 힘이다. 지금까지 우리는 논의를 통해서 최근 기 호학 연구에서 흥미 있는 공감대를 발견하였다. Sebeok(1986: 753)은 다

음과 같이 상호작용적 차원을 정의한다:

> . . . 의사소통 상황에 참여하는 다른 화자들의 언어적 행위는 자신
> 의 담화생산의 맥락이다. 참여자 자신의 담화는 비슷한 생산 권력과
> 같이 작용한다. 상호작용적 관점은 말하기를 행동으로 보는 Austin
> 의 직관을 완성한다.

따라서 여기서 '상호작용'의 개념은 대화자 사이에서 발생하는 것의 의미
로 사용되었다. 그러나 위에서 논의하였듯이, 이 상호작용의 의미는 우리
가 사용하는 용어 즉, 기호사이에서 발생하는 것이라는 다른 의미를 함
축한다. 결국 문어 텍스트는 작가와, 존재감을 과정 전반에 걸쳐 인식할
수 밖에 없는 일부 함축된 독자들 사이의 교환기록이다. 교환되고 있는
것은 언제나 '기호'이다.

기호학을 의식하는 번역하기

언어는 현실을 인식하고 분할하는 방법에 따라 달라진다. 이로 인해 번
역가와 언어로 작업하는 사람들은 큰 문제를 떠안는다. 우리는 각기 다
른 언어들이 해당 화자의 사고패턴에 부여하는 다양한 범주와 분할간의
피상적 대응밖에는 발견하지 못한다. 2장에서 봤듯이, Sapir/Whorf 가설
의 엄밀한 해석은 서로 다른 언어 공동체가 가지는 세계관의 간극을 거
의 매울 수 없다는 것이다. 이것은 결과적으로 성공적인 번역의 가능성
을 배제하게 될 것이다.

　　이러한 가설 내에서의 관찰에 대한 유효성을 부인하는 것은 중요한
일이 아니다. 또한 번역의 가능성을 부인하는 것도 쓸데없을 것이다. 언

어를 통한 문화 간 의사소통은 항상 발생하며 또한 대개 성공적이다. 특히 성공적인 문화적 접근을 강조하는 성경번역자들(예. Nida 1964, Nida & Tabor 1969)이 관찰하듯이, 번역가능성이 계속 유지될 수 있는 주장이 될 만큼 서로 문화적으로 떨어진 언어 사용자들 사이에서도 공유된 경험이 충분하다. 이러한 입장은 또한 언어 보편소에 대한 연구에 의해서도 지지된다(그 예로 Greenberg 1968을 보라).

텍스트, 맥락, 번역으로의 기호학적 접근은 '공통점'이 있다. Lotman 외(1975: 57)는 문화를 '서로 다른 기호 시스템의 기능적인 상호연관성'이라고 정의한다. 이렇게 서로 다른 기호 시스템은 문화 내에서, 다른 문화 사이에서 모두 작용하고 기호학은 문화 경계 내에서와 문화경계를 넘어서 정보의 처리와 교환을 담당한다. 번역하기는 기호 코드, 화용론적 행위, 일반 의사소통적 요구사항에 맞는 특정한 등가 조건하에서 한 기호 실재를 다른 기호 실재로 바꾸는 과정으로 파악된다.

번역 단위로서의 기호 실재

우리는 기호학적 번역의 수많은 주요 절차 가운데 번역가가 포함되어야 함을 제안한다.

1단계 식별

번역가는 원천 체계의 기호학적 실재를 식별한다. 이것은 특정 문화(하위 문화)체계의 구성요소가 될 것이다. 아랍 뉴스를 관용적으로 영역한 다음의 텍스트 6B$_1$을 보라. 원천 텍스트는 영국 공무원 아랍어 콘테스트 (1987)에서 사용되었다. 논의되고 있는 기호 실재(이슬람 세계에서 잘 알려진 종교 의식을 지칭하는 항목)는 그것의 기호 잠재성을 나타내기 위하여 음역으로 유지되었다.

- 텍스트 6B₁

The Iranian pilgrims began their demonstration during *al Tawaaf*, preventing other pilgrims from leaving or entering the shrine.

이란 순례자들은 알 *타와프* 동안 다른 순례자들이 사원에서 나가거나 사원으로 들어가는 것을 막는 시위를 시작하였다.

2단계 정보

번역가는 정보 핵심을 식별한다. 기호 알 *타와프*에 대한 적절한 TL의 내연등가는 '순화'일 것이다.

3단계 해설

정보적 등가만으로 충분하지 않다면 번역가는 동의어, 확장, 바꿔쓰기와 같은 방법으로 해설하려고 할 것이다. 이슬람교도가 아닌 독자들에게 '순화'는 수정될 필요가 있을 것이다. 알 *타와프*는 *카바*(검은 바위) 주위를 걷는 것인데 메카에서 성지순례의 일부분으로 수행된다. 이는 모든 이슬람교도가 살면서 적어도 한번쯤은 반드시 수행해야 하는 것이다. 확장하자면 이러한 정보가 덧붙여져야 한다는 것이다. '메카에서 검은 바위 주위를 걷는 것.'

4단계 변형

정보 핵심을 찾고 필요한 수정을 가한 뒤 번역가는 기호로서 의도성과 지위의 측면에서 무엇이 없어졌는지를 생각해야 한다. 알 *타와프*는 종교적 의식이고 정치적 시위와 같은 부정한 활동에 참여함으로써 알 *타와프*를 위반하는 것은 신성을 더럽히는 일일 것이다. 따라서 전체 번역은 텍스트 6B$_2$처럼 적어도 다음과 같은 요소를 포함해야 할 것이다.

> ● 텍스트 6B$_2$
> The Iranian pilgrims began their demonstration during the sacrosanct ceremony of walking round the Black Rock in Mecca. . .
> 이란 순례자들은 메카에서 검은 바위 주위를 걷는 신성한 의식을 하는 동안 시위를 시작했다. . .

우리가 방금 논의했던 기호 실재는 개별 기호로 구성된다. 그러나 우리가 앞서 제시했듯이 기호 실재들은 완전한 문장에서 전체 텍스트에 이르기까지 훨씬 더 클 수도 있다. 한 줄 슬로건(예: *살포드, 기업도시*)과 '기업 문화'를 좋아하는 전체 정치적 연설은 그들 나름대로 특정 기호의 표명이라고 할 수 있다.

기호-발전적 역사

지금까지 기호학을 염두한 번역하기와 기호 실재 개념의 유용성에 대하여 논의하였으므로 이제 기호와 어의(signification)와 같은 기본 개념의 기원에 대해 돌아보고 재평가하는 것이 좋을 것 같다.

De Saussure

『일반 언어학 강의』에서 de Saussure의 일반적 가정 중의 하나는 언어학이 모델 기호 체계로 여겨질 수 있다는 것이고 그것의 기본 개념이 사회, 문화생활의 다른 측면에도 적용될 수 있다는 것이다. 이 접근의 문제점은 기호의 개념과 기호와 관련 의견들에 과도한 제약을 가했다는 데 있다. 언어학적 모델에 언어와는 질적으로 다른 현상을 부과시키는 데에는 어쩔 수 없는 위험이 따른다. 기호를 기표(signifier)와 기의(signified)의 연결로 보는 de Saussure의 기본 정의는 유명한 사회현상으로 전이되었을 때 학명으로서는 쓸모없는 것이 되었다. 기표 알 타와프(텍스트 6B₁)가 기의 '순화'에 대응한다고 하는 것은 개념 이해에 도움이 되지 않는다. 이것은 용어의 외연적 의미('신성한 의식')를 무시하지만 그것을 넘어서 '불가침성', '세속사로부터 면책', '정치에 무관심한 입장'과 같은 특정 가치체계 내에서 그 용어가 확보할 자리를 찾지 못한다.

이와 비슷하게 de Saussure의 또 다른 기본적 구별인 랑그(langue)와 빠롤(parole)도 문제가 있다. 분석가들은 발화(빠롤)의 근간이 되는 체계(랑그) 내에서 패턴을 식별하도록 요구받는다. 랑그는 코드로 보여지는 반면 빠롤은 개별 발화 사건의 요건을 포함한다. 그러나 이 둘의 대비는 너무 엄격한 것 같다. 여기에는 랑그에서만 제한적으로 나타나는 구조가 빠롤에 결여되어 있다는 함축이 있다. 최근 의사소통 능력과 관련한 연구(예: Gumperz 1982, Stubbs 1983)에 따르면 이것은 사실이 아니다. 요즘 대화 구조와 발화의 비임의적 성격에 대한 연구가 광범위하게 진행되고 있다. 번역학의 한 분야만 말하자면 번역 교수법의 영역에서 랑그-빠롤의 구별 때문에 번역을 랑그의 측면에서 수행되는 작용으로 보게 되었다. 따라서 '시제 번역', '부사 번역'과 같은 제목으로 체계로서의 언어에 근거한 번역 매뉴얼이 나오게 되었다.

마지막으로, de Saussure가 기호의 자의적 성격을 강조함으로 인해,

실제 의사소통에서 동기화된 기호의 중요한 역할이 관심을 받지 못했다. 동기화된 기호는 언어적(예: 의성어, 또는 심지어 이행시스템)일 수도 있고 비언어적(예: 춤의 스타일)일 수도 있다. de Saussure의 전통 내에서 이러한 것들은 기호적 잠재성이 약해서 의미화하기가 힘들다. 그러나 이것이 만약 사실이었다면 신경분석, 이데올로기 연구, 문헌 조사 연구, 극장 및 드라마 연구와 같은 다양한 분야에서는 광범위한 기호학 개념에서 나타나는 통찰력을 잃게 되었을 것이다(Silverman 1986을 보라). 기호학은 언어 연구를 넘어서 다양한 문화 내에서 의미를 전하는 다른 방법을 주시한다. 역으로 de Mauro(1973: 1180)는 다음과 같이 지적한다.

일반적인 관점에서 언어는 다른 종류의 기호와 체계적으로 비교함으로써만 구체적으로 특징 지워질 수 있다.

Peirce

de Saussure와 달리 Charles Peirce의 접근(1931)은 비언어적 기호에서 시작해서 그 안에서 언어의 지위를 찾는 것을 옹호하고 있다. 이러한 비언어적 기호들(예: 사회 에티켓)은 곧바로 쉽고 정확하게 확인되지 않는 것이 사실이고, 확인이 된다 해도(예: 춤 스타일로서의 탱고나 폭스트롯) 언어 연구와 확실한 연관성은 없는 것 같다. 그러나 번역과 같은 기호학적 접근 내에서 Peirce는 더 발전적인 방법을 제시한 것 같다. 그의 접근은 언어학적 기호의 한정된 영역에서 기호학을 벗어나게 하였다. 물론 이러한 비언어적 의미를 분석하는 데에도 문제는 있다. 그러나 그 문제가 비언어적 기호에서 선천적으로 나타나는 부정확성 때문에 야기되는 것은 아니다. 오히려 우리가 비언어학적 의미를 이야기할 때 사용하는 언어학적 용어의 부정확성 때문에 문제가 생겨난다. 다시 말해서 그것은 상위 언어의 문제이다. 사회에서 우리는 다양하게 묘사하는 기호들로 둘러싸여 있는 것이 사실이다. 그것들은 인간 상호작용의 본질이다. 이렇게 외관상으로 비정연된 상황에 질서를 부여하기 위해 우리에게 필요한 것은 일관된 분류체계이다.

Peirce의 입장을 이해하고 함께 작업하기 위해서는 무엇보다도 모든 인간 경험이 기호의 출현을 이끄는 방식과 같은 방식으로 조직된다는 Peirce의 생각을 상기해야 한다. 기호는 삼자관계이다.

1. 기호의 식별을 시발하는(initiate) 것(예: 벤슨 앤 헤지스 담배 광고에서 금색).
2. 기호의 **대상(object)**(예: 광고에서의 생산품 견본)
3. 기호를 통해 전달하고자 하는 **해석체(interpretant)**나 효과(예: 광고에서의 격률). 일반적으로 말해서 해석체는 기호의 의미로 여겨질 수도 있다.

그러나 대상과 해석체 간에는 어떠한 선천적인 연관성도 없다. 연관성은 어떤 맥락에서 연관되도록 의도될 때만 발생한다. 예를 들어 이 장 전반부에서 보았던 항목 고단함(텍스트 6A)은 특정 이데올로기적 가치를 나타내는 특별한 맥락 내에서만 '살해'와 연관된다. 마찬가지로 관습적 문구 *저는 관심 있게 읽었습니다(I read with interest)*는 두 가지 다른 맥락에서 두 가지 다른 독해를 끌어낸다. 텍스트 6C에서는 '한 순간도 나는 믿지 않는다'와 텍스트 6D에서는 '나는 지지하고 싶다'로 해석할 수 있다.

• 텍스트 6C

> 저는 *세계건강포럼(World Health Forum)*의 최신호에 실린 A.M. Aly 박사의 이슬람 의학에 관한 서평을 관심 있게 읽었습니다. "[이슬람교를 제외한] 다른 주요 종교에서는 성서를 의료관행의 윤리적, 법적 기반으로 적용하기는커녕 제안조차 하지 않고 있다."라는 글을 읽고 약간 놀랐습니다.
>
> 유대교는 지난 수 세기에 걸쳐 의학 윤리라는 주제를 다루어왔습니다.

(『세계 건강 포럼』 1984)

• 텍스트 6D

> 저는 캐나다 국제개발연구센터(IDRC)의 후원으로 진행되고 있는 새로운 마을 수동펌프 개발에 대한 글을 관심 있게 읽었습니다.
>
> 수동펌프는 사용자들의 요구사항과 견해를 고려하면서 사용자들과 상의하여 설계하여야 한다는 Sharpe & Graham의 견해에 저도 동의합니다. 제가 여기 솔로몬 제도에서 진행해 온 것은 . . .

(『세계 건강 포럼』 1984)

*저는 관심 있게 읽었습니다*는 텍스트 6D에서 캐나다의 사례에 진심으로 공감하는 것인 반면, 텍스트 6C에서는 완전히 다른 가치를 드러낸다는 것이 놀랍다. 다시 말해서 이러한 표현은 다른 텍스트 요소와 기호학적으로 상호작용하기 때문에 우리가 그 의미를 인식하는 것은 상호작용의 의도된 목적과 밀접하게 연관된다. 이러한 **통합적(syntagmatic)** 관계 외에도, 사용될 수 있으나 실제로 사용되지 않은[예: **계열적(paradigmatic)** 관계] 다른 기호들과의 불가피한 관계도 있다. 이것은 번역가가 상호작용하는 기호들의 가치를 따져서 의미를 가정하는 문체 선택의 요소이다. 텍

스트 6C에서 *저는 관심 있게 읽었습니다*는 *저는 전적으로 거부합니다, 저는 용인할 수 없습니다* 등으로 대체될 수 있을지도 모른다. 이런 대안들이 부적절한 이유는 문화적으로 결정된 기호 제약과 연관이 있다(예: 서양 문화에서 논쟁의 관습). 그림 6.2와 6.3은 텍스트 6C와 6D의 기호들 간의 계열적, 통합적 관계를 나타낸다.

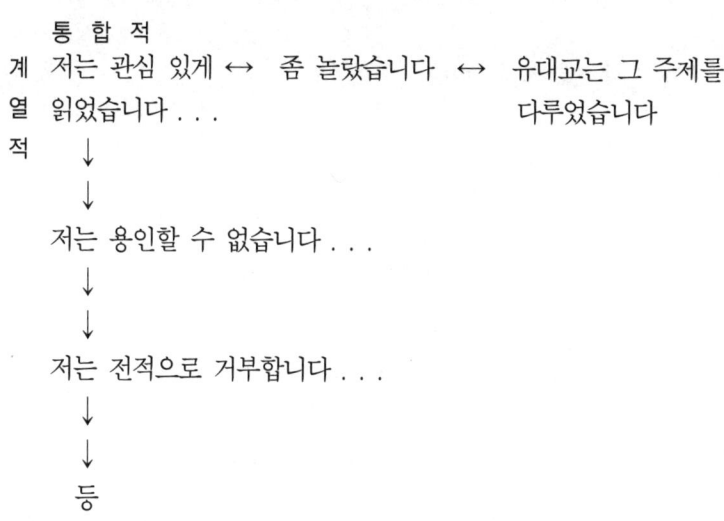

그림 6.2 텍스트 6C에서의 관계

```
통 합 적
계   저는 관심 있게 ↔ 저는 동의합니다 . . . ↔ 여기서 . . . 저는 . . . 하고
열   읽었습니다 . . .                              있었습니다
적      ↓
        ↓
        ↓
     저는 공감합니다
        ↓
        ↓
     저는 전적으로 지지합니다
        ↓
        ↓
        ↓
       등
```

그림 6.3 텍스트 6D에서의 관계

그렇다면 Peirce의 해석체는 주로 기호의 의미이다. 이와 같이 해석체는 기호를 정의하는 데 일조하는 의미관계의 계열적 집합에서 필수적인 부분이다. 즉 해석체는 의사동의어 관계인 수많은 다른 해석체에 의해 대체될 수 있다. 번역가들은 포착하기 어려운 의미의 그림자를 잡고 기호의 경계를 넘어서 의미를 번역하기 위해서 이러한 상호 관계를 파악하려 한다.

Barthes와 신화

Peirce의 '해석체'는 끝없는 전환가능성의 자질을 가졌다는 점에서, 즉 더 넓은 의미를 계속 가정할 수 있다는 점에서 de Saussure의 '기의'와 구별된다. 기호는 단순히 개념을 도출하는 것 이상이다. 기호는 실재가 아니라 상호연관성이다. 즉 기표와 기의의 '연관적인'(associative) 전체로서 기

호는 단지 그 부분들의 합보다 잠재적으로 더 크다고 할 수 있다. 따라서 기호는 표현('장미')과 기의('꽃의 일종')로 구성되고 이 경우 어떤 맥락에서 연관적인 전체는 '열정'이라는 기호로 여겨질 수 있다. 문화적 신념이 유지되는 것은 바로 이러한 방식이다. 사실 전체의 신화는 결과로서 발전될 수 있다. 이러한 신화는 수세기 동안 세대를 걸쳐서 확장되어 전체 문화의 가치 체계를 정의하는데 도움을 주게 된다. '백인의 책무'나 '고귀한 베두인족'(the noble bedouin)과 같은 신화의 경구적인 개념은 이러한 기호의 문화적 성립을 보여주는 예가 된다.

Roland Barthes는 특히 신화에 관한 그의 작품에서 **2차 기호 체계 (second-order semiotic system)**로 알려진 연구를 개척했다. 이것은 의미화하기 위해 다른 체계 위에서 만들어지는 체계이다. 문학은 주로 '창조성'의 요소를 통해서 실제 세계의 대안 버전을 제공한다는 점에서 그런 체계의 이상적인 예이다. 따라서 Beaugrande & Dressler(1981: 185)는 문학 텍스트를 다음과 같이 정의한다.

> . . . '실제 세계'의 용인된 버전과 원칙에 의거한 *대안성*의 관계에 있는 세계

그러나 같은 이유로, 텍스트를 문학으로 식별하게 하는 모든 기호학적 요소들은 또한 텍스트를 논평, 조리법, 계약서 등으로 식별하게 한다. 다시 말해서 Lotman(1973)이 지적하듯이 허구적이든 비허구적이든 모든 텍스트는 한 가지 이상의 구성 원리로 작용한다. 즉 '중심 코드' 뿐만 아니라 한 가지 또는 그 이상의 '2차 모델 체계'를 가진다는 것이다. 따라서 논평은 설득, 감성, 호소 등과 같은 2차 체계에서 만들어진다.

내포(connotation)와 외연(denotation)

2차 체계의 개념을 소개하면서 Barthes는 외연뿐만 아니라 내포를 다루는 의미화 모델을 정교화 한다. 여기서 기표와 기의는 함께 작용하여 외연적 의미를 가진 기호를 야기시킨다. 그러나 결과적 기호는 추가적인 의미를 얻는다. 이것은 내포적 의미를 찾는데 새로운 기표가 된다. 추가적 내포 가치가 획득되기 때문에 잠재적으로 이러한 과정은 몇 번씩 재개된다. 즉, 신화가 단순히 더 큰 문장이나 더 넓은 개념이라는 점에서 기호들은 정적이지 않다. 오히려 신화는, 기표와 기의의 전체 합으로서의 기호가 그 자체로 새로운 기의를 위한 기표로서 기능한다는 것을 보여주는 질적인 재평가이다. 이 점에서 Barthes는 Hawkes(1979: 133)가 세계의 사회 구성 '장면 뒤'로 우리를 데려간다고 묘사한 것을 정교화한다.

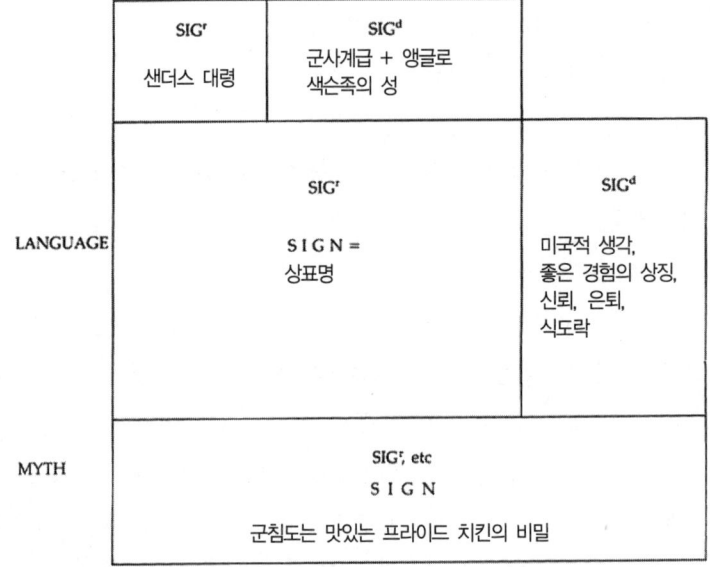

그림 6.4 샌더스 대령의 켄터키 프라이드 치킨(KFC)에 있는 내포

그 예시로, 특정 신화가 집합적 사고방식으로 들어가는 노선(Barthes 1959: 115에 따른 모형)을 나타내는 그림 6.4를 생각해보라. 따라서 특정 기호를 단순히 단어와 개념의 연상으로 볼 것이 아니라 특정 문화의 집합적 잠재의식 속에서 스스로 점차 성립해나가는 자기 갱신의 현상으로 볼 수 있다. '투사'(비유럽 언어로 번역될 때 번역가의 기호학적 관점에 따라 '용감한 사람' 또는 '극단주의자'로 번역될 수 있다)와 같은 기호의 역사는 기호학적 변형과 신화 발전의 명확한 예이다. 이러한 개념들은 언어와 권력의 분석에서 중요하다(Fairclough 1989, Kress 1985, Martin 1985를 보라).

이것이 번역의 기호학적 이론에서 함축하는 것은 '기호'의 개념이 점점 '기호학적 실재'의 개념과 기호 기능(sign function)의 개념에 자리를 내어주고 있다는 것이다(Silverman 1983을 보라).이것은 특정 현실 부분 (Hjelmslev의 '내용 단계')이 '표현 단계'에 의해서 파편화 과정에 종속될 때 발생하는 것으로부터 도출된다. 결과적인 기호-기능은 단일 또는 집합으로 필터를 구성하는 의미적 단위이다. 이 필터를 통해 문화는 사고하고, 발전하고, 소멸한다. 다음의 그림 6.5는 현재 정치적 쟁점에서 사용되는 언어에서 도출되는 과정을 나타낸다.

표현 I					
이슬람 근본주의자들	광신도 집단	비밀활동	자살 공격	암살단	테러리스트 공격
SU1	SU2	SU3	SU4	SU5	SU6
	C O	N	T E	N	T
신의 당	이슬람의 형제들	기도 집회	순교	거룩한 전쟁	영웅주의적 자기부인 행위
			표현 II		

표현 I: 서구 매체 등
표현 II: 이슬람 매체 등
SU: 의미론적 단위

그림 6.5 기호 기능

기호학의 기본적 가정들

기호 개념의 발전에 대한 논의를 마무리하기 위해서 우리는 이제 기호학 이론의 근간이 되는 기본적 가정들을 대략적으로 살펴보기로 한다 (Sebeok 1986: 403-8을 보라). 바로 이러한 근원적인 원리를 바탕으로 기호학이 번역가, 통역가, 그리고 사실상 언어로 작업하는 모든 사람들에게 무엇인가를 제공할 수 있다고 기대한다.

1. 기호는 문화적 구조를 지칭한다

Jakobson(1974)이 제시하듯이 모든 기호는 '지칭'의 행위이다. 이것은 Peirce의 기호적 체계가 '지시물'을 강조한다는 측면에서 de Saussure와 크게 다르다는 점을 상기시켜준다. 기호-해석체-대상 관계의 삼자적 본성을 고려할 때 기호는 개념을 도출하는 그 이상을 담당한다. Eco(1973: 1150)는 이런 현상을 다음과 같이 설명한다.

기호가 물체나 상태를 나타내기 위해 사용되는 방식과는 별개로 기호는 다양한 문화들이 세계에 대한 인식을 구성하는 단위의 체계를 지칭한다. . . . 문화적 구조(특정 사회가 인식, 분석, 변형시키는 세계를 구성하는 방식)는 기호적 구조이고 따라서 서로를 상징할 수 있는 단위의 체계이다.

2. 기호학은 언어를 초월한다

의미화는 특정 언어 내에서 개별 요소들에 국한되는 것이 아니며 심지어 언어 그 자체에도 제한되는 것이 아니다. 의미화는 전체 문화 세계에 이르는 현상을 포함한다. 일반적 기호학 연구 범위 내에서 Eco(예: 1973)는 플롯 구조, 고전적 수사학의 범주, 텍스트 유형론과 같은 복합적 언어 현상 연구뿐만 아니라 모든 문화적 현상(사회 구조, 심지어 경제관계)까지도 연구한다.

3. 의미화의 기본적 메커니즘은 보편적이다

문화 기호학의 궁극적 목표는 보편적인 의미화 메커니즘들을 분리시키고 메커니즘이 작동하는 방식에서 패턴을 식별하는 것이다. 그러한 수단으로만(학제 간 노력을 포함하여) 기호학이 기호들의 복합적이고 다양한 종류, 기능을 처리할 수 있게 된다. 보편적 메커니즘을 위한 이러한 연구 덕분에 우리는 일견 달라 보이는 기호 체계를 보다 일관적으로 기술할 수 있다. 예를 들어 인공지능은 관찰(monitoring 비평가적인 분석적 설명 방식)과 관리(managing 담화가 조작적이라는 증거가 있을 때 발생)와 같은 개념을 텍스트 유형론의 기초가 될 수 있는 보편적인 기호학 구조로 제공함으로써 기호 체계를 보다 일관적으로 기술하는 데 기여하였다.

4. 맥락과 공기 텍스트는 의미화 행위에서 중요하다

3에서 제시된 의미화 체계의 보편성에도 불구하고 기호학은 끊임없이 단일 용어에서 공기 텍스트적, 맥락적인 요소로 관심의 초점을 전환시켜야 한다. 여기서 우리는 실제 직면하는 언어의 문제점과 문화 간 또는 문화 내 의사소통의 실패를 확인하고 해결할 수 있다. 이를 비롯한 여러 문제점들 때문에 언어 기술에서 문장을 기반으로 하는 모델은 상당한 압력을 받았다. 이러한 측면에서 기호학은 예를 들어 주장의 특정 방식이 얼마나 문화 의존적이며, 문화경계를 넘어선 목적을 항상 달성하지는 못한다는 점을 설명해 준다(Johnstone 1987을 보라).

번역에 있어서의 기호학—종합

이제 우리의 번역 과정 모델은 번역가의 실제 작업을 위한 기호학 영역에 관한 논의가 함축하는 바들을 통합할 수 있도록 조정되어야 한다.

기호학 관계

기호학은 기호의 통사적, 의미적, 그리고/또는 화용적 속성을 다룬다. 이것은 특정 기호의 기호학적 기술이 다음의 한 가지 또는 한 가지 이상의 관계를 포함하여야 된다는 것을 뜻한다.

1. 통사적 관계

이 관계는 한 기호와 같은 통사적 집합에 속하는 다른 기호들 간에 맺어진다. 언어학적 표현은 이러한 관계에 대한 명확한 예시를 제공한다. 텍스트 6E$_1$(아랍어의 형식적 번역)은 텍스트 6E$_2$보다 기호-통사적 측면에서 덜 '관용적'인 영어 번역일 것이다.

●텍스트 6E₁

The President spoke to his people and assured his nation that...
대통령은 그의 국민들에게 연설하고 그의 국가를 안심시켰다. . . .

● 텍스트 6E₂

The President addressed the people reassuring the whole nation that...
대통령은 국가 전체를 안심시키면서 국민들에게 호소했다. . . .

원천 텍스트에서 소유격 형용사 *그의(his)*는 대통령*(President)*을 지칭하기 위해 두 번 나타났다. 이러한 잉여성은 영어에서 잘 나타나지 않는다. 영어와 아랍어 대명사 지칭의 '비명시성'과 '명시성'은 각각 기호의 통사-기호학적 속성이다.

2. 의미적 관계
이 관계는 기호와 기호가 실제 세계에서 지칭하는 실재 간에 맺어진다. 예를 들어, 영어 '선전문구'는 부정적인 것을 나타내는 반면 러시아어 등가는 정부 정보부처의 합법적이고 바람직한 기능을 지칭한다. 여기서 우리가 언급하고 있는 것은 언어 내뿐만 아니라 언어 간 기호의 의미-기호학적 속성이다.

3. 화용적 관계
이 관계는 기호와 그 사용자들(발신자 또는 수신자) 간에 맺어진다. 이 측면은 다음 텍스트 6F의 텍스트 일부로 설명될 수 있다.

● 텍스트 6F

. . . It is a curious system indeed which demands that tax-payers support private ventures when the latter should be generating not taking money.
. . . 개인 사업자가 돈을 가져가면 안 되는 상황에서 납세자가 개인 사업자를 부양하도록 하는 정말 이상한 체계이다.

정말 이상한 체계이다(*it is a curious system indeed*)라는 발화가 '극악하다'라고 의미하기 위해서는 텍스트 생산자가 특정 체계에 반대하는 주장을 결론짓는 맥락 하에서만 가능하다. 즉 각각의 신념을 주장하는 양 쟁점이 확인될 때만 평가적 담화가 구체화되며 '완곡하게 나타내는 표현'과 같은 화용-기호학적 속성이 구별된다.

　이 시점에서 두 가지 중요한 사항이 명확해져야 한다. 첫째, 기호에 대한 설명은 기호의 통사론, 의미론, 화용론 중 어떤 한 가지에만 관심을 제한할 때 약화된다. 한 가지 측면에 초점을 두는 것은 물론 합법적이지만 다른 측면을 배제해서는 안 된다. 중복은 불가피하다. 만약 억양 패턴이 발화의 통사적 배열의 일부를 형성한다면 Gumperz(1977: 208-9)가 인용한 다음의 예는 이것에 대한 명백한 해명이 될 것이다. 런던의 한 주요 공항에서는 새로 고용된 인도 여자와 파키스탄 여자가 퉁명스럽고 비협조적인 것으로 인식되었다. 왜냐하면 이 여자들이 고기를 나르면서 하강 억양으로 '그래비 소스요?'하고 물었기 때문이다. 이것은 영어에서 주로 상승억양으로 발화되는 제안의 의미 대신 무심코 하는 진술로 인식되었다. 이러한 의사소통 실패에서 기호의 통사론적, 화용론적 속성이 수반된다.

　둘째, 이러한 관계(통사적, 의미적, 화용적)의 집합은 통합적 차원뿐만 아니라 계열적 차원이라는 것을 이해하는 것이 중요하다. TV인터뷰에서 허용되는 것과 허용되지 않는 것은 기호학적 문법, 의미론 등이 실제 작용하는 흥미로운 예들을 제공해 준다(계열적, 통합적 기호학 관계를 나타내는 예시로 그림 6.2와 6.3을 보라).

요약

이 장에서는 번역가와 상관있는 텍스트의 기호학적 특징들을 모두 소개하고자 했다. 간단히 요약하면 다음과 같다. 기호가 삼자관계(시발자, 대상, 기호의 의미로 여겨지는 해석체)에 있다고 고려하면서 우리는 기호가 문화적 현상으로서의 신화의 발전이 되는 내포적 체계를 어떻게 수반하는 지를 살펴보았다. 위에서 제시한 바와 함께 기호학적 분석의 실제 예를 살펴보자. 텍스트 6G는 바하사 말레이시아어를 영어로 번역한 단편의 시작 부분이다. 첫 번째 문장에서 문제가 발생하며 여기에 우리의 관심이 집중된다.

* 텍스트 6G

In order to be blessed, Nyabung as head of the household, began the dance ceremony. He stretched out the long knife in his right hand and flapped the shield in his left. Suddenly, and simultaneously, a gunshot echoed at the west end of the hall. The ngajat(ceremonial dance) dance Nyabung was performing stopped abruptly.

축복받기 위해서 가장인 니아붕은 춤 의식을 시작했다. 니아붕은 오른손에 쥔 긴 칼을 쭉 뻗고 왼손에 든 방패를 움직인다. 그 동시에 갑자기 총성이 연회장의 서쪽 끝에서 메아리친다. 니아붕이 추던 *느가자트*(의식에서 추는 춤) 춤은 갑자기 멈췄다.   (Majod 1983)

텍스트 6G에서 번역가가 채택한 접근은 다음과 같다.

1. 기호적 번역의 첫 번째 단계인 기호를 식별하는 과정에서 번역가는 시발자(느가쟈트), 대상(춤), 해석체(집안이 축복받도록 기원)를 인식한다.
2. 다음 단계는 필수적인 정보핵심을 식별하는 것이다. 이 경우에서는 '집안에 축복을 가져다주기 위해 추는 의식적인 춤이다.
3. '춤'과 '축복'의 관계가 문화 의존적이기 때문에 설명이 반드시 요구될 것이다.
4. 그 다음 이어지는 변형의 과정에서 번역가는 느가쟈트의 등가로 *춤 의식*을 선택한다.

그러나 문제점은 여전히 남아있다. 신화로서 이 기호의 필수적인 측면은 '춤 의식'을 '축복'의 행위에 연관짓는 것이다. 이러한 기호학적 관계를 전달하기 위해서 원천 텍스트에서 기호들은 다른 기호들과 상호작용한다. 상호작용은 통사적, 의미적, 화용적 수단으로 텍스트에서 표명된다. 한편 텍스트 6G에서 독자는 '춤추기'를 '축복'으로 연관 짓는 문화구조를 복원해야 한다.

통사적으로, 번역 독자들에게 요구되는 것은 종속구(*in order to be blessed*)와 주절 간의 후방조응(뒤를 지칭) 관계를 성립시키는 것이다. 그러나 그 관계에도 문제가 있다. 통사적 배열은 번역의 목적을 온전히 충족시키지 않는다. 의미론적으로 보면 느가쟈트라는 항목에 포함된 '춤추기'와 '축복'의 연결은 어떠한 TL 등가로도 충족시킬 수 없다. 화용적으로 목표 독자는 느가쟈트가 환기하는 문화적 맥락에 완전히 참여하지 못한다.

이러한 본질적인 문제들에 직면했을 때 번역가가 사용할 수 있는
형식적 선택은 다음과 같을 것이다.

1. 시발자/기표(느가자트)를 음역한다.
2. 정보 내용만 전달한다(춤 의식).
3. 내포적 가치(축복을 받기위한 느가자트 의식)를 나타낸다. 원천
   문화의 참여자들이 그 기호를 신화로서 이해하는 일부분이나 전
   체를 나타내려고 한다(느가자트는 . . . 을 포함한다).

1번만 선택하는 것은 정보 간극을 남겨두는 반면, 3번은 번역 기술로서
특정 맥락에서는 충분하지 않을 것이다. 이 선택사항 중 하나 또는 둘 이
상을 선택하는 것은 다른 텍스트의 지식뿐만 아니라 특히 장르나 담화를
고려하는 맥락적 요소에 달려있다.

특정 담화나 장르에서 적절한 것을 식별하는데 있어 번역가는 자동
적으로 다른 텍스트에 대한 지식에 의존한다. 이 중요한 기호학적 메커
니즘은 상호텍스트성이라고 지칭된다. 7장에서는 상호텍스트성을 기호학
과 화용론간의 상호발전을 이끌 수 있는 영역으로 보고 번역가의 관점에
서 조사해 볼 것이다.

7.

상호텍스트성과 의도성

상호텍스트성: 인유와 지시

텍스트 7A를 이해하기 위해 독자는 어떤 지식이 필요한가? 의도된 의미
의 미묘함을 인식하기 위해 독자들은 어떻게 자신들의 문화적 배경과 지
식구조를 환기시키는가?

- 텍스트 7A

Terrorism was to become the keyword
Not everyone feels immediately threatened by the Red Army, but every citizen gets on an aeroplane one day. There is every reason to think that the choice of 'terrorism' as the psychological theme was very carefully worked out. (After all, it has 57 varieties.)

테러리즘이 핵심어가 되어야 했다

시민 모두가 붉은 군대(소련군)의 위협을 직접 느끼지는 않겠지만, 모두들 언젠가는 비행기를 탄다. '테러리즘'을 심리적 주제어로 선택한 것은 대단히 세심하게 공을 들인 결과였다고 생각할 충분한 이유가 있다. (어쨌거나 57종이 있으니까.)

(출처: 『뉴스테이츠먼』(*New Statesman*)의
「착오는 금물: 이것이 레이건의 외교정책이다」)

우리는 텍스트 생산자와 수신자가 화용론적 의미와 기호학적 의미를 어떻게 교환하는지 이미 파악했다. 우리는 장르적, 담화적 그리고 텍스트적인 갖가지 제약 아래서 어떻게 이런 교환 행위가 일어나는지도 알았다. 아직까지 살펴보지 못한 한 가지 중요한 원리는 우리가 어떻게 발생한 텍스트들(textual occurrences)을 서로 관련지어서 모든 영역의 선행 텍스트적 경험을 환기시키는 기호로 인식하는가 하는 것이다. 이는 상호텍스트성(intertextuality)이라 하는데, 그것은 텍스트를 다른 관련 텍스트에 대한 의존성 측면에서 파악하는 척도이다. 이에는 단순한 텍스트 '인유' 과정보다 훨씬 복잡한 과정이 수반된다. 그러므로 앞으로 뜻이 명백해지겠지만 텍스트 7A의 *57종*은 어떤 의미에서는 '하인즈 57종'이라는 선행 텍스트(previous text)에 대한 지시이겠으나, 이러한 지시에 이르는 경로를 되짚어가는 중에 우리는 정도는 다르겠지만 이전의 경험(그 용어를 사용했던 방식이나 사용되는 것을 들었던 기억, 예컨대, '무작위성'이나 '임기응변적 결정'이 암시하는바 등)에서 일어나는 다수의 연상적 의미를 깨닫게 된다.

상호텍스트성에 대한 접근법

상호텍스트성은 번역이나 통역과 같은 실용적인 분야의 기호학적 기본 개념을 시험해 볼 이상적인 터전을 제공한다. 상호텍스트성은 '살아 있는 기호학'이다. 텍스트의 정의에서 Kristeva(예: 1969)는 한 텍스트가 선행하는 텍스트로 거슬러 올라가는 과정을 강조함으로써, 그 텍스트의 이념 중립적인 형태 위에 경험이나 자각 등에서 생기는 기저의 의미 전체를 추가한다. 이것이 바로 상호텍스트성의 기능이다.

기호학 이론의 최근 연구에서 Kristeva(1969)는 선행 담화의 존재를 특정 텍스트의 의미론적 내용과는 거의 무관하게, 의미화하는 행위의 전제조건이라고 부르기 위해 상호텍스트성 개념을 처음 사용했다. 예를 들어, 일견 단순한 지시로 보이는 '홍일점'(the token female)이나 '잘 속는 사람'(the fall guy) 등의 해석에는 의미론적 내용에 대한 지식 이상이 필요하다. 서양 문화의 특정 신념체계를 구성하는 상당량의 담화나 텍스트에 대한 경험이 있어야 한다는 것이다.

상호텍스트적 연쇄

지금까지 언급한 내용을 예시하면서 상호텍스트성의 기본 개념들을 설명하기 위한 틀을 확립하기 위해서는 텍스트 7B를 살펴보기 바란다. 텍스트 7B는 텍스트 7A가 한 부분을 구성하는 담화의 전문이다.

영국 언론의 기사는 통상 세계 다른 지역의 신문과 잡지에 기사거리를 제공하여 종종 다른 언어로 번역된다. 이는 텍스트 7A도 예외가 아니다. 그러나 그 번역자들이 부딪칠 문제는 가히 짐작이 된다. 텍스트 7A를 이해하려면 텍스트 수신자는 언어의 '이데올로기 중립적인' 외연(즉, 용법)에서부터 실제사용의 기저에 있는 '의미화'의 크기에 이르기까지 전

과정을 탐험해야 하기 때문이다. 일련의 상호텍스트적 지시들을 이어 맞추고 연결가닥을 확인하면서 나중에 텍스트에서 마주치는 신호에서부터 더 이전의 신호로, 그리고 환기되고 있는 모든 분야의 지식으로 거슬러 올라가야 할 것이다.

• 텍스트 7B

착오는 금물: *이것이* 레이건의 외교정책이다

워싱턴

리처드 콘돈의 『맨츄리안 캔디데이트』(*Manchurian Candidate*)를 원작으로 한 영화에서 조 매카시 역의 불쌍한 얼간이는 너무나 혼란스럽다. 그의 조종자들이 하루는 국무부에 공산주의자가 50명이라고 말하라고 했다가 다음 날에는 75명의 이름을 대도록 시킨다. 그는 조롱거리가 될까봐 두렵다. "이런, 답답한 사람!" 야망이 있는 그의 아내가 아침 식탁에서 말한다. "아직도 몰라요? 이제 사람들은 국무부에 공산주의자가 있는지 없는지 묻는 게 아니에요. 몇 명이나 되는지 묻는 거라고요." 이때 남편의 흐리멍덩한 눈이 하인즈 케첩 병에 머문다. 다음 장면으로 바뀌어 그는 국무부에 국가의 적 57명이 암약하고 있다고 엄숙히 발표한다 . . .

(몇 단락 뒤에)

[레이건] 독트린의 주된 요소는 편의상 숫자를 매겨 선정적으로 나열할 수 있다:

1. 반공주의적 전복은 더 이상 . . .
2. 기존 정부들과의 연합은 . . .
3. 언론의 의견, 여론과 . . .
4. 테러리즘이 핵심어가 되어야 했다. 시민 모두가 붉은 군대(소련군)의 위협을 직접 느끼지는 않겠지만, 모두들 언젠가는 비행기를 탄다. '테러리즘'을 심리적 주제어로 선택한 것은 대단히 세심하게 공을 들인 결과였다고 생각할 충분한 이유가 있다. (어쨌거나 57종이 있으니까.)

(출처: 뉴스테이츠먼)

그리하여

테러리즘의 57가지 종류 >>> 엄숙한 선언: '국가의 적(敵) 57명'
>>> 하인즈 57종 >>> 75명의 공산주의자, 50명의 공산주의자 등
>>> 조 매카시라는 인물 >>> 매카시즘 >>> 등

도식으로 표시하면 이 연쇄는 그림 7.1에서처럼 표시될 수 있다.

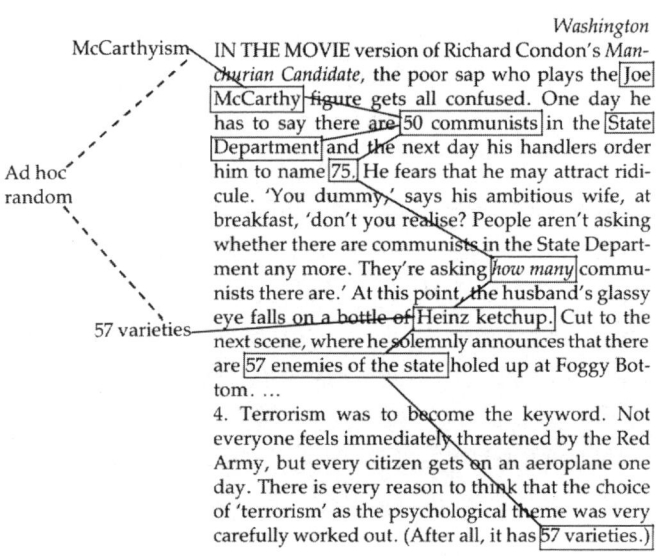

그림 7.1 텍스트 7B에서의 상호텍스트적 연쇄

세 가지 기본 상호텍스트적 가닥은 이러하다.

1. 매카시즘 >>> 편집증, 임기응변적 결정 등
2. 하인즈 57종 >>> 다양성, 무작위성 등

3. 레이건주의 >>> 편집증, 적에 대한 마구잡이식 표적 삼기

텍스트 안에 간직돼 있다가 우리와 마주친 이렇게 잘 맞물리는 최소 세
가닥의 선행 지식에 대한 지시야말로 우리 번역가들이 진정한 도전으로
직면하는 문제이다. 다른 언어, 특히 비서양언어로 성공적인 번역을 하려
면 문제가 따를 수밖에 없다. 우리는 그런 몇 가지 문제의 가능한 해결책
에 대해 나중에 살펴보겠지만, 우선은 상호텍스트성에 실제로 관련된 문
제가 무엇인지 좀 더 탐색해보겠다.

능동적 및 수동적 상호텍스트성
이상의 모든 점에 비추어 볼 때, 상호텍스트성은 텍스트의 정태적 속성
으로서, 그것은 번역을 할 때 원천 텍스트의 지시를 목표 텍스트의 지시
로 단순히 항목별 대체한 것에 해당한다는 생각을 우리는 안전하게 폐기
할 수 있다. 상호텍스트성은 그와 반대로 의미화의 기호학적 체계와 관
련지을 때 가장 잘 파악이 된다. 텍스트 7B에서 테러리즘은 '신화로 간
주된다(6장 참조). 텍스트의 생산자는 그 신화를 드러내려는 노력의 일환
으로 매카시의 임기응변적 결정과 하인즈의 57종이라는 다른 두 가지 신
화체계와 텍스트를 연관시킨다. 그리하여 선행 텍스트에 대한 독자의 지
식에 호소하여 생산자는 레이건 대통령의 테러리즘에 대한 접근을 무작
위적인 것으로 파악하기라는 목표를 달성한다.

　　　이 경우 텍스트 자체를 뛰어 넘어 지식과 신념체계를 활성화시킨다
는 점에서 상호텍스트적 연계는 탄탄하다. 그렇지만 상호텍스트적 기능
이 언제나 이처럼 능동적인 것은 아니다. 텍스트는 내적 결속성(즉, 이해
가능성)이 있어야 한다는 기본 요건만 겨우 충족시키는 수동적인 형태의

상호텍스트성도 있다. 이러한 수동적인 상호텍스트적 연결가닥의 예는 *불쌍한 얼간이* >> *혼란스럽다* >> *답답한 사람* >> *흐리멍덩한 눈*의 연쇄가 될 것인데 그것은 의미의 연속성을 확립하는 역할을 한다. 이런 연계에 대해 자각하면 번역가는 유사한 연결망이 목표텍스트에서 가능한 한 널리 반영되도록 할 수 있게 된다. 말하자면 이것들은 지역적(local) 문제에 대한 지역적 해결책인 셈이다.

번역가는 좀 더 수동적인 형태의 상호텍스트성을 처리하는 법을 배워야 한다. 예를 들어 텍스트 항목의 반복에는 언제나 동기가 있다. 이런 형태의 수동적 상호텍스트성은 그 항목이 텍스트 내에서 수행하는 전반적인 기능에 비추어 번역가가 고려해야 한다. 같은 말을 반복할 필요가 있을 때 동의어나 바꿔쓰기(paraphrase)를 선택하게 되면 의도된 의사소통 효과를 저해할 가능성이 있다. 1988년 미국 대통령선거 당시 TV로 방영된 대면토론 중에 후보자 한 명이 다음과 같은 신랄한 반박으로 상대 후보에 비해 점수를 얻은 적이 있다.

저는 존 F 케네디를 압니다. 존 F 케네디는 제 친구였습니다. 상원의원님, 당신은 절대로 존 F 케네디일 수 없습니다 . . .

반복된 이름을 대명사적 지시어나 '전직 대통령' 또는 '미스터 케네디'와 같은 변이형으로 대체한 번역이라면 의도한 수사적 효과를 거둘 수 없을 것이다.

Barthes(1970)는 이런 이해가능성의 조건을 확장하여 문화적 및 이데올로기적 중요성을 포함시킴으로써 좀 더 중립적인 의미의 '언어부호'라는 개념을 뛰어넘는다. 상호텍스트성은 Barthes가 지적하듯이 문화적 내포와 지식구조가 상호텍스트적 지시 속에 녹아 있을 때 오히려 도전이 된다. 이렇게 확장된 정의에서는 상호텍스트성이 능동적인 기능을 행사하고, 텍스트는 결코 완전히 독창적이거나 특정 저자에게만 특유한 것일 수 없다는 견해를 필연적으로 함의한다. 텍스트는 명확히 확인 가능한 텍스트의 선행 존재에 의존할 뿐만 아니라, 예컨대, 전(全) 장르를 지배할 수 있는 일반적 적합성 조건의 선행 존재에도 늘 의존한다. 이런 의미의 상호텍스트성 때문에 우리는 관련 부호와 관습 체계 안에 텍스트를 위치시킬 수 있다. 그것은 텍스트의 모방, 표절, 패러디, 인용, 반박 또는 변형의 형태를 띠게 되며, Kristeva의 말을 인용하면(1969: 146),

> 모든 텍스트는 인용문의 모자이크로 구성되며, 모든 텍스트는 다른 텍스트의 흡수이자 변형이다.

텍스트 7B는 이제 직접적인 서술로만 파악되지 않고 '풍자' 장르, 심지어는 '아이러니'를 관장하는 부호 및 관습과 관련하여 새로운 자리를 차지한다.

상호텍스트적 지시의 유형

Lemke(1985)는 앞에서 설명한 수동적/능동적 구분을 뛰어넘는 두 종류의 상호텍스트적 관계를 확인한다. 첫째, 예컨대 10분 전에 한 주장을 다시 시작하거나, 몇 단락 뒤에 지시(가령, 텍스트 7B의 *57종* 등)가 이루어지는 경우처럼 특정 텍스트의 요소들 사이에 존재하는 관계이다. 두 번째 유형의 상호텍스트적 관계는 확연히 다른 텍스트 사이에 존재하는 관계이다. 그 예로는 별개의 기회에 다시 하는 주장이나 텍스트 7B에서 하인즈 *57종*이라는 원래의 광고 문안을 다시 사용한 것을 들 수 있다.

Lemke는 이처럼 두 형태의 상호텍스트성을 규제하는 기저원리는 아마 동일하지 않을까 생각한다. 달리 말해, 우리가 단일 텍스트 안의 동지시(co-reference)를 인식하는 능력은 어떤 텍스트를 이전에 경험한 다른 텍스트와 관련지어 분류하는 능력과 기본적으로 동일하다는 것이다.

상호텍스트성에 대한 이러한 접근법으로 인해 우리는 한 담화의 기능과 다른 관련 담화들의 기능 간의 관계를 인식할 수 있게 된다. 이러한 관계들은 이데올로기, 권력 및 문화 규범과 같은 사회기호학적 구조의 유지에 공동으로 기여한다는 주장이 있을 수 있다. 텍스트 7C와 7D는 연속한 두 해(1986년, 1987년)의 유엔 사무총장 연례보고서에서 인용한 글이다. 우리는 무엇 때문에 이 두 개의 텍스트에서 특정 담화를 인식할 수 있게 되는가? 이데올로기 구조는 어떻게 정의되고 유지되는가? 특정 사회/이데올로기 제도의 연속성을 보장하는 역할을 하는 상호텍스트적 관계는 무엇인가?

● 텍스트 7C

유엔 사무총장의 업무 보고서

창립 40주년을 맞아 표출되는 감회와는 확연히 다르게, 1986년 국제연합(UN)은 유감스럽게도 그 지불능력과 생존능력이 도전을 받는 심각한 위기에 직면하게 되었다. 국제연합을 강화하기 위해 새로운 노력이 요청되던 바로 그 시기에, 회원국들이 유엔 헌장에 따른 의무를 다하지 못하여 발생한 재정난으로 인해 이 기구의 업무 추진이 어려워진 것이다. 갈수록 상호의존도가 높아지는 세계에서 현재도 또 앞으로도 국제연합이 세계적 현안 해결에 없어서는 안 될 강력한 건설적인 세력이 되기 위해서는 반드시 이 먹구름을 걷어내야 한다.

(1986년 9월 9일)

● 텍스트 7D

유엔 사무총장의 업무 보고서

국제연합(UN)은 세계적 문제에 대한 합의 도출을 위해 중요한 촉매제 역할을 해왔는데, 그와 동시에 본인은 기구 자체도 작년 연례보고서를 총회에 제출했을 당시보다 견해의 공통성이 커져야 할 대상이라고 생각한다. 유엔은 상당히 심각한 수준의 재정 위기에서 벗어나지 못하고 있다. 그렇기는 해도 이 기구에 눈에 띌 만한 지원이 있었는데, 그 원인은 유엔이 심각한 위기에 빠졌다는 인식 때문이기도 했으나, 더 결정적인 원인은 유엔과 다른 다자적 기구들의 독특한 가치와 필요성을 설득력 있게 확실히 입증한 국제 정치, 경제 및 사회적 상황 변화 때문이라고 본인은 확신한다.

(1987년 9월 9일)

위의 두 텍스트는 공통적인 담화 목적을 드러내고 있다. 유엔의 신뢰성이 위협받는 시점에서 기관으로서의 유엔에 대한 지속적인 재정적 및 도덕적 지원의 필요성을 강조하는 노력이 이루어지고 있는 것이다. 채택한 이데올로기적 입장은 '기적을 행하거나 즉각적인 단기성과를 기대할 수 없는 기관들을 방어하는 입장이다.

상호텍스트적 관계 면에서 우리는 적어도 네 가지 상이한 종류의 연계를 구분할 수 있다. 첫째, 동일한 연례보고서의 다른 부분(텍스트)과의 연계가 있을 것이다. 이 점과 관련해서는, 텍스트 7C와 7D가 연례보고서의 초입에 나타나지만 그 위치가 유엔이 지난해에 이룬 성과에 대한 일반적인 진술이 있은 후라는 점이 흥미롭다. 둘째, 각기 다른 두 기회에 이루어진 진술인 텍스트 7C와 7D 사이에는 명백한 연계가 있다. 그 둘은 동일한 이데올로기 구조가 출현 및 유지됨을 보여준다. 셋째, 미묘한 상호텍스트적 연계가 한편으로는 텍스트 7C 및 7D, 다른 한편으로는 재정적 생존가능성에 대한 우려를 표명하고 있는 여타 비(非)국제연합 연례 보고서들 사이에 존재한다. 마지막으로, 두 텍스트는 모두 가시적인 결과 면에서만 기관의 생존가능성을 평가하는 방향으로 밀어붙이는 데 대한 방어적 입장과 관련이 있다(유사한 이데올로기구조의 분석을 위해서는 Fairclough(1989)를 보라).

중개

Beaugrande & Dressler(1981: 182)는 수동/능동 차원의 상호텍스트적 지시를 중개(mediation)의 정도와 관련지어 언급한다. 중개의 개념은 다음과 같다.

> 현재 개인이 가진 신념과 목표를 의사소통 상황의 모형에 투영하는 정도

중개는 작업 중인 텍스트의 처리와 관련이 있는 다른 텍스트에 대한 지식을 이용할 때 반드시 일어난다. 현재 텍스트와 이전에 만났던 텍스트와의 거리가 (시간의 경과와 같은 요인으로 인해) 멀 경우 중개의 정도가 커진다고 할 수 있다. 가령, '풍속희극의 원형에 남아있는 것은 장르 자체의 관습뿐이다. 장르나 텍스트 유형의 영속성은 이러한 폭넓은 중개와 관련지어 파악할 수 있다. 이와는 반대로, 잘 알려진 텍스트의 인용문이나 지시일 경우에는 중개의 정도가 줄어든다. 대화 시 다른 텍스트에 대한 대답, 반박 또는 평가와 같은 활동을 할 때는 최소한의 중개가 요구된다.
중개라는 개념은 상호텍스트적 지시의 전이에 대한 번역가의 결정을 살펴보는 유용한 방법이다. 예를 들어, 셰익스피어의 인용문을 번역할 때 수반되는 중개는 어느 정도일까? 시간적 거리감이 가장 중요한 요인

임을 가정할 수 있긴 하지만, 중개가 요구되는 정도에 영향을 미치는 다른 고려사항도 있다. 서양문화를 공유하는 사람들은 그 인용문에 대해 최소한의 중개가 필요하겠지만, 다른 문화적 배경을 가진 독자들을 위해서는 최대한의 중개가 필요할 것이다.

상호텍스트성이 아닌 것

상호텍스트성을 단순히 기계적인 과정이라 생각한다면 잘못된 생각이다. 텍스트란 다른 텍스트에서 뽑은 조각글을 단순히 합성한 것이 아니다. 상호텍스트성은 또한 다른 텍스트를 가끔씩 지시한 내용이 그저 포함된 것으로 이해해서도 안 된다. 그보다 인용문, 지시 등이 텍스트에 사용되는 데는 이유가 있다고 봐야 한다. 이런 상호텍스트적 관련성에 동기가 있다는 특성은 텍스트 기능 또는 전반적인 의사소통 목적과 같은 문제와 관련지어 설명할 수 있을 것이다. 말하자면, 저자는 셰익스피어를 그저 인용하는 것이 아니다. 저자는 셰익스피어의 말을 자신의 목적을 위해 사용하는 것이다. 그 과정에서 그 말은 새로운 가치를 띠게 된다. 텍스트 7E는 기사에서 셰익스피어를 지시한 전형적인 예이다.

● 텍스트 7E

Sir Terence Beckett, who as Director of the Confederation of British Industry might be expected to know, has called our precious stone set in the silver sea 'shabby and expensive.'

영국산업연맹(CBI) 회장인 테렌스 베켓 경은 알만도 한 사람이 은빛 바다에 아로새겨진 우리의 보석(귀중한 돌)을 '낡고 값만 비싼 것'이라고 했다. (J. Mortimer, 「선데이타임즈」, 83년 11월 13일자 기사. ( )는 역자 표시)

위의 기사에서 셰익스피어를 인용한 것은 단순히 의견을 개진하는 글에 권위적인 요소를 부과하기 위함인가? 그 과정은 그리 간단해보이지 않는다. 위에서 인용한 *은빛 바다에 아로새겨진 보석(precious stone set in the silver sea)*은 한 의미화체계에서 다른 의미화체계로 건너왔다. 『리차드 2세』에서는 그 구절이 애국심과 관련이 있는 가치를 내포하고 있다. 그러나 Mortimer의 텍스트에서는 그 구절이 '알만도 한 사람'의 담화에 대한 풍자라는 추가적 가치를 띤다. 그리하여 그것은 *값만 비싼(expensive)* 대 *귀중한(precious)*과 *낡은(shabby)* 대 *은빛 . . .에 아로새겨진 돌(stone set in . . . silver)*('빛나는')과 같은 대립어를 포함한 새로운 일련의 기호학적 상관관계에 돌입하게 된다.

이렇게 볼 때 인용의 상호텍스트적 과정은 단순히 주관적이고 자의적인 개념의 연상 문제가 아니다. 그와는 반대로 그 과정은 내포로 작동하는 의미화체계이다. 상호텍스트적 과정이 의미화 수단으로 효과적이기 위해서는 사회적 지식이 필요하다. 텍스트에서의 인용구 삽입은 기호가 한 텍스트(출처)에서 다른 텍스트(목적지)로 이동하는 과정의 정점이다. 텍스트에서 텍스트로 통과해 지나가는 영역을 우리는 **상호텍스트적 공간**(intertextual space)이라 부르고자 한다. 바로 이 공간에서, 기호에 부착된 일련의 가치가 수정된다. 말하자면, 인용문의 출처의 기호학적 가치가 새로운 환경에 적응하기 위해, 그리고 그 과정에서 환경에 작용하기 위해 변형을 거치는 것이다.

인용에 적용되는 사항은 다른 유형의 상호텍스트적 지시에도 똑같이 적용된다. 상호텍스트성은 텍스트 의미의 경계를 확장하는 힘이다. S/Z(1970)에서 Barthes는 이런 힘을 겪는 텍스트가 내포를 통해 한없는 '단편의 관점, 다른 텍스트, 다른 부호에서 오는 목소리의 관점'을 보여준다고 설명한다. 사실 전(全) 과정은 일종의 부호 전환(code-switching)으로 볼 수 있다. 특정 의사소통적 요건에 따라 다양한 사회심리학적 여건에 대응하여 한 기호체계에서 다른 기호체계로, 말하자면, 기호가 전환되는 것이다. 텍스트 7F는 텍스트 7E가 들어있는 전문이다.

기호학적 관점에서 보면 이 텍스트에서 지배적인 '부호'는 일련의 개념적 실재('주간 화제')를 객관적으로 개관하는 '논평'의 부호이다. 그러나 논평에서는 저자나 독자도 알다시피 평가가 어떤 형태로든 상존한다. 그래서 인정을 받기 위해 경쟁하는 또 다른 '부호'가 있는데, 그것은 논평의 대상에 대한 주관적인 평가의 부호이다. 어떤 단계에서는 평가적 부호를 단순히 도입하는 것도 상호텍스트적 과정이다(텍스트 7C와 7D 참조). 텍스트 7F에서도 불쌍한, 악평, 멋지고 지각 있는과 같은 여러 가지 평가적 장치의 사용에서 이 점이 분명히 드러난다. 이런 평가적 논조를 고조시키려고 인용한 셰익스피어의 구절은, 이제 그게 없었다면 '감정에 치우치지 않은 논평'일 수도 있었을 내용을 전복하는 일반적 전략의 일환으로 보인다.

이 모든 것에서 얻을 수 있는 통찰은 번역을 평가할 때 상이한 부호가 어느 정도 어떻게 유지되었는지 검토하는 일이 중요하다는 점이다. 번역물을 읽는 독자들은 논평자의 풍자적 자세가 어떤 것인지 인식할 수 있어야 하는데, 특히 논평자가 가령, 텍스트 7F의 John Mortimer에 비해 자신의 의도를 잘 드러내려 하지 않을 때 그러하다(예를 들어, 텍스트 $5E_1$와 $5E_2$를 보라). 은유와 아이러니의 번역과 같은 중요한 문제도 이런 점에 비추어 파악할 수 있다. 우리는 상호텍스트성이 그런 모든 문제의 분석을 위한 강력한 도구가 된다고 생각한다.

• 텍스트 7F

POOR OLD Britain is reeling from a week of bad notices. Lord Lane, our charming and sensible Lord Chief Justice, seems to have suggested to a Cambridge audience that we have evolved into a nation of heroin addicts and pushers who spend our time watching video nasties and then rush out and commit the crime of refusing to co-operate with the police. Sir Terence Beckett, who as director of the Confederation of British Industry might be expected to know, has called our precious stone set in the silver sea "shabby and expensive." Mr Bernard Levin has said we are without enthusiasm. Mr Christopher Booker — "distinguished social commentator" according to the Daily Mail — has welcomed Lord Lane's "horrific picture of immoral Britain today." "There is," he writes, "a general blurring of boundaries which established right and wrong which is leading to a rapid erosion of family life."

불쌍한 영국은 이번 주 악평에 비틀거리고 있다. 멋지고 지각 있는 우리의 수석재판관 레인 경은 케임브리지의 한 법정에서 영국이 음란비디오물만 보다가 밖에 나가 경찰에 협조하기를 거부하는 죄나 짓는 마약중독자와 마약밀매인의 나라가 되어버렸다는 말을 한 듯하다. 영국산업연맹(CBI) 회장인 테렌스 베켓 경은 알만도 한 사람이 은빛 바다에 아로새겨진 우리의 보석(귀중한 돌)을 "낡고 값만 비싼 것"이라고 했다. 버나드 레빈은 영국인에게는 열정이 없다고 말했다. 데일리 메일에 따르면 "저명한 사회평론가"인 크리스토퍼 부커는 레인 경의 "비도덕적인 현 영국의 소름끼치는 자화상"에 반색했다. "일반적으로 옳고 그름을 구별 짓는 경계가 흐려졌고 그로 인해 가정생활이 급속하게 붕괴되고 있다"고 그는 썼다.

역텍스트성

텍스트를 매개로 한 사회적 상호작용은 텍스트들이 한 공동체의 문화생활에서 서로 연관돼있음을 보증해준다. 관계는 설정되고 유지되어 신화와 이데올로기 같은 사회기호학적 구조를 영속시킨다. 그러나 이러한 '동화'(assimilating) 기능이 가능한 체계는 그 반대 기능, 즉 특정 개별 또는 일군의 텍스트들이 어떤 특정 방식으로 서로 관련돼 있다고 인식하는 것을 막는 기능도 가능하다(Lemke 1985 참조). 그리하여 정치가는 반대파의 이데올로기가 담긴 담화에서 한 요소를 빌어서 그것의 진짜 의미에서 이데올로기를 제거할 목적으로 사용하기도 한다. 이는 때로 말장난 같은 행위를 통해 이루어지기도 하는데, 그 예는 영국의 보수당이 '민중에게 권력을' 이라는 좌파의 슬로건을 가로챔으로써, 반대당의 이데올로기를 억누르려했던 경우에서 볼 수 있다.

번역가와 통역사는 이런 종류의 장치 뒤에 숨어있는 동기를 늘 알아차려야 한다. 그것은 상호텍스트적 지시의 중요한 측면이고, 그것의 작용방식으로 보아 역텍스트성(contratextuality)이라 부를 수 있을 것이다. 역텍스트성이라는 용어는 반대자의 담화(지칭어 terms of reference)를 화자와 저자가 자신의 목적을 위해 체계적으로 이용하는 모든 사례에 적용된다. 영국 노동당과 보수당의 저명인사들, 미국 내 친 산디니스타와 반 산디니스타 진영, 레바논의 기독교와 이슬람교 지도자들 등등은 모두 이런 방식으로 상대방의 담화를 '강탈'하려고 애쓴다.

요약하자면, 상호텍스트성 이론은 우리를 두 가지 상이한 방향으로 인도하는 듯하다. 한 방향에서는 선행 텍스트의 중요성을 강조하면서, 가령 문학 텍스트는 자율적인 개체가 아니라 의존적인 상호텍스트적 구성체로 간주되어야 한다고 주장한다. 다른 방향에서는 이해가능성의 전제조건으로서의 의사소통적 의도에 초점을 맞춤으로써, 상호텍스트성에서 선행 텍스트의 지위는 텍스트의 전개에 따라 진화하는 부호에 상호텍스트성이 기여하는 정도와 관련지어서만 파악될 수 있다고 말하는 듯하다.

우리가 보기에 '출처이자 영향'이라는 상호텍스트성 개념의 한계를 극복하는 것은 두 번째 방향이다. Coward & Ellis는 이 새로운 방향을 다음과 같이 제안한다.

> 상호텍스트성은 그리하여 한 작품이 특정 선행 텍스트들과 맺는 관계를 이르는 명칭이라기보다는 그 작품이 한 문화의 담화적 공간에 참여한 것, 즉 한 텍스트와 다양한 언어들 또는 한 문화의 의미화 관행들 간의 관계, 그리고 그 텍스트를 위해 그 문화의 가능성을 명료하게 밝히고 있는 그런 텍스트들과 그 텍스트가 맺는 관계를 지적한 말이다.

이 모든 문제는 어쨌든 이론적 원리와 무관하게 상호텍스트적 문제를 다룰 수 있는 번역가들에게는 친숙한 문제일 것이다. 그러나 개인적 해결책은 즉각적이거나 개인마다 특이한 경향이 있다. 다음 절에서 우리는 상호텍스트적 지시 문제를 해결하기 위한 더욱 체계적인 과정을 설명하고자 한다.

상호텍스트적 지시의 분석틀

상호텍스트적 지시를 분석하기 위한 단일화된 틀은 주로 상호텍스트적 지시를 살펴볼 수 있는 다수의 층위를 확인하는 기능을 하게 된다. 상호텍스트성을 다룰 한 가지 편리한 방법론적 장치는 단어, 구, 절, 그리고 절 연속체(예를 들어, Halliday가 정의한 대로)에서부터 올라가서 텍스트, 담화, 그리고 장르(이 책에서 제안한 응용기호학적 모형 안에 정의돼 있는 대로)의 층위에까지 이르는 계층이 될 것이다. 또한 제시된 기술적 분석틀 안에서 상호텍스트적 기호의 유형학을 개발하여 통합할 필요가 있다.

유형학

'해당 텍스트보다 앞섰고, 영감을 주었으며, 그것을 텍스트로 성립시킨 그러한 텍스트들(전텍스트들 pre-texts)과 해당 텍스트가 유지하는 관계'로 정의되는 상호텍스트성의 유형학은 문학 연구 내에서 궁리되었다. 상호텍스트는 다음 범주 가운데 한 가지에 해당한다(Sebeok(1986) p. 829을 보라).

1. 지시: 저자가 제목, 장 등을 표시하여 출처를 밝힐 때
2. 상투어: 과도한 사용으로 거의 무의미하게 된, 판에 박은 표현
3. 문학적 인유: 명작의 인용이나 지시
4. 자기 인용
5. 관습주의: 반복된 사용으로 출처가 없어진 생각
6. 속담: 관습적으로 기억할만한 격률
7. 명상: 텍스트의 효과에 대한 자신의 해석학적 경험을 말로 표현하기

그러나 이러한 범주들이 완전한 설명을 제공하는 것은 아니다. 그 범주들은 상호텍스트적 과정 자체보다는 그 과정 속 개별적인 요소에 집중한다. Lemke(1985)는 추가적인 일련의 준거에 근거하여 상호텍스트적 유형학의 문제를 다룬다. 한 공동체가 한 집단의 텍스트와 다른 집단의 텍스트 사이에 설정하는 관계는 여러 가지 방법으로 기술될 수 있다.

1. 그 관계는 (장르 소속을 기본 기준으로 하여) 장르적일 수 있다. 예: '위원회 회의' 장르에 대한 지시
2. 그 관계는 주제적 또는 화제적일 수 있다. 예: 히로시마 섬에 투하된 폭탄에 대한 지시
3. 그 관계는 구조적이어서 형태의 친근성을 보일 수 있다. 예: *레이거노믹스*와 같은 합성어
4. 마지막으로, 그 관계는 기능적이어서, 목표와 관련지어 유사성을 담당할 수 있다. 예: "미안하다"라고 말하는 방법

이러한 범주는 위에 나열된 범주와 함께 상호텍스트적 지시의 종합적인 분류체계를 제공한다. 그럼에도 불구하고 우리는 개별적인 사례가 아니라 오직 기호학적 상호작용을 통해서만 구체화될 수 있는 일련의 관계들에 대해 이야기하고 있다는 점을 명심해야 한다. 또한 전텍스트(즉, 출처)에서 주텍스트(host text)에 이르는 연쇄는 번역을 할 경우에 상호텍스트적 지시가 번역될 목표언어 주텍스트를 포함하는 데까지 연장해야 한다는 점도 잊지 말아야 한다. 상호텍스트적 연쇄는 그림 7.2에 나타나 있다.

전텍스트 → (인용됨) → SL 주텍스트 → (대체됨) → TL 주텍스트
↕
수용, 번안, 등

그림 7.2 상호텍스트적 연쇄

상호텍스트적 지시의 인지와 전이

위에서 지적한 바와 같이 상호텍스트성은 텍스트의 수용과 생산 양측 모

두의 측면이다. 독자와 저자는 텍스트 구성과 해체의 한 중요한 측면인 상호텍스트적 지시에 대해 고심한다. 이 마지막 절에서 우리는 번역의 과정에서 상호텍스트적 지시를 인지하고 전달하는 경로를 추적하고자 한다.

제일 먼저 번역가들은 우리가 이 절에서 **상호텍스트적 신호(intertextual signals)**라고 부르게 될 것을 만나게 된다. 이것은 상호텍스트적 탐색의 과정을 유발하여 기호학적 처리 행위를 가동시키는 텍스트 요소이다. 이 신호들의 한 가지 중요한 속성은 모두 텍스트 안에서 실체가 있는 요소라는 점이다. 그들은 그 자체로 상호텍스트적 지시를 구성하지는 않지만 지시에 대한 결정적인 힌트가 된다(텍스트 7B의 *57종*이 그 예다).

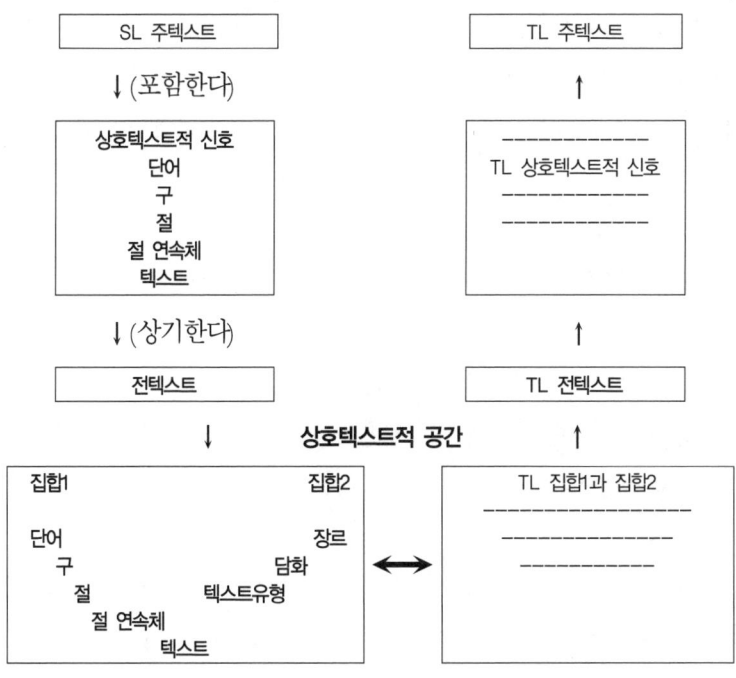

그림 7.3 ST에서 TT로 상호텍스트적 지시

상호텍스트적 신호를 확인하고 나서, 번역가는 특정 신호가 그 전텍스트 (pre-text)와 연결되는 다양한 경로, 또는 이런 경로는 양방향 체계이기 때문에 특정 전텍스트가 그 신호와 연결되는 경로를 계획하는 좀 더 중대한 작업에 착수한다. 전텍스트는 상호텍스트적 신호가 도출되는 출처로서 상호텍스트적 신호의 지시대상이거나 상호텍스트적 신호에 영감을 주는 것이다. 그림 7.3에서 우리는 여러 유형의 전텍스트를 확인한다. 집합1에는 단어, 구, 절, 그리고 절 연속체 등 실제 언어 체계의 요소들이 포함되어 있다. 집합2에는 텍스트, 담화, 장르 등 기호학적 체계의 단위들이 포함되어 있다(이런 현상에 대한 우리의 정의는 4장을 보라). 상호텍스트적 신호를 추적해 전텍스트까지 갈 때 지나게 되는 기호학적 영역이 우리가 상호텍스트적 공간이라고 했던 곳인데, 바로 여기서 텍스트 사용자는 상호텍스트적 지시의 기호학적 지위를 평가한다. 우리는 다음 질문에 대한 대답이 상호텍스트적 지시의 기호간 번역에 기초가 되리라 생각한다.

1. 의사소통적 처리에서 특정 지시의 정보적 지위(담화영역, 담화방식, 담화관계, 시간, 장소 등의 특징)는 무엇인가?
2. 해당 지시가 행위로서 가지는 의도적 지위는 무엇인가?
3. 지시가 다른 기호와 '상호작용하는' 기호로서 가지는 기호학적 지위는 무엇인가?

위의 세 가지 질문은 다르게 서술될 수도 있다. 질문1은 상호텍스트적 신호의 '형식'과 관련이 있고, 질문2는 신호의 '기능'과 관련이 있으며, 질문 3은 기호의 생산에서 한 신호의 다른 신호에 대한 우선순위를 평가한다.

그러나 번역가가 번역해야 하는 것은 형식인가, 내용인가, 아니면 둘 다인가, 그리고 그 둘을 어떤 비율로 번역해야 하는가에 대한 최종 결정이 영향을 미치는 곳은 바로 기호학적 구성체로서의 기호 실재이다.

다시 말하면, 기호를 다른 언어로 번역하는 행위에 있어 가장 중요한 목표는 그 기호의 어떤 측면을 보존해야 하고 어떤 측면을 버려야할지 평가하는 데 있다. 우선순위는 실제에서는 위에서 제시한 세 가지 질문 순서의 역순인 듯한 서열로 전개된다. 번역가의 첫 번째 책무는 기호학적 구성체인 상호텍스트적 지시에 대한 것이고, 그것은 정의상 의도성과 관계가 있다. 그렇다면 그 우선순위 목록의 맨 마지막 순서는 정보적, 외연적 지위가 될 것이다. 예를 들어, 텍스트 7E에서 셰익스피어의 인용 부분이 적절한 역사적 방언 등을 사용하여 번역이 되는지 여부보다는 저자의 의도성을 전달하는 일이 더 중요하다. 그리고 앞에서 주장했듯이 의도는 전반적인 상호작용 안에서만 적절히 인식될 수 있다.

그 과정은 해당 기호가 최종적이고 결정적인 절차, 즉, 특정 기호가 원천텍스트의 기호학에 기여하는 정도를 재평가하는 절차를 거치면 완료된다. 재평가에는 특정 장르, 담화, 또는 텍스트의 소속성과 관련지어 기호를 기술하는 일도 포함된다. 이런 소속의 가치는 가능한 한 보존되어야 하고, 할 수만 있다면 언어학적 체계 안의 한 항목으로서 지시가 가지는 기능적 지위, 즉, 그것이 전텍스트 그리고/또는 SL 주텍스트에서 단어, 구, 절, 또는 절 연속체인지까지도 보존되어야 한다. 요약하면, 상호텍스트적 지시를 번역하는 과정은 우리가 텍스트 7B를 가지고 예시하게 될 많은 절차에 의해 규제를 받는 듯하다.

텍스트 7B에서 등장하는 최초의 상호텍스트적 지시(그림 7.4의 지시 1)

. . . 그는 국무부에 국가의 적 57명이 암약하고 있다고 엄숙히 발표

한다 . . .

는 '아무 숫자나 읽으면서 국가의 적이 57명 있었다고 발표를 한다 . . .'
처럼 번역될 것이다. 그러나 뒤에 나오는 두 번째 상호텍스트적 지시(지
시2)

어쨌거나 57종이 있으니까

는 무엇이든 관습적으로 무작위적인 번호(불어로는 36, 아랍어로는 60
등)를 의미하는 방식에 따라 번역할 수 있다. 그 결정은 실제 번역에서는
원천 텍스트에서 57을 두 번 언급한 것 사이에 응집적 연결을 보존할 필
요에 의해 조절될 것이다.

　　이 예를 염두에 두고서 우리가 제안한 절차를 중요도 순서로 제시
하면 다음과 같다.

1. 기호학적 지위의 보존: '종류', '무작위성', '임기응변적 결정'이라
　는 기호
2. 의도성의 보존: 결정의 임기응변적 성격을 풍자하는 행위
3. 결속성을 유지하는 언어학적 장치의 보존(예: 지시1 ↔ 지시2)
4. 가능할 경우, 정보적 지위의 보존: 특정 숫자의 산술적 정보
5. 가능할 경우, 언어외적 지위의 보존: '광고' 장르

텍스트 7B의 지시1과 지시2에 대한 해결책을 도식적으로 표현하면 다음

과 같다. 그림 7.4에서 숫자는 위의 절차를 지칭하며, 체크 표시는 특정 지시사항이 준수될 수 있음을 표시한다.

절차 1, 2, 3은 어떤 상호텍스트적 지시를 번역할 때도 기본이 됨을 주목할 필요가 있다. 또한 흥미로운 점은 위에서 약술한 두 가지 해결책이 동일하지는 않지만 번역가는 지시1과 2에서 '지역적인'(local) 상호텍스트적 효과를 보존했을 뿐 아니라 텍스트 내 '전역적인'(global) 결속성 또한 견지했을 것이라는 사실이다. 57종에 대한 두 번째 언급이 첫 번째 언급을 전텍스트로 사용한 것과 동일한 방식으로, 목표텍스트는 가령 60과 *임의적인* 숫자 사이에 간접적이나마 연계성을 유지할 수 있다. 상당수 TL 공동체에서 게첩 병의 시각적 의미는 문화에 의존해 환기되는 다른 것들과 함께 사라질 수밖에 없다. 그러나 번역가능성의 범위 안에서 기호학적 지위, 의도성과 결속성은 보존되었다.

	지시1	지시2
(1)	√	√
(2)	√	√
(3)	√	√
(4)	√	X
(5)	X	X

그림 7.4 텍스트 7B에서 상호텍스트적 지시의 번역

요약

이 장의 목적은 기호학이 실제 적용되는 경우를 살펴보는 것이었다. 상호텍스트성 개념은 그간 종종 다른 텍스트의 단순한 '인유'와 동일시되기도 했는데, 충분히 논의가 된 지금은 모든 텍스트의 필수 조건으로 이해된다. 텍스트의 사용자로서 우리는 동일 언어 안에서나 다른 언어 사이에서 하나의 텍스트와 다른 텍스트 간에 일어나는 상호작용뿐 아니라 하나의 의미화체계와 다른 의미화체계 사이에서 일어나는 상호작용을 인지하고 거기에 참여한다. 상호텍스트적 지시의 요점은 주텍스트에 기여하는 정도와 관련지어 그 지시를 분석하는 일이다. 출처에서 주텍스트로 이동하는 과정에서 상호텍스트적 기호는 의미화 부호에 있어 상당한 변형을 겪는다. 하인즈 '종류'는 정치에서의 '임기응변적 결정'으로 바뀌고, 셰익스피어에서의 '애국심'은 John Mortimer에서 '아이러니'가 된다.

결론적으로 말하면 어떤 상호텍스트적 지시도 정보적 의도만 강조하여 다른 언어로 번역될 수 없다. 사실 보통은 의도성이 정보 내용보다 중요한데, 그것은 의도성이 특정 지시를 일반 기호학적으로 기술하는 데 기반이 되기 때문이다. 결국 실제로 옮겨지는 것은 기호인데, 기호와 함께 기호학적 경계선을 넘어오면서 그 기호의 전체 담화 역사뿐 아니라 도중에 얻은 새로운 기호적 가치도 따라 온다. 번역가가 의도성에 우선순위를 둘 때 그 번역가는 또한 상이한 집단의 텍스트 사용자가 상이한 지식과 신념 체계를 텍스트 처리과정에 도입한다는 사실에 비추어 번역 내용을 조절할 것이다. 이런 것들이 번역가의 결정 뒤에 숨어있는 사안들이다.

8.

번역가의 초점으로서의 텍스트 유형

지금까지 텍스트의 유형학을 수립하려는 시도가 여러 번 있었다. 이에는 번역가들의 결정의 토대를 이루는데 이용되었던 몇몇 시도도 포함된다 (예: Reiss 1976). 하지만 모든 시도는 동일한 문제들에 부딪힌다. 텍스트를 '담화영역' 등과 같은 기준으로만 분류하면 '저널리즘적인', '종교적인' 혹은 '과학적인' 텍스트 유형의 예들에서처럼 주제의 진술에 지나지 않는다. 이런 방식으로 정의된 텍스트 유형은 언어사용역과 마찬가지로 너무 광범위하여 예측적 가치를 전혀 갖지 못한다. 하지만 기술(記述)의 초점을 좁히려고 한다면 실제 텍스트의 수만큼이나 많은 텍스트 유형이 생겨날 우려가 있다.

텍스트 '기능'이라는 지나치게 일반화된 개념에 바탕을 둔 또 다른 접근을 따르면 '문학적', '시적', '교훈적' 텍스트와과 같은 텍스트 유형의 결과가 나온다. 이 또한 범주가 너무 광범위하여 문학텍스트가 교훈적이기도 하고 혹은 교훈적인 텍스트가 문학적이기도 할 가능성이 용납되지 않는다. 현실적으로 너무나 많은 변수들이 작용하고 있기 때문에 모든 것을 포괄하는 범주가 유용하지가 않다. 문제는, 아무리 유형학이 수립된다 하더라도 실제 텍스트는 모두 복수의 유형 자질을 드러낼 것이라는 점이다. 이러한 다기능성(multifunctionality)은 예외적이 아니라 일반적이므로 유용한 텍스트 유형학이라면 이와 같은 다양성을 수용할 수 있어야 할 것이다.

텍스트의 다기능성을 설명하기 위해 필요한 것은 이전의 장들에서 발전시키려 했었던 것과 같은 포괄적인 맥락 모델이다. 이러한 모델의 가장 중요한 특징은 이것이 의사소통적, 화용론적, 기호학적인 가치들을 함께 고려함으로써 텍스트의 전개와 의사소통이 일어나는 방식에서 그 가치들의 중요성을 보여준다는 것이다.

따라서 번역가의 관점에서 텍스트 유형을 바라보면서, 우리는 맥락이 특정 텍스트의 초점을 결정하는 방식을 조사하고자 한다. 그런 다음 이러한 맥락적 초점이 텍스트의 의사소통적 계획에서 어떤 방식으로 실현되는지를 살펴볼 것이다. 텍스트의 혼성적 본질이 이러한 종류의 기술에 적합한 것으로 드러나고 있다. 텍스트 초점의 전환은 동기화되어 있으며, 우리의 유형학은 전체적인 담화 계획 안에서 그와 같은 변동을 감안하게 될 것이다.

상호작용적인 텍스트 행위

5장에서는 화용론적 분석이라는 새로운 초점이 실제적인 언어 사용의 맥락과 관계가 있으며 사용자들의 의도를 반영하고 있음을 보았다. 이러한

것들은 특정 담화와 장르에 대해 하나의 텍스트가 적절해지는 전제조건
이다. Ferrara(1985: 140)는 텍스트 화용론의 궁극적인 목적을 전체적인
화행의 연속체가

> 텍스트의 구조에 대한 상위층의 기대를 바탕으로 어떻게 평가되며,
> 그것들이 자체적인 결속성을 갖춘 미시텍스트로서 더 큰 텍스트의
> 전체적인 결속성에 어떻게 공헌하고 있는지를 연구하는 것

이라고 정의한다. 그렇다면 텍스트는 서로 관련 있는 의도들이 결합하는
것으로 이해할 수 있다. 하지만 6장에서 논의했듯이 이러한 의도들의 관
련성을 이해한다는 것은 이 의도들의 기호로서의 지위와 이 기호들이 상
호작용하는 방식을 인식하는 것과 관련된다. 앞에서 인용된 보기들은 단
어와 문장 혹은 텍스트 차원에서 작용하는 이러한 현상을 잘 드러내는
예들이다.

> *4%*는 '겨우 4%'라는 의도로 (텍스트 4A p. 94),

> *저는 관심있게 읽었습니다*는 '저는 인정하지 않습니다'라는 의도로
> (텍스트 6C p. 172),

> John Mortimer의 '주간 화제 논평'은 '인용문에 대한 비난'의 의도로
> (텍스트 7F p. 200)

사용되었다. 상기 예들에서 실제 의도가 이러한 의도로 인식되는 것은

특정한 상호작용 속에서 다른 기호들과 관련 있는 기호로서의 발화의 지위 때문이다.

우리가 여기서 제안하고 있는 관점은 텍스트 행위의 개념과 양립하고 있다(5장을 보라). 하나의 의도 집합이 다른 의도 집합과 갖게 되는 관련성은 그 의도들을 전체 **텍스트 전략(textual strategy)**에 관련시킴으로써 확립된다. 따라서 상호 작용의 특정 시점마다 화용론적 초점이 확인된다. 초점은 상호 관련 있는 의도들의 집합을 포괄하며 현재 전개되고 있는 텍스트의 유형을 결정할 것이다. 이것이 우리가 **텍스트 유형**이라고 부르는 것, 즉 전체적인 수사학적 목적에 기여하는 의사소통적 의도들과 관련하여 텍스트를 분류할 수 있도록 해주는 개념 틀의 기초다.

예를 들면, 우리는 텍스트 6D(p. 172)를 '캐나다 프로그램'에 대한 진심어린 공감으로 설명했다.

I read with interest . . . Canadian handpumps
저는 . . . 캐나다 수동펌프를 관심 있게 읽었습니다.

그렇다면 전체적인 수사학적 목적에 기여하는 상호 관련 있는 의도들의 집합이란 무엇인가? 우리는 적어도 4가지를 구별해낼 수 있다.

1. 독자들의 관심 끌기
2. 주제 밝히기
3. 사업에 대한 지지 표명하기
4. 주장을 통해 정당화하기

이러한 의도들이 누적되어 하나의 전체 목적을 가리키는 기호의 역할을 한다. 텍스트 6C의 서두인 *I read with interest*와 비슷한 어구인데도 수사학적 목적의 진술로서 두 텍스트는 분명한 대조를 보인다. 실용적인 목적으로 우리는 수사학적 목적들의 유한집합(예: 서술)을 상정할 수 있는데, 이들은 나중에 우리가 텍스트 유형학으로 제안할 것이다.

담화와 장르에 관련된 텍스트

텍스트와 담화, 장르들 사이의 구분은 4장에서 번역과정에 가해지는 다양한 기호학적 제약과 관련하여 논의되었다. 장르는 사회적인 어떤 일에 적합한 것으로 우리가 인식하는 자질들의 집합이라는 의미로 이해된다. 하지만 어휘, 문법 등의 요소들과 특정 장르와 연관된 사회적인 행사 사이에 단순히 일 대 일 관계가 있다고 가정해서는 안 된다. 우리가 '변형시'(found poems)(Porter 1972)라고 알고 있는 것을 통해, 특정 텍스트의 장르에 속한다는 것이 궁극적으로는 사용자 의도의 기능이라는 것을 확인할 수 있다. 예를 들어 텍스트 8A에서 지각되는 의미는 그 텍스트의 의도가 식탁 위에 남겨 둘 메모냐 혹은 시(詩)냐에 따라 상당히 달라진다.

● 텍스트 8A

This Is Just To Say
I have eaten
the plums
that were in
the icebox
and which

you were probably

saving

for breakfast

Forgive me

they were delicious

so sweet

and so cold

<그냥 이 말만>

자두는

내가 먹어버렸어

냉장고에 있던

것 말이야

아마 당신이

아침식사 때

내놓으려고

남겨둔 것일 텐데

용서해 줘요

정말 맛있었어

얼마나 달고

얼마나 시원하던지

(William Carlos Williams 1938)

번역가들은 이러한 다기능성을 알고 있으므로 번역에서 텍스트 8A의 장
르적 양가성을 보존하고자 할 것이다. 따라서 목표언어 독자들은 시인의
의도에 접근하는 것이 가능해진다.

사회적 행사의 관습들이 장르 결정의 요체인 반면, 우리는 담화가
태도 표현의 문제라고 제안했었다. 담화는 특정 사회·문화 활동 분야에

서 참여자들로 하여금 특정한 입장을 채택하게 만드는 말하기와 쓰기의 양식으로서, 인종담화, 과학담화, 가정담화 등이 있다. 따라서 담화는 언어의 영향을 받는 것이긴 해도 비언어적 현상들을 반영한다. 본장(本章)의 후반부에서 논의하겠지만 이념과 권력에 대한 연구에서 특정 통사자질과 (훨씬 더 빈번하게는) 의미자질들이 특정 담화와 상호 연계되어 있음을 보았다. 영국 정치가 Enoch Powell의 연설에서 발췌한 텍스트 8B를 번역할 때, 우리가 만약 이탤릭체의 표현들이 전달하는 특정 담화가치를 고려하지 않는다면 등가의 달성에 심각한 영향을 받게 될 것이다.

● 텍스트 8B

Let us take as our starting point the calculation of the General Register Office that by 1985 there would be in this country 3½ million *coloured immigrants* and *their offspring* — in other words that the present number would have increased between two and three-fold in the next seventeen years — on two assumptions, current *rate of intake* and current *birthrate*.

1985년경이면 이 나라에 *유색이민자*와 *그들의 자식*들이 3백 5십만 명에 육박할 것이라는 주민등록청 통계를 살펴봅시다. 즉 현재의 유입률과 *출생률*이라는 이 두 가지 가정 하에 현재의 수치는 향후 17년간 두세 배 정도 늘어나 있을 것입니다.

(Enoch Powell, Sykes 1985에서 인용; 이탤릭체는 저자가 추가한 것)

인종차별적 성격을 띤 이 담화 예는 아래 텍스트 8C의 이탤릭체로 된 어휘들과 비교해 볼 수 있다. 텍스트 8C는 장르의 소속(정치 연설이 아니라 유엔이 후원하는 회의의 실천프로그램 초안 문구에 대한 영국 대표단의 유보적 입장 표명)이라는 측면과 그것의 담화 가치라는 측면에서 텍스트 8B와 다르다.

● 텍스트 8C

United Kingdom legislation seeks to ensure that *overseas workers* in the United Kingdom enjoy the same treatment in all appropriate fields as British nationals. This is, however, subject to certain limitations such as any sovereign State has the right to impose. The United Kingdom Government cannot recognize *family reunion* as a fundamental right, owing to considerations of public policy and national security . . .

영국의 입법은 영국 내의 *해외* 근로자들이 인정되는 모든 분야에서 영국 시민권자들과 동등한 대우를 확실히 누릴 수 있게 하고 있습니다. 하지만 이는 모든 주권국이 갖고 있는 강제권과 마찬가지로 일정한 제약을 받습니다. 영국 정부는 공공정책과 국가보안을 고려하여 *가족의 재결합을* 기본권으로 인정할 수 없습니다.

Sykes(1985)는 텍스트 8B에서 특정 어휘의 선택이 가져온 비인간화의 효과를 포착하고 있다. Powell이 '자녀들'(children)이나 '해외근로자'(overseas workers) 등과 같은 단어들 대신 *자식(offspring), 이민자(immigrant)* 등과 같은 어휘를 체계적으로 선택함으로써 언급된 단어들에 대한 비하의 효과가 나타난다. 이 담화는 차별적이다. 반대로 텍스트 8C의 담화는 이 텍스트에

> 그들이 언급하는 인간 대상에 일반적인 범위의 인간 속성이 분명히 있다는 것을 상당히 체계적으로 부인하는 어휘나 동사의 형태

가 전혀 포함되어 있지 않다는 점에서 '비차별적'(Sykes의 정의 1985: 100) 이라고 말할 수 있다.

따라서 장르와 담화는 사회적 행사와 그 행사에 대한 태도를 각각

반영한다. 여기서 사회적 행사란 언어를 어떻게 사용하느냐를 포함하는 것으로 이해되는데, 예를 들면, 편집자에게 편지를 쓴다고 할 경우, 구직의 목적으로 쓸 때와 개인적인 사유로 쓸 때 사용하는 언어의 방식이 될 것이다. 한편 태도와 관련된 의미는 언어를 사용하는 행위의 사회적 의미를 강조한다. 이를테면, 특정 사안에 대한 '반대자'로서 언론에 편지를 쓰는 경우가 될 것이다. 마침내 우리는 텍스트가 하나의 수사학적 목적(rhetorical purpose)에서 다른 수사학적 목적으로의 전환을 암시하는 담화 내에서의 구분임을 알 수 있다. 여기서 수사학적 목적이란 이미 언급되었던 상호 관련 있는 일련의 의사소통적 의도의 집합이라는 의미로 이해된다.

텍스트 8D를 텍스트와 담화, 장르 사이의 상관성, 그리고 이 상관성이 번역에 미치는 영향이라는 측면에서 고려해 보자.

- 텍스트 8D

The influence of culture

[ABSTRACT]

A society's attitudes to health and disease are closely bound up with its culture. However, this culture is rarely static and can usually accommodate new ideas if they do not appear to threaten it. Whatever changes health workers introduce, they should always harmonize their activities with the culture in which they find themselves.

건강과 질병에 대한 사회의 태도는 그 사회의 문화와 밀접한 관계가 있다. 하지만 이러한 문화는 항상 변하며, 새롭게 나타난 개념이 해당 문화에 위협적일 것 같지 않으면 대개는 수용이 가능하다. 의료 관계 종사자들은 자신들이 도입하는 변화가 무엇이든 자신들의 활동이 언제나 소속 문화와 조화될 수 있도록 해야 한다.　　　(『세계 건강 포럼』 5권 1984)

텍스트 8D의 번역가들은 텍스트가 드러내는 것과 관련한 사회적 현실을
맨 먼저 인식해야만 한다. 이것을 그림으로 나타내자면 아마 아래의 그
림 8.1이 될 것이다.

문제: 보건 종사자들은 전통적인 사회에 변화를 도입할 수 있는가?

찬성: 문화는 항상 변한다.

반대: 시골지역의 특정한 문화적 환경에서 오랜 세월 끈질기게 지속
되는 의료 관행은 극복할 수 없는 장애다.

그림 8.1 텍스트 8D의 사회적 맥락

이와 같은 특정 문제는 사설이나 과학 논문 혹은 정치 연설 등 수많은
장르 중 어디에나 나타날 수 있다. 하지만 선택가능성이 완전히 열려 있
는 것은 아니다(Martin 1985를 보라). 일부 장르에서 어떤 사안의 논증 상
'신념'이 필요하다고 한다면 다른 장르에서는 '공평성'이 요구된다. 예를
들면 '초록'이라는 장르는 일반적으로 '중립성'의 유지가 필요하다. 이것
은 장르의 형식과 내용의 배열에서 분명히 볼 수 있다. 그러므로 초록의
담화와 텍스트는 장르의 의미 전달을 보장하는 일종의 '객관성'의 원칙을
고수하게 된다. 이는 담화 태도가 어떻게 옮겨지고 텍스트가 어떻게 구
성되는지 봄으로써 설명이 가능하다.

텍스트 8D의 담화영역 안에는 '반대' 측의 *closely*와 *bound up*이라는
어휘와 '찬성' 측의 *rarely static*과 *accommodate*라는 어휘가 있다. 양측은 서로
맞서다가 결말 즈음 '조정' 담화를 통해 그 대립은 풀린다. 이러한 몇 가
지 담화 가닥은 텍스트에 의해 일관성 있는 완전체로 조직이 되는데, 이
것이 단일한 수사학적 목적에 기여하게 된다. 제시된 문제와 찬반 주장

은 실제로는 중립적 설명이지만 반론으로 보이는 형식으로 합쳐진다. 나중에 논의하겠지만 이 텍스트가 진짜 반론이었다면, 텍스트가 결론에 도달하기 전 반론이 전개되고 입증될 거라고 예상했을 것이다.

초록에서 *however, culture is rarely static*으로 표현된 견해는 거의 검토되지 않으며, 독자는 바로 결론으로 넘어간다. 이는 주장하는 사실들을 있는 그대로 제시하는 초록작업과 일치한다. 찬성이든 반대든 한 쪽에 열렬히 호소하는 것은 전체 효과를 손상시키게 될 것인데, 만약 언급한 논제를 입증할 예정이었다면 이는 필수불가결한 요소였을 것이다. 상기해 보자면, 텍스트 4J$_1$(p. 123)의 초록은 장르와 담화 규범을 위반하여 텍스트의 일관적인 진행에 반대로 작용했다는 부분적 이유 때문에 비결속적임이 증명되었다. 텍스트 8D는 장르와 담화 및 텍스트의 표준을 유지한다는 점에서 전형적인 초록이다. 기호학적 관점에서 장르, 담화 그리고 텍스트의 고려사항들은 우리에게 의사소통과정에 대하여 분명하고도 상호보완적인 시각을 제공한다. 향후 전개되는 논의에서 우리는 바로 이들 중 하나에 해당하는, 번역 단위로서의 텍스트라는 것에 초점을 맞출 것이다.

텍스트성의 기준

상호텍스트성처럼 텍스트성을 정의하는 요인들 외에 여타 많은 원칙들이 의사소통적 행위를 규제한다. Beaugrande & Dressler(1981: 11)는 이러한 원칙들을 '효율성, 효과성, 적합성'으로 정의한다. 초록으로서 텍스트 8D가 만약 특정 논제에 대한 열띤 찬반 주장에 독자를 끌어들였다면 효율적이지 않았을 것이다. 이렇게 되면 이러한 유형의 텍스트에 요구되는 것보다 더 많은 처리 노력이 필요했을 것이기 때문이다. 마찬가지로 텍스트 8D 역시 수사학적 목적의 인식을 위한 유리한 조건을 만들어내는 분명한 수단-목표 분석이 없었더라면 효과적이지 못했을 것이다. 마지막으로 문제의 텍스트가 별개의 초록이 아니라 논쟁의 일부 역할을 하려했었다면 적합하지 못했을 것인데, 이유는 텍스트가 너무 객관적이었을 것이기 때문이다.

수사학적 목적

텍스트 8D가 효율적이고 효과적이며 적합한가 하는 것에 대한 판단은 비슷한 유형의 텍스트를 다루어 보았던 우리의 경험에 의해 결정된다. 이와 같은 발견적 절차는 우리가 수사학적 목적이라고 불렀던 것을 확인시켜 주는데, 이것은 모든 텍스트가 갖고 있는 전형적 특징이다. 예를 들면 텍스트 8D는 원래 '독자를 설득시키가'라는 포괄적 목적을 지닌 주장의 요약 글이다. 하지만 요약이 텍스트의 구조인 반면 '설득'과 같은 행위는 본질적으로 담화적이다. 설득이 목표일 수 있지만 그 목표를 달성하기 위해서는 경우에 따라 다양한 수사학적 목적이 사용될 것이다. 즉 서술, 기술 혹은 반론 등의 방법으로 설득할 수 있다. 말하자면 신문 기사에서 전체적인 주장은 연속적인 수사학적 목적에 의해 실현되는데, 각수사학적 목적은 우리가 '텍스트'라고 이름 붙이게 될 단위에서 완성된다. Kress(1985: 12)가 지적하듯이,

> 모든 텍스트는 특정한 문제적 . . . 로부터 생겨난다. [텍스트들은] 특정 문제들을 해결하기 위한 시도의 장이다.
>
> (이탤릭체는 저자가 추가한 것)

'특정한 문제의 존재는 결과적으로 수사학적 목적을 확인하기 위한 전제

조건이다. 이러한 목적을 유지하는 것은 Halliday & Hasan(1976: 1)이 모든 텍스트의 속성으로 정의하는 것, 즉 '통일된 전체'(a unified whole)를 이루는 속성을 보장한다. 하지만 수사학적 목적, 혹은 텍스트'다움'의 특질은 연속적으로 나열한 언어에 내재되어 있는 무엇이 아니라, 복잡한 맥락적 요인들의 집합을 고려하여 우리가 텍스트에 배정한 하나의 자질이라는 것을 상기해야 한다.

지배적 맥락 초점

따라서 수사학적 목적은 텍스트 맥락 속에서 찾아진다. 특히 Werlich (1976: 19)는 자신이 지배적 맥락 초점(dominant textual focus)이라고 칭하는 것에 텍스트 유형학의 토대를 둔다.

> 텍스트는 의사소통 상황에서 맥락적 요인들과 뚜렷한 상관관계를 갖는다. 텍스트는 전통적으로, 수신자의 관심을 요인들의 전체집합 중에서 오직 특정 요인들과 상황에만 집중시킨다. 따라서 텍스트는 *지배적 맥락 초점*을 기준으로 하여 그룹별로 묶여 개괄적으로 분류될 수 있다.

이러한 개념의 유용성은 이것이 다기능적인 텍스트에 내재하는 일부 문제들을 해결하는데 도움이 된다는 점에 있다. 때때로 텍스트가 너무 불분명하여 뚜렷한 유형학을 내놓지 못하거나 어떤 텍스트에서는 둘 이상의 목적이 항상 수행되고 있다는 주장이 제기되기도 한다. 하지만 비록 다기능성을 텍스트의 중요한 자질로 인정한다 하더라도 우리는 특정 텍스트에서 지배적인 수사학적 목적은 한 번에 하나만 제공될 수 있다고 제안한다. 이것이 텍스트의 지배적 맥락 초점이다. 다른 목적들도 물론 나타날 수 있지만 그것들은 사실상 텍스트의 전체적인 기능 면에서 부차적이다.

예를 들어, 뉴스 보도 안에서 지배적인 초점은 항상 중계되고 있는 사건들의 발생 순서에 집중될 것이다. 그럼에도 불구하고 평가적인 요소가 어느 정도는 필연적으로 들어가게 된다. 이 평가적인 요소는 서술이 논증으로 빠지지 않으려면 부차적인 상태로 있어야 한다. 반대로 논증에 서술의 요소가 포함될 수도 있고, 또 종종 포함되기도 한다(Neubert 1985의 예를 보라). 하지만 우리가 이러한 요소들을 부차적인 것으로 고려한다고 해서 이러한 요소들의 중요성을 낮게 평가하려는 것은 아니다. 사실 번역가는 어떤 경우 텍스트의 '공식적' 기능이 조작되는 방식에 특별한 주의를 기울여야만 할지도 모른다.

텍스트의 혼성 본질

그렇다면 텍스트는 본질적으로 가변적인 단위들로, 텍스트 목적은 특정 목적이나 맥락 초점의 '지배'와 관련지어서만 파악될 수 있을 것이다. Beaugrande & Dressler(1981: 184)는 다음과 같이 지적한다.

전통적으로 확립된 일부 텍스트 유형들은 기능적인 기준, 즉 텍스트가 인간의 상호작용에 기여하는 바에 따라 정의될 수 있다. 우리는 적어도 몇 가지 지배는 확인할 수 있겠지만 상상 가능한 모든 표본의 엄격한 유형화는 얻지 못하고 . . . 많은 텍스트에서 우리는 기술(記述)적이거나 서술적 혹은 논증적 기능이 혼합되어 있음을 발견할 것이다.

여기서 언급되는 혼성은 아주 간단한 종류다. 즉 식별 가능한 지배적 초점은 항상 드러나는 반면 다른 목적들은 부차적인 상태로 있는 것이다. 하지만 혼성의 유형이 있는데 이것이 더욱 문제다. 이것을 우리는 '상호 텍스트적' 혼성이라고 이름붙일 수 있다. 하나의 텍스트가 미묘하면서 복잡하게 다른 유형으로 전환되어, 원래의 유형 속성 가운데 적어도 몇 가지는 완전히 잃지 않은 채 다른 목적을 달성하는 때가 이 경우다. 물론 한 유형에서 다른 유형으로의 전환이 그다지 급격하지 않은 경우들이 있다. 이들은 경계선상에 있는 것처럼 보일 수 있으나 혼성화의 과정은 아마 연속체일 것이다. 이 연속체의 개념은 텍스트 $8E_1$과 $8E_2$에서 설명되는데, 두 텍스트는 모두 스위스 출생 프랑스 작가인 장 자크 루소에 관한 것이다.

● 텍스트 $8E_1$

J-J Rousseau was the revolutionary, the impertinent who, for the first time, directly and effectively challenged the accepted rationalist view held by the enlightened century in which he lived. He made a real breach in that long tradition of reasonableness which, building up in North Italy before 1600, dominated the French and English academies in the seventeenth century and was carried on actively by Voltaire and the Encyclopedists in the eighteenth century . . .

장 자크 루소는 자신이 살고 있는 계몽주의 시대가 널리 수용하고 있었던 합리주의 관점에 대해 처음으로 직접적이며 효과적으로 도전했던 과격한 인물이자 무례한 인물이었다. 그는 1600년 이전 북부 이탈리아에서 확립되어 17세기 프랑스와 영국 학계를 지배했고 18세기 볼테르와 백과사전파에 의해 활발하게 영위되었던 합리적 사고의 오랜 전통을 실질적으로 깨고 나왔다. . . (Bronowski and Mazlish, 『서양의 지적 전통』)

● 텍스트 8E₂

J-J Rousseau was one of the greatest of the European thinkers of the 18th Century whose writings inspired the leaders of the French Revolution and influenced what became known as the Romantic generation. As a philosopher, he tried to achieve a synthesis between Christianity and the Rationalist and Materialist thought of his time . . . In politics, his theory of 'social contract' went beyond both the economic liberalism of English thinkers and the Positivist attitude of Montesquieu . . .

장 자크 루소는 18세기의 가장 위대한 유럽 사상가 중 한 사람으로서 그의 저술은 프랑스 혁명 지도자들을 고취시켰고 낭만주의 세대로 알려진 사람들에게 영향을 미쳤다. 철학자로서 그는 당시의 기독교와 이성주의자 및 유물론자 사이의 통합을 달성하려고 했다. . . 정치에서, 그의 '사회 계약' 이론은 영국 사상가들의 경제적 자유주의와 몽테스키외의 실증주의적 태도를 뛰어넘었다. . .　　　　　　　(『브리태니카 백과사전』 1974)

'설명'이라는 필수적인 속성이 두 텍스트 모두에서 분명하다. 각 텍스트의 첫 문장에서 그것이 나타난다. 하지만 각 문장은 뒤의 문장에서 반응하게 되는 상이한 수사학적 목적을 제시한다. 텍스트 8E₁에서 초점은 *the revolutionary*와 *the impertinent*로서, 이들은 이후의 텍스트에서 평가적인 요소를 유발한다. 한편 텍스트 8E₂에서 후속 텍스트는 '위대함'의 다양한 측면들이 나열될 것이라는 기대를 만들어내는 '위대한 사상가'의 개념을 자세하게 밝히고 있다.

　　텍스트 8E₂의 분류에는 지배적인 맥락 초점이 분명하게 드러나고 있다는 점에서 문제가 없다. 하지만 8E₁는 혼성적이다. 어떤 면에서 8E₁은 8E₂와 피상적으로 닮아 있는데, 그 점에서는 루소가 어떤 사람이었고 어떤 업적이 있었는지를 말하는 수백 가지 전기적 특징들이 나온다. 반면 루소를 어떻게 나타낼 것인가의 (어휘) 선택에서 이미 평가가 나타난다. 루소는 *greatest thinker* 라기 보다는 *the revolutionary, the impertinent*이며, 이들은 지배 초점이 사실 평가적이라 할 수 있는 후속 텍스트의 감정적인 성격을 보강해 주는 개념들이다. 전기 작가 혹은 부고 작성자들은 사안의 사실 뿐만 아니라 전기 혹은 부고의 대상에 대한 자신들의 신념을 지탱하려는 욕심 때문에 사실적인 기술과 감정을 자극하는 편파적 견해 사이를 넘나든다. 지배 초점은 작가가 자신의 주제에 대해 보여주는 신념의 정도에 의존한다.

번역가와 편집자들은 텍스트 $8E_1$의 다른 부차적 목적뿐만 아니라 지배적 맥락 초점을 반영하려 하면서

X = (1) a philosopher

(2) an educationist

에 상반되는

X = *the revolutionary, the impertinent*

라는 기호적 가치를 인식할 것이다. 우선 $8E_1$의 번역자에게 정관사 혹은 접속사 'and'의 문제라는 것은 훨씬 폭넓은 의미를 지닌다. 중요한 태도의 가치가 내포되어 있는 것이다. 흔히 그렇듯 여기서 번역의 현실적 문제가 기존의 언어기술모델을 시험하는 문제들을 드러내고 있다. 기술의 범주들은 이러한 혼성의 실제 문제들을 수용할 수 있을 정도로 충분히 유동적일 필요가 있다.

따라서 혼성은 엄연한 사실이며, 혼성이 실재한다는 바로 그 사실 때문에 우리가 텍스트를 인식 가능한 유형에 귀속되는 것으로 지각한다는 생각이 신빙성을 얻게 된다. 혼성 형식의 식별 과정에서 우리는 하나의 규범(즉, 순수 형식)을 상정하고 있는데, 이 규범과 대비하여 맥락 초

점의 전환(즉, 혼성 형식)이 연구될 수도 있을 것이다. 텍스트 생산은 이음새 없이 이루어지는 것이 아니다.

텍스트 유형 초점

지금까지 수사학적 목적과 맥락 초점이라고 지칭해왔던 것은 이제 텍스트 유형 초점(text-type focus)이라는 하나의 용어로 합쳐질 수 있다. 이용어는 텍스트를 한 유형의 토큰으로 정의하는 수단을 의미한다. 이 용어는 텍스트를 맥락과 연관 지을 때 수반되는 의사소통적, 화용론적, 기호학적인 과정들의 집합을 포함한다. 텍스트 유형학의 기저를 이루는 기본 가정은

> 사회적 의사소통에서 텍스트는 항상 사회적으로 인식되는 텍스트 유형들의 표명으로 나타난다. (Schmidt 1977: 54)

이것들과 기타 관련된 문제들을 설명하기 위해 텍스트 유형 초점을 잘못 판단하여 생긴 의사소통의 실패 사례를 분석해 보자. 『타임즈』지(紙)의 사설에서 발췌한 텍스트 8F$_1$을 대학원 과정의 수습 통역사 그룹에 직독 직해 과제로 내줘보았다. 이 사례 연구의 결과는 후속 논의에서 제시된다.

● 텍스트 8F$_1$

The Cohesion of OPEC

. . .

Tomorrow's meeting of OPEC is a different affair. Certainly, it is formally about prices and about Saudi Arabia's determination to keep them down. Certainly, it will also have immediate implications for the price of petrol, especially for Britain which recently lowered its price of North Sea Oil and may now have to raise it again. But this meeting, called at short notice, and confirmed only after the most intensive round of preliminary discussions between the parties concerned, is not primarily about selling arrangements between producer and consumer. It is primarily about the future cohesion of the organization itself.

OPEC의 화합

. . .

OPEC의 내일 회의는 다른 문제다. 이는 물론 공식적으로는 유가와 유가 억제에 대한 사우디아라비아의 결정에 관한 것이다. 물론 이 회의는 유가에, 특히 최근 북해산 원유의 가격을 내렸으나 이제 다시 인상해야만 할지도 모르는 영국에 즉각적인 영향을 미칠 것이다. 하지만 갑작스러운 통보로 소집되었고 당사국들 간 매우 집중적인 예비 토론을 마친 후에야 확정된 이번 회의의 주목적은 생산자와 소비자 사이의 판매 관련 합의사항에 관한 것이 아니다. 이 회의는 1차적으로 향후 OPEC 조직의 자체적인 화합에 관한 것이다.   (『타임즈』)

이 연습과제에서 12명의 수습 통역사들 대다수가 텍스트 유형 초점을 잘못 제시했다는 점에서 결함 있는 번역을 했다. 결과물은 OPEC 회합의 1차적 목적을 유가에 대한 것으로 진술한, 심각한 결함을 지닌 번역이었다. 텍스트 8F$_1$은 오역 중 하나를 아랍어에서 역 번역한 것이다.

• 텍스트 8F$_2$

Tomorrow's meeting of OPEC is a different affair. It will undoubtedly be about prices and about Saudi Arabia's determination to keep them down. Undoubtedly, it will also have immediate implications for Britain . . .

OPEC의 내일 회의는 다른 사안이다. 이 회의는 분명히 유가와 유가 억제에 대한 사우디아라비아의 결정에 관한 것이다. 이는 또한 분명히 . . . . 영국에 즉각적인 영향을 미칠 것이다. . . .

텍스트 유형 초점이 실제 번역에서 번역가의 결정을 어떤 식으로 특징짓는지 보기 위해서는 거의 동시에 작용하는 두 단계의 텍스트 처리를 검토하는 것이 가장 좋다. 즉 거시(macro-) 및 미시(micro-) 텍스트 처리가 그것이다.

거시텍스트 처리

이 번역자들 그룹의 대응만을 놓고 본다면, 텍스트 유형 초점의 오관은 텍스트 처리과정에서 독자들이 보통 적용하는 가정을 인식하지 못하는 데서 비롯되었던 것 같다. 예를 들면, OPEC가 사실 혼란에 빠져 있을 때 (1981) OPEC 조직과 무관한 곳에서 나온 출판물의 제목(*The Cohesion of OPEC*)은 주목적이 OPEC의 화합 표방에 대한 의문을 제기하는 것에 있다는 것을 암시할 것이다. 이러한 가정을 고려하면

Certainly, it is formally about prices . . .

이는 분명 공식적으로는 유가와 . . . 에 관한 것이다

와 같은 진술은 이어지는 내용에서 반대가 될, 논쟁을 위한 서두일 뿐이다. 그림 8.2는 작가의 의도를 나타낸다.

담화영역: 독립적인 전국지의 논설위원이 바라본 OPEC 사태
담화관계: 탐사적, 비공식적 보도 기사
매체 경로: 『타임즈』지(紙) 사설
화용론: 일반적인 기대와는 반대로 OPEC이 조직의 내부 분열을 재

정립하기 위한 목적으로 모이고 있다는 것을 주장

기호학: 반론(기호로서)

그림 8.2 텍스트 8F₁에서 작가의 의도

그림 8.2의 가정을 8F₂처럼 결함 있는 번역이 근거로 삼은 일련의 오류 가정들과 비교해 보라. 이 가정들은 그림 8.3에서 제시되고 있다.

담화영역: OPEC 기구 자체의 홍보부가 바라본 OPEC 사태
담화관계: 권위가 있는, 공식적인 혹은 반 공식적인 시각
매체 경로: OPEC 회보
화용론: 소문과는 반대로 OPEC가 변함없이 단결하고 있음을 입증
기호학: 공식 발표문(기호로서)

그림 8.3 텍스트 8F₁의 맥락에 대한 오류 가정

물론 우리는 그림 8.2가 텍스트 8F₁의 이해에 바탕이 되는 정확하고도 유일한 가정들을 대표한다고 절대적으로 단언할 수 없다. 그뿐만 아니라 우리가 하는 가정이 언제나 정확한 추론에 도달하게 된다고도 단언하지 못한다. 그림 8.2의 가정들은 일단 읽기가 시작되고 텍스트의 실체가 드러나면 확인되거나 반박, 수정, 폐기될 가설에 불과하다. Candlin (1976: 250)이 상기시키는 바와 같이,

상호작용의 규칙은 스스로 만들어진다. 따라서 우리는 한 가지 해석을 아주 가능성 있게 만들기에 충분할 만큼 전제들을 제약할 수 없는 한 특정한 발화수반력을 주장할 때 조심해야 한다.

미시텍스트 처리

세상의 작동 방식에 대한 지식을 관장하는 특정 규칙들과 관습들의 견지에서 보면(석유 산업, OPEC의 분열 의혹, 사설의 본질 등), 텍스트 8F₁의 제목은 (이는 아마 맨 먼저 처리될 것인데) 텍스트가 어떻게 전개될 것인가를 이해하는데 필요한 선택권을 제시한다.

    (A) OPEC의 결속 요구에 대한 의문 제기

혹은

    (B) OPEC의 결속에 대한 설명

이 그것이다. 그 선택은 기호로서 제목을 인식하고('결속된 OPEC?'), 상호텍스트성을 통해 그 제목을 가능성 있는 다른 기호들(예: '결속된 팀', '혼란 속의 NATO' 등)과 비교할 능력이 있다면 더 쉬워진다. 이상과 같은 선택 시스템 내에서는 (A)가 더 선호된다. 제목은 이제 '내일 OPEC의 회합이 통상적인 가격 논의일 것이라는 주장에 대해 반박하기'로 이해된다. 이쯤에서 많은 질문이 뇌리를 스칠 것이다. 왜 이 제목은 'OPEC 내부의 현재 동향에 대한 전망'이라는 객관적인 것으로 시작할 수 없었는가? 이것을 비롯한 유사한 질문들에 대한 대답은 발생하고 있는 의사소통적 처리의 특징들에서 찾을 수 있다. 이러한 특징들에는 텍스트가 탐사 보도가 아니라 사설이며, OPEC가 관장하는 기관지가 아니라 『타임즈』지(誌)에 실렸고, 또한 그 당시 OPEC 조직이 분열을 겪고 있다는 뉴스가 보도되었다는 사실이 포함된다. 화용론적이며 기호학적인 가치들이 인식됨과 동시에 이와 같은 의사소통적 통찰력이 작용됨으로써 텍스트의 미시적 분석에 영향을 주게 된다.

이러한 예상이 우리의 해석에 어떻게 작용하는지 보기 위해 논의 중인 텍스트의 특정 부분을 살펴보자.

문장 1: *Tomorrow's meeting of OPEC is a different affair.*

먼저 문장 1은 지금까지 나타났던 텍스트의 전체적인 수사학적 목적을 확인시킨다. 주제문으로서 이 문장은 전체 텍스트의 의사소통적 전략을 요약하여 담고 있다(Werlich 1976). 현재까지 도달한 전체적인 해석을 확인시켜 주는 문장 1의 주요 개념은 *different*라는 어휘다. 이 단어가 내포하는 평가적 어조는 '왜 혹은 어찌하여?'라는 입증을 요구한다. 이것은 수사학적 목적으로, 여러 가지 방식으로 달성될 수 있다. 그중 하나는 우리가 일관적 주장(through-argument)이라고 부르게 될 방식이다. 이것은 논제를 언급한 뒤 그 논제를 줄곧 주장하는 것과 관련된다. 텍스트 8F$_1$은 이와 같은 형식 안에서 텍스트 8G와 같이 다시 쓰일 수도 있다.

● 텍스트 8G

Tomorrow's meeting of OPEC is a different affair. This time the meeting is primarily about the future cohesion of the organization itself . . .
OPEC의 내일 회의는 다른 사안이다. 이번 회의는 주로 OPEC 기구의 향후 결속에 관한 것이다. . .

하지만 실제 텍스트 8F$_1$에서는 입증 과정이 수사학에서 '허수아비 전술' (the straw man gambit)이라 칭하는 익숙한 논증 장치에 의해 방해받는다. 이 논증의 형식은 우리가 반론이라고 부르고 있는 것과 일치한다. 여기서는 반대를 위해 언급한 논제가 나온 후 반박이 이어지며 입증이 최종적으로 뒤따른다.

문장 2: *Certainly, it is formally about prices . . .*

이 문장은 허수아비로 내세운 것인데, 이 장치는 문장 3에서 다시 사용된다.

문장 3: *Certainly, it will also have immediate implications for the price of petrol*

   . . .

문장 2와 3에서 논증적인 전술은 이제 반대가 필요해진다.

문장 4: *But this meeting . . .*

그림 8.4는 텍스트 8F₁과 8G가 전개되는 방식을 요약한 것이다.

- 텍스트 8G
  (1) 논조 설정문   ↓
  (2) 입증   ↓
  등등 .... ↓

- 텍스트 8F₁
  (1) 논조 설정문   ↓
  (2) 반박될 논제 언급   ↓
  (3) 반박될 논제 언급   ↓
  (4) 반대   ↓
  (5) 입증   ↓

그림 8.4 텍스트 8G와 8F₁의 전개

이 부분의 텍스트를 처리하는 과정에서 작용하는 예상 전략들은 상호텍스트성의 좋은 예가 된다. 그 신호가 되는 것들은 가설적인 텍스트 유형(반론)을 가리키는 실제 어휘항목들이다(*certainly* 등). 독자들은 이런 유형의 텍스트를 접했던 이전 경험을 바탕으로 상호텍스트적인 지시를 수용한다. 이와 같은 예상 전략들은 회의 통역에서 특히 중요한데, 회의 통역에서 텍스트 유형은 텍스트가 어떻게 전개될 것인지에 대한 중요한 지표와, 더 나은 기억 소환을 도와주는 추가적인 도구를 제공한다. 이와 같은 기본 텍스트 형식들의 심리언어학적 실제(psycholinguistic reality)와, 회의 통역사들이 동시통역에 의해 목표언어로 통역하는 과정에서 이러한 형식들에 자동반사적으로 의존하는 방식에 대해서는 추가적인 연구가 필요하다.

논쟁적 텍스트 유형

일반적으로 말하자면 논쟁적(argumentative) 텍스트 유형은 맥락 초점을 개념들 간의 관계에 대한 평가에 두고 있다. Beaugrande & Dressler(1981: 184)는 논쟁적 텍스트를 다음과 같이 정의한다.

> (논쟁적 텍스트는) 특정 신념이나 개념들을 진실 대 거짓, 긍정 대 부정으로 수용이나 평가를 촉진하기 위해 이용하는 텍스트이다. 논리나 상징, 의지, 가치, 대립과 같은 개념적 관계들이 빈번하게 등장할 것이다. 표면 텍스트는 반복이나 대구(對句), 환언 등 강조나 주장을 위한 결속적 장치들을 종종 보여준다. . .

예를 들면 텍스트 8F₁은 OPEC의 모든 회의가 가격에 관한 것이라는 일반적인 가정의 타당성을 평가한다. 이 가정은 가격에 관한 회의가 아닌 특정 회의의 사실들과 대조를 이룬다. 마지막으로 이 텍스트에 사용된 많은 결속 장치들 중 하나를 보면, *it is not primarily about-it is primarily about* 이라는 반복은 특히 중요하다. 이 반복은 도상적으로 대조를 유지하고 있고, 따라서 아이러니에 가까운 반박의 기호 역할을 한다(반복에 관하여 는 p. 305를 보라).

앞에서 언급한 번역 과제의 응시자들이 저질렀던 심각한 실수는 양보적인 '*certainly, . . . but*'을 단언적인 '*it certainly is . . .*'와 혼동하여 일어난 결과라고 말할 수 있다. 이것은 영어를 배울 때 일어나는 문제만은 아니다. 아랍어에서 양보적인 영어 문장 '*certainly . . .*'에 해당하는 상당 어구는 단언적으로 사용될 수 있고 또 종종 그렇게 사용된다. 텍스트-유형 기준을 떠올려 보고나서야 비로소 어휘뿐 아니라 통사적 수단을 포함하는 양보 표시의 대안적 방법을 찾게 될 것이다.

독자들은 Hörmann(1975: 5)이 '의미 항준성'(sense constancy)이라고 부르는 것을 준수한다.

우리는 우리가 듣는 (혹은 읽는) 것이 의미가 통하기를 기대하며 이 기준에 따르기 위해 수신되는 메시지를 분석한다.

하지만 텍스트 전개에 대한 최초의 가정들이 옳든 그르든, 독자들이 자신들의 처음 가설을 계속 유지하려 한다는 결론도 역시 이 기준으로부터 나온다. 텍스트 8F$_1$의 일부 번역자들은 *but*이라는 어휘항목을 삭제하는 방법으로 반론(*But . . .*)을 자신들이 처음 예상했던 내용에 억지로 맞추었다(이 문제에 관해서는 Alderson & Urquhart 1985를 보라).

설명적 텍스트 유형

또 다른 기본 텍스트 유형은 설명(exposition)이다. 이 유형에서 맥락 초점은 특정 개념들의 구성 요소들로 해체(분석)하거나 혹은 개념들의 구성 요소들로부터 합성(종합)하는 것에 있다(Werlich 1976). 텍스트 8F₁에서 해당 예시를 약간만 바꾸면 아마 학생들이 유지하고자 했던 초점인, 잘 구성된 설명으로 변할 것이다. 'OPEC 내일 회의'와 '이전의 회의들' 간의 차이는 텍스트 8H에서처럼 이유를 열거하는 방식으로 객관적인 분석이 가능하다.

● 텍스트 8H

Tomorrow's meeting of OPEC differs from previous meetings in two ways.
Firstly, . . . Secondly, . . .
OPEC의 내일 회의는 두 가지 측면에서 이전의 회의와 다르다. 첫째 . . .
둘째 . . .

이와 같은 개념적 설명(conceptual exposition)의 두 가지 중요한 이형(異形)을 꼽자면 기술(記述)적 텍스트와 서술적 텍스트다. 기술이 '개념' 대신에 '대상' 혹은 '상황'을 다루는 반면 서술적 텍스트는 '행위'와 '사건'을 특정한 순서로 배열한다. 기술과 서술은 일반적으로 쉽게 식별할 수 있지만 다른 경우들은 확실한 경계를 짓기가 더 어렵다. 번역가에게 특히 어려운 점은 논쟁적 텍스트(특히 '일관적 논쟁' 종류)와 개념적 설명 사이의 구분이다. 이 두 유형 간의 차이는 때때로 미묘하여 알아차리기 어렵다. 하지만 이 두 유형을 구별하는 것은 중요한데, 기본 특질에 대한 아래 대조표가 도움이 될 것이다.

관찰과 관리

논쟁에서 초점은 상황 관리(situation managing)라고 알려진 것에 집중된다. 즉 텍스트의 지배적인 기능은 텍스트 생산자의 목표에 유리하게 상황을 관리하거나 조종하는 것이다. 한편 설명에서 초점은 합리적으로 타당한 설명을 제공하는 것, 즉 상황의 관찰(monitoring of the situation)에 집중된다.

논조 설정문과 상황 설정문

논쟁에서는 주제문이 '논조를 설정하는 것'이 되며, 텍스트 8F$_1$에서처럼 주제문에 대한 입증이 필수적이다. 한편 설명에서는 주제문이 '상황을 설정하는 것'이 되며, 8E$_2$에서처럼 주제문에 대한 설명이 이루어져야만 한다. 따라서 일관적 주장은 다음과 같은 패턴을 보여준다.

논조 설정문 > 논제가 입증됨

반면 설명은 다음의 패턴을 사용한다.

상황 설정문 > 상황의 측면들이 설명됨

이 두 가지의 범주를 구별할 때 우리는 논조 설정문이 대조, 판단 같은 속성들과 평가적인 짜임새를 나타내는 다른 표지들을 보여주는 경향이 있음을 염두에 두게 된다.

평가적 짜임새

평가성은 논쟁적 텍스트에서 지배적으로 나타나며, 반복이나 대구와 같은 강조의 결속 장치에 의해 실현된다. 더 기본적이며 덜 유표적인 통사적, 의미론적 구조들이 설명적 텍스트의 특징을 이룬다. 논쟁과 설명을 구분 짓는 다른 특징들은 다음과 같은 것들과 관련된다. 즉 인칭이나 동사(인식, 지각, 발화 등의 동사)의 의미론, 특정 통사 구조의 빈도(수동화, 타동성 등), 주제의 어휘적 밀도, 서법성 등이 그것이다(이들 및 기타 특징들에 대한 상세한 내용은 Martin 1985, Fowler 1985 및 본서 10장을 보라).

지시적 텍스트 유형

우리의 유형학에서 정의하게 될 또 다른 기본적 텍스트 유형은 지시적 (instructional) 텍스트 유형이다. 이 유형의 초점은 미래 행동의 구성에 맞추어져 있다. 지시를 통해 사람들이 행동하고 사고하는 방식을 관리하고자 하는 의도가 들어 있다. 두 가지 하위 유형이 인식될 수 있는데 하나는 선택권을 가진 지시(광고나 소비자 조언 등)이고 다른 하나는 선택권이 없는 지시(계약서나 조약 등)다. 우리는 번역에서 심한 편차를 보이는 또 다른 사례를 통해 이 유형의 예를 보여주고자 한다. 텍스트 8I는 일련의 규칙들을 영어로 번역한 것이다. 번역에서 '지시'라는 텍스트의 초점이 적절하게 다루어지고 있지 않음을 볼 수 있다.

● 텍스트 8I

**IMPORTATION SHARE
STATE PAVILION**

1) State pavilions conforming to the conditions in these instructions are

granted an import quota of ID 100.000(One hundred thousand Iraqi Dinars) for Capital goods.

2) In order to obtain the quota mentioned in item No (1), it is a condition to reserve an area not less than 200 sq m indoor or 500 sq m outdoor.

3) 'Likewise' is taken into consideration on granting important shares.

수입할당량
국가전시관

1) 이와 같은 지시의 조건에 부합하는 국가 전시관은 100,000디나르에 해당하는 자본재의 수입 쿼터를 승인받는다.

2) 1항에서 언급된 쿼터를 획득하기 위해서는 실내 200평방미터 혹은 실외 500평방미터 이상의 면적을 보유하고 있어야 한다.

3) 주요 할당량 부여를 고려할 때도 '마찬가지'다.

법률 용어의 오용(예: 'the principle of reciprocity 대신 *likewise*를 씀)은 별 문제로 하더라도 텍스트 8I는 영어로 된 지시적 텍스트 스타일의 기본적이고 전통적인 패턴을 고수하지 않고 있다.

1. *are granted*는 만족스럽다고 할 수 없다. 그 이유는 이것이 '승인 받았다(have been granted)'(지시적이 아니라 정보적)로 해석되거나 '승인받을 것이다(shall be granted)' 혹은 '이로써 승인 받는다(are hereby granted)'(수행적) 등으로 해석됨으로써, 이런 유형의 법률 텍스트에서는 수용될 수 없는 모호성을 띠기 때문이다.

2. *It is a condition to reserve an area* . . . 는 지시적 텍스트에서 보통 'an area must be reserved . . .'로 표현된다.

선택권 없는 이런 지시는 대응관계인, 광고 같이 선택권 있는 지시와 비교될 수 있다. 광고에서는 일련의 지시에서 발견되는 것과 유사한 구조가 보인다. 하지만 초점은 의견이나 행동에 영향을 주거나 행위나 반응을 유도하는 데 있다. 예를 들면, *Fly me – Air India*와 같은 광고 문구는 흥미를 유발하면서 유혹하는 역할을 한다. 이 점에서 선택권 있는 지시와 논쟁은 공통점이 많다. 사실 두 유형은 Reiss(1976)가 발전시켰던 유형학에서는 하나처럼 취급되는데('작용적 텍스트'), Reiss는 독자의 흥미를 유발하고 그들을 설득하는데 성공하고자 할 경우 모든 '작용적 텍스트'가 따라야 하는 원칙으로서 다음과 같은 사항들을 상정하고 있다.

1. 이해가능성 (단문, 간단한 통사 등의 사용)
2. 화제성 (생활 밀접성, 유행어, 주제 암시 등)
3. 기억용이성 (수사학적 반복, 말장난, 운율, 표어 등)
4. 암시성 (과장이나 가치 판단, 함축 등에 의한 의견 조작)
5. 감정반응성 (근심이나 공포가 이용되고, 위협 및 감언이 사용된다. 즉 단어의 연상을 이용한다)
6. 언어의 조작 (선전이 정보로 위장되는데, 사실에 근거한 비교를 암시하려고 사용된 어휘의 대구법 등과 같은 수단을 사용한다)
7. 타당성 (권위자, 목격자, '전문가' 등에 호소)

이러한 유사성에도 불구하고 더 확실한 논리적 사고의 패턴은 지시적 텍스트에서보다 논쟁적 텍스트에서 더욱 분명해진다. 장르뿐 아니라 담화적 제약을 고려할 때, 논리적인 제시는 논쟁적 텍스트 형식의 핵심적인 부분이 되는 경향이 있다. 이와 같은 지배적 성향들이 번역에 반영되어야 한다. 하지만 만약 반론의 패턴이 광고에 나타난다면 독자들은 일반적으로 그 반론의 패턴을 논쟁으로서의 가치로 판단하여 반응하지 않고, 텍스트 8J의 예시처럼 그 반론이 주는 전체적인 호소를 기반으로 하여 반응한다.

- 텍스트 8J

Obviously the Legend Coupe does not boast quite the same devastating power as its racing relatives.

Nonetheless, its 2.7 litre 24 valve V6 engine will whisk you from 0-60 mph in 8 short but highly exhilarating seconds, with a top speed of 137 mph.

Enough acceleration, you'll agree, to satisfy even a Prost or a Piquet on his day off.

분명히 레전드 쿠페는 다른 레이싱 카들과 겨룰 만큼 파워를 갖고 있지 않습니다.

하지만 2.7리터 24밸브시스템의 6기통 엔진은 8초라는 전광석화 같은 순간에 귀하를 시속 60마일, 최고 시속 137마일의 속력으로 잽싸게 데려갈 것입니다.

전설적인 레이서 프로스트나 피케까지 만족시키는 충분한 가속력임을 귀하는 인정하실 것입니다.

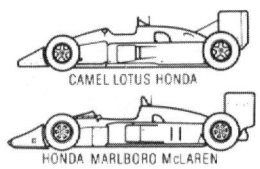

CAMEL LOTUS HONDA

HONDA MARLBORO McLAREN

HONDA   PROGRESS WITH DISTINCTION

HONDA (UK) LIMITED, POWER ROAD, CHISWICK, LONDON W4 5YT.

(Reproduced by kind permission of Honda UK Ltd)

요약하자면, 앞의 논의에서 제안된 텍스트 유형학은 그림 8.5와 같이 나타낼 수 있을 것이다.

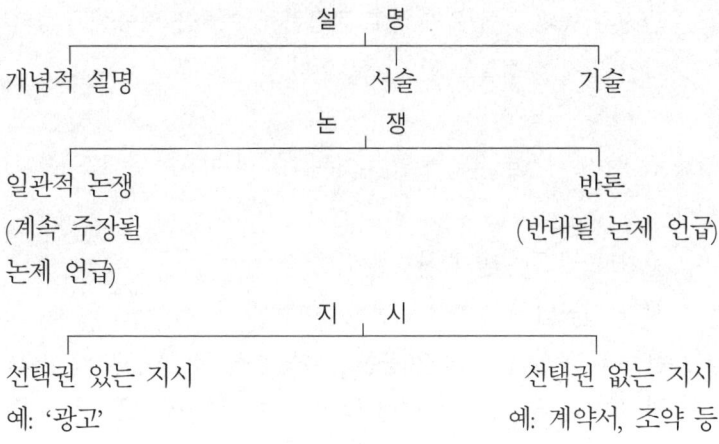

그림 8.5 텍스트 유형학

텍스트 유형의 심리학적 실제

선행 논의에서 우리는 두 군데에 걸쳐 텍스트 유형의 확인에 수반되는 심리학적 요인들을 언급했다. 첫 번째 요인은 언어사용자가 내면화된 텍스트 패턴인 초록을 참조하여 혼성을 인식하는 능력이다. 두 번째는 이와 같이 내면화된 패턴에 따라 후행 텍스트의 전개를 예상하는 언어 사용자의 능력과 관련된다. 우리는 '하지만 . . .'의 구절이 나오리라는 것을, 즉 어떤 서술이 전개될지를 어느 정도 알아차릴 수 있게 된다.

　　Werlich(1976: 21)가 텍스트는 인간 정신의 선천적인 생물학적 속성들과 상호 연관된다고 했던 주장에는 의심의 여지가 없다.

　　텍스트 유형의 배정이 가능하다고 여겨지는 텍스트들은 그 구조적 차이(텍스트 구조화)가 고유한 인지적 속성들에서 주로 나온다. 따라서 다섯 가지 텍스트 유형들[기술, 서술, 설명, 논쟁, 지시]은 인간

인지의 형태 및 범위와 상호 관련된다. 이들은 맥락적 구성의 기본적인 인지 과정들을 반영하고 있다.

그림 8.6은 각 텍스트 유형과 관련 있는 다수의 인지적 속성들을 나타낸다.

공간 인식의 구별과 상호관계 (기술)
시간 인식의 구별과 상호관계 (서술)
분석 및 종합의 방법을 이용한 구별을 통한 일반적 개념의 이해 (설명)
판단하기: 유사점과 차이점 및 변형을 추출하여 개념들 간의 관계를 평가 (논쟁)
미래 행동 계획하기 (지시)

그림 8.6 텍스트 유형들의 인지 자질들

Beaugrande & Dressler(1981)는 틀(frame), 도식(schemata), 계획(plan)에 대한 Schank & Abelson의 연구를 바탕으로 이들의 포괄적 처리 패턴을 텍스트 유형과 연결시킨다.

1. 기술은 원칙적으로 어떤 사물들이 서로 유사한지를 명시하는 지식의 '틀'(frames)을 이용한다. 상식의 사용이 장려되며, 일을 행하는 특별한 순서가 강조되지 않는다(예: 지하철로 A에서 B까지 도달하는 데 필요한 틀).
2. 서술은 사건의 발생에 대해 근접한 시간에 따른 순차적인 순서를 수립하는 '도식'(schemata)을 이용한다(예: 특정 여행에 대한 서술).
3. 논쟁은 사건과 상황이 어떤 식으로 목표 달성에 이르게 되는지를

관장하는 '계획'(plans)을 사용한다(예: 지하철 시스템의 비효율성에 대한 비판).

비록 Beaugrande & Dressler가 설명을 별도로 다루고 있지는 않지만, '상황'과 '인과관계'와 관련하여 각각 예상되는 기술적 '틀' 혹은 서술적 '도식'이 개념적인 설명에 이용되는 패턴이 될 것이라고 가정해도 별 무리가 없을 것이다. 마찬가지로, '스크립트'(이미 수립된 순서와 방법으로 안정된 계획)은 '지시'라는 텍스트 유형과 관련될 것이다.

　이러한 가설들이 충분한 근거가 있는 것이라면, 번역가나 통역사들에게 미칠 영향은 분명하다. 통번역 훈련 프로그램은 내면화된 이러한 기준들을 활용하기 위해 더 개선될 수 있고, 이는 기본 유형들을 둘러싼 프로그램들의 조직에 의해 가능해진다. 번역가는 유형마다 다른 기교를 갖추고 있어야 한다는 주장이 있어 왔다(예: Reiss 1976). 논쟁적 텍스트에 지배적으로 나타나는 평가성은 회기(recurrence)와 같은 표면 텍스트 형태와 밀접한 관련이 있으며, 비 평가적 설명과는 다른 기교를 번역가에게 요구한다. 최근 몇 년간 텍스트 패턴의 심리학적 실제에 대한 추가적인 증거가 나오고 있다(예: Hörmann 1975). 하지만 이와 같은 패턴들 사이의 구조에 대한 엄밀한 구별과 우리가 그것들을 인식하는 매커니즘은 아직 충분히 탐구되지 않았다. 이 분야에 대한 추가적인 연구조사가 이루어진다면 번역 이론과 번역가 양성의 건전한 토대가 마련될 수도 있을 것이다.

이데올로기, 텍스트 유형, 번역

응용 사회언어학 연구에서 또 하나의 활발한 영역은 이데올로기와 관련한 텍스트 유형의 연구였다. 우리의 관점으로 볼 때, 이데올로기 표현의 함축은 번역에서 아주 중요하므로 이에 대한 특별한 관심은 타당하다. 텍스트 유형학의 문제들은 분명히 사회적인 함축을 담고 있다. Gulich & Raible(1975: 147, Schmidt의 번역 1977: 54)은 다음과 같이 지적한다.

> 언어의 장벽은 필시 문법 능력의 결여 때문이라기보다는 특정 화자들이 능동적이든 수동적이든 특정 텍스트 유형을 사용하지 못한다는 사실 때문일 것이다.

Martin(1985)은 호주 뉴사우스웨일즈 지역의 유아들과 초등학생들의 사실적 글쓰기(factual writing)를 분석하기 위한 대규모 연구 프로젝트의 결과를 보고하고 있다. 그는 서술 및 표현적 텍스트에 사로잡혀 있는 상당히 보편적인 글쓰기 현상을 언급하면서 여러 가지 이데올로기적인 함축을 그 증거로 제시한다. 이들 가운데 가장 중요한 것이 장르가 이데올로기에 연관되는 방식이다. Martin은 장르가 이데올로기의 문제와 맞닥뜨리면 여러 가지로 얽히게 된다고 주장한다. 즉 한 집단에서 사용가능한 장르는 어떤 것이고 한 집단이 사용하고자 선택하는 장르는 어떤 것인지 등이 될 것이다. 예를 들면, 아이들에게 광범위한 장르를 접할 기회를 주지 않는 교육시스템에서라면 아이들에게 시범적인 장르 이외의 것을 가르쳐 줄 가능성은 별로 없다. 이처럼 복잡한 사회적 관련성의 측면에서 언어를 바라보는 번역가 및 기타 전문가들은 특정 장르나 담화 등의 사용 능력이 권력의 도구가 될 때면 언어가 어떻게 연루되는지를 알아차릴 수밖에 없다.

이데올로기는 언어 표현에서 가장 분명해진다. 따라서 언어의 사용에 깔린 이러한 이데올로기적 구조를 분석함으로써 언어 형태의 분석이 더 풍요로워진다는 결론이 나온다(Kress 1985, Fairclough 1989). 즉 우리가 취하는 체계적인 언어선택의 배후에는 이데올로기적 측면에서 이미 존재하는 현실 분류가 있을 수밖에 없다. 우리가 언어로 표현하는 것의 내용은 다양한 층위에서 이데올로기를 반영한다. 즉 어휘-의미론적 층위와 문법-통사적 층위가 그것이다. 의미를 띠기 위해 텍스트 자질들은 모든 텍스트에 필수적으로 포함된 사회적 요소 안에서 바라보아야 한다. 왜냐하면 외따로 고려된 어휘들은 중요한 이데올로기적 의미를 결여할 수밖에 없기 때문이다. 번역가가 갖는 재량의 정도에 대해 무엇이라고 말하든, 말이 갖는 이데올로기적 힘을 반영시키는 것이 번역가의 불가피한 의무라는 사실에는 변함이 없다. 이런 종류의 언어 사용을 설명하기 위해 우리는 Sykes(1985)의 Enoch Powell의 연설 분석으로 돌아가 보자. 이번에 우리의 관심은 이 같은 담화에서 발생하는 중요한 번역의 문제점들에 있다. 다음 발췌문은 텍스트 8B에 이어지는 부분이다.

● 텍스트 8K

The first assumption is that the rate of net inflow continues as at present. It has not indeed diminished since the estimate was made, but I am willing to suppose that, especially with the substantially greater limitations which a Conservative government has undertaken to apply, the rate would be markedly reduced during the period in question. For the purposes of argument I will suppose that it falls at a steady rate from 60,000 in 1968 to nil by 1985. In that case the total of the latter year would be reduced by about half-a-million, that is to 3million.
I now turn to the second and more crucial assumption, the birthrate . . .

There are grounds for arguing that the immigrant birthrate is likely to rise during the next two or three decades; for instance the proportion of females must increase as dependants join male workers, so that a given total of immigrant population will yield more family units.

첫 번째 가정은 순 유입률이 현재의 비율로 지속될 것이라는 가정입니다. 유입률은 실제로 이 추정치가 나온 이후로 감소하지 않았습니다만, 특히 보수당 정부에서 적용하기 시작했던 더 많은 제재들 때문에 이 비율이 해당 기간 동안 뚜렷하게 감소할 것이라고 생각해 보도록 하겠습니다. 주장대로라면 1968년 6만 명이던 유입률 추정치가 1985년경이면 영(零)으로까지 꾸준히 떨어지지 않을까 생각합니다. 이 경우 1985년의 총계는 50만 명 정도 감소하여 3백만 명이 될 것입니다.

이제 두 번째 가정인 더 중요한 가정을 보도록 하겠습니다. 출생률입니다. .. 이민자 출생률이 향후 이삼십년 간 증가할 가능성이 있다고 주장하는 데는 근거가 있습니다. 피부양인들이 남성 노동자들과 재결합하게 됨으로써 여성의 구성 비율은 늘어날 수밖에 없으므로 제시된 총 이민자 인구에서 더 많은 가구 수가 생겨날 것입니다.

(Enock Powell, 1985 Sykes에서 인용)

이와 같은 텍스트를 다룰 때 우리는 텍스트에 포함된 다양한 기호 체계, 그리고 그 기호들과 기호사용자들의 관계에 연루될 수밖에 없다. 선택된 다양한 어휘 및 구문들은 그것들이 화용론적이고 기호학적인 체계에 참여하는 방식 때문에 이데올로기적 중요성을 띠게 된다.

어휘적 선택

Sykes(1985)는 다수의 흥미로운 어휘, 통사적 자질들을 식별해내고 있다. 차별적인 어휘화를 식별하는 데 채택된 전략은 실제 사용된 어휘항목 범위를 사용가능성이 있었던 어휘항목의 범위와 관련지어 연구하는 것이다. 그림 8.7은 가족 관계를 나타내는 Powell의 어휘 목록을 발췌문이 나온 전체 연설에 포함된(선호된) 어휘들과 배제된(회피된) 상대어휘의 측면에서 평가하고 있다.

포함된 언어	배제된 언어
immigrants and their offspring	husbands
the offspring of immigrants	wives
immigrant offspring	mothers
children born to immigrants	fathers
children who have immigrated	parents
Asian and West Indian children	sons
of school age	daughters
females	families
dependants	etc.
male workers	
family units	

그림 8.7 어휘선택

이와 같은 형태들의 연구에서 나타난 어휘선택의 패턴은 형식적, 법적, 생물학적 관계만을 나타내는 용어들을 사용하고, 가족적인 유대와 좀 더 관련 있는 용어들은 배제시키는 패턴이다.

Sykes는 또한 Powell의 연설에서 이민자들과 이민을 무생물 대상에 더 적합한 용어로 묘사하는 경향에 주목하고 있다. 예를 들면, *current rate of intake, the rate of net inflow, the total, a given total of immigrant population, yield, family units* 등이다. 이를 비롯한 어휘 선택의 다른 특징들에서 사용자들의 이데올로기적 입장을 반영하는 담화 과정이 작용하고 있음을 볼 수 있다. 만약 텍스트 8K의 번역자가 이러한 어휘들의 사용 이면에 깔린 동기를 고려하지 않는다면 목표 텍스트의 적절성은 사실상 감소할 것이다. 예를 들어 텍스트 8B에 나온 *offspring*을 번역하려 하는 경우, 확실한 등가어가 아무 것도 없다는 점에서 문제가 된다. 해결책일 듯한 'children'을 다른 언어에서 동의어로 선택한다면 애초에 취했던 선택의 요지를 간과하는 결과를 낳고 말 것이다.

통사적 선택

많은 연구자들이 지시대상에 대한 통사적 구조를 통해 수행되는 표현적 기능을 확인했다. Fowler(1988: 66)는 이렇게 주장한다.

> . . . 언어적 구조의 주요 역할은 언어를 사용하는 사회의 요구에 대한 반응으로 설명될 수 있는데, 이러한 요구에는 가장 중요한 것으로 . . . 이데올로기적인 것이 포함된다.

이데올로기의 반영으로서 이와 같은 텍스트 구성의 측면은 Powell의 연설에서도 볼 수 있다. Sykes는 이민자들의 인간성을 최소화시키는 수많은 통사적 수단을 식별해낸다. 이에는 인간 참여자의 배제를 가능케 하는 어문구조의 사용이 필수적으로 수반된다.

1. 문장의 주어로 수*number(s)*, 총계*total(s)*, 구성 비율*proportion(s)*, 비율 *rate(s)* 등과 같은 상위어를 사용함으로써 확립되는 어휘적 응집

(lexical cohesion)

2. 행위자를 삭제한 명사화(nominalisations)의 사용(*inflow*)

만약 번역가가 1번의 패턴에서 지시대상들을 보충한다거나, 2번의 패턴에서 주어로 '이민자들'을 쓰고 동작 동사를 함께 선택하는 방법으로 끼어들고자 한다면, 원문 텍스트의 이데올로기적 취지는 불가피하게 손상되고 말 것이다. 이 말이 번역가에게 형식의 표면적 유사성을 보존하는 쪽(예: 항상 수동태를 유지하라 등)을 택하라고 충고하는 것으로 잘못 해석되면 안 된다. 여기서 중요한 점은 결속성 관계다. 결속성 관계가 유지되는 한 번역가들은 목표언어가 제공하는 표면적 표현은 무엇이든 자유롭게 사용할 수 있다.

텍스트 유형의 선택

이데올로기를 표현할 때 어떤 텍스트 유형을 선택하느냐 하는 것은 중요한 문제가 된다. Martin(1985: 47)은 다음과 같이 주장한다.

> 분석적 설명이 현상을 지지하는 경향이 있다면, 권고적 설명은 현상에 도전하는 경향이 있다.

하지만 텍스트의 혼성 본질을 고려할 때 흥미로운 사례들이 발견되는데, 하나의 텍스트 유형이 다른 유형의 수사학적 목적을 가리기 위해 사용되는 경우가 그것이다. 텍스트 8K에서 Powell은 주어진 일련의 논쟁명제들을 불변한 것으로 제시하기 위해 분석적 설명을 사용하고 있는 것처럼 보인다. 우리는 보통 논쟁적 사안이 논쟁을 통해 논의될 것으로 기대한다. 마찬가지로 우리는 보통 분석적 설명은 사실을 있는 그대로 전달할 것으로 기대한다. 하지만 노련한 논자는 논쟁적 사안을 외견상 객관적인 분석을 통해 주장하는 것에 성공한다. 이러한 특별한 종류의 혼성에 나타난 의도적인 양면 가치는 분명 이데올로기적이다. 이 미묘한 균형은 개별 어휘항목의 이데올로기적 의미와 마찬가지 방식으로 번역에 꼭 반영될 필요가 있다. 따라서 텍스트 유형 초점을 인식하는 것은 번역가의 기술에서 중요한 부분이라 여겨진다.

9.

산문 설계: 번역의 텍스트 구조

구성의 원칙

이 책에 제시된 번역과정모형에서 텍스트 구조(text structure)는 위계적인 구성 원칙을 지칭한다. 텍스트는 한데 어울려 전체적인 수사학적 목적에 기여하는 일련의 문장들로 구성된다. 처음 텍스트를 접할 때 우리는 지면 위에 나타나는 순서대로 일련의 단어와 구, 절을 식별한다. 그러나 이러한 텍스트 구성 요소의 선형적 전개만으로는 전체 이야기를 알 수 없다. 우리는 이 각각의 요소가 수사학적 기능을 충족시키기 위해 활동하고 있다는 사실을 자각한다. 다시 말하면, 각 요소가 다른 요소와 담화관계를 맺고 있다는 것이다. 이 담화관계로 우리는 궁극적으로 하나의 텍스트를 만들어 내는 요소들의 **연속체(sequences)**를 식별할 수 있게 된다.

요소의 뭉치를 연속체로 설명하기 위해 텍스트 9A를 살펴보자. 이 텍스트는 아랍통화기금(Arab Monetary Fund)의 활동에 대한 정보를 담은 설명이다.

- 텍스트 9A

> The Arab Monetary Fund was set up by the Arab League states and is partly modelled on the International Monetary Fund(IMF). Its main aims are to provide soft credit to members with serious balance of payments deficits and to help in coordinating long-term Arab economic, financial and monetary policies. It does not finance development projects directly and uses its own currency, the Arab Accounting Dinar(AAD), for lending.

> 아랍통화기금(AMF)은 아랍연맹 국가들이 설립한 기관으로서 부분적으로 국제통화기금(IMF)을 모델로 삼았다. 아랍통화기금의 주된 목적은 국제수지적자가 심각한 회원국에게 저리 대출을 제공하여 아랍의 장기적인 경제, 재정 및 통화 정책을 조정하도록 돕는 데 있다. 이 기관에서는 개발 사업에 직접 자금을 지원하지는 않고 아랍 계산 단위인 디나르(AAD)를 이용해 대출을 제공한다.

(『아랍-영국 통상』 1981)

우리는 텍스트의 각각 요소를 그림 9.1에서처럼 특정 지을 수 있다.

요소 1: 기금의 설립(*The AMF was set up . . .*/ *아랍통화기금은 . . . 설립한 기관으로서*)

요소 2: 기금의 설립(*. . . and is partly modelled . . .*/ *부분적으로 . . . 모델로 삼았다*)

요소 3: 목적(*Its main aims are to provide . . .*/ 아랍통화기금의 주된 목

적은 . . . 제공하여)

요소 4: 목적(. . . *and to help* . . ./ 아랍의 장기적인 . . . 돕는 데 있다)

요소 5: 운영 방식(*It does not finance* . . ./ 이 기관에서는 . . . 지원하지는 않고)

요소 6: 운영 방식(. . . *and uses its own currency* . . ./ 아랍 계산 단위인 . . . 제공한다)

그림 9.1

하지만 그림 9.1에서 나열된 주제들이 다양한 요소들의 의도된 기능을 온전히 반영하고 있지는 않다. 우리는 요소 1과 요소 2의 연결이 요소 5와 요소 6의 연결과는 많이 다르다는 사실을 인지한다. 기금의 통화에 관한 언급은 기금이 개발 사업에 직접 재정지원을 하지 않는다는 진술과 밀접하게 관련되어 있다. 이 두 요소는 둘이 합쳐서 운영방식의 설명이라는 목적에 기여하는 하나의 연속체를 실현시킨다. 여기에 관련된 담화관계는 인과적 담화관계이다. 번역가의 입장에서 이러한 관계를 찾아내는 일은 중요한데, 그래야만 목표 텍스트에서 그 관계를 함축적이든 명시적이든 옮길 수 있기 때문이다. 그림 9.2는 우리가 확인한 세 개의 구조적인 개체를 보여준다.

텍스트 구조의 상이한 양상은 텍스트 9B$_1$, 9B$_2$와 같은 텍스트들에 의해 두드러진다. 이 텍스트들은 언어마다 상이한 텍스트 구조 규범이 작동한다는 사실을 알려주고, 번역가가 그에 따른 문제점을 어떻게 다루는지를 보여준다.

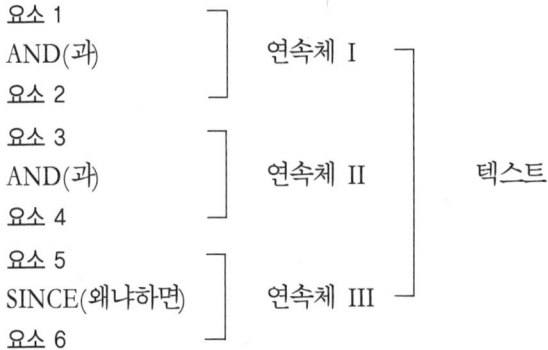

요소 1	
AND(과)	연속체 I
요소 2	
요소 3	
AND(과)	연속체 II	텍스트
요소 4	
요소 5	
SINCE(왜냐하면)	연속체 III
요소 6	

* 숫자(1, 2, 3 등)는 개별 요소들(구, 절 등)의 최하위 단계를 나타낸다. 로마 숫자
는 더 상위의 담화관계를 보여주는 요소의 연속체를 나타낸다.

그림 9.2

● 텍스트 9B₁(아랍어의 영어 번역)

**FRENCH INSURANCE COMPANY SUSTAINS HUGE LOSSES
(프랑스 보험 회사 막대한 손실 떠안아)**

I

요소 1. Claims on the French Insurance Association, COFACE,
(프랑스수출보험공사 COFACE의 보험배상금이)

요소 2. over exports to countries unable to discharge their
debts, (채무상환능력이 없는 국가로의 수출품에 대한)

요소 3. with Poland at the head, (폴란드를 위시하여)

요소 4. reached a record five billioin francs, (50억 프랑에 달
하였다)

요소 5. according to statistics (통계 자료에 따르면)

요소 6. issued on Thursday to the press by the chiefs of this
association. (보험공사에서 목요일 언론에 발표한)

II

요소 7. The state-controlled French Insurance Company for
Foreign Trade (국영 COFACE는)

요소 8. has paid out this sum in compensation . . . (이 금액을
　　　　　　　배상금으로 지급했다. . .)
　　　┌─ 요소 9. It is known that the state controls COFACE,
　　　│　　　　(COFACE는 국영 기관으로 알려졌으며)
III　│　요소 10. which covers 30% to 40% of French exports, (프랑스
　　　│　　　　수출의 30%-40%를 담당하는데)
　　　│　요소 11. 70% of which are to Third World countries. (그 중
　　　└─　　　　70%가 제3세계 국가들에 수출된다.)

(Pragnell 1984)

● 텍스트 9B₂: (텍스트 9B₁의 권장 수정본)

I　　요소 1-요소 6 (위와 동일)

　　　┌─ 요소 7. This sum has been paid out in compensation (이 금액
　　　│　　　　은 배상금으로 지불되었다)
　　　│　요소 8. by the state-controlled French Company for Foreign
II　│　　　　Trade (국영 COFACE에 의해)
　　　│　요소 9. which covers 30% to 40% of French exports,
　　　│　　　　(COFACE는 프랑스수출의 30%-40%를 담당하는데)
　　　│　요소 10. 70% of which are to Third World countries (그 중
　　　└─　　　　70%는 제3세계 국가에 수출된다)

　텍스트 9B₁을 우리가 부분적으로 수정한 부분에는 영어 뉴스 보도에서 '배경 정보'가 차지하는 글 구조상의 지위와 관련된다. 글 구조상 수정이 필요해 보이는 다른 사항은 제쳐놓고 텍스트 9B₁의 연속체 III이 어떻게 텍스트 9B₂의 연속체 II 속에 배경 정보로 통합되었는지에만 관심을 집중해 보자. 계층적으로 다른 두 가지 설계가 등장하지만, 텍스트 9B₂의 설계만이 영어의 뉴스 보도 장르에 적합하다. 텍스트 9B₁의 부적절한 구

조는 다양한 언어를 영어로 번역한 뉴스 보도 번역의 미수정본에서 종종 발견된다. Payne(1987: 147-9)은 헝가리어를 번역한 설명적 텍스트에 나타난 부적절한 구조의 뚜렷한 예시를 제시한다. 텍스트 9C₁에서는 초반부의 화제 진술에 가야할 요소가 배경정보의 지위로 격하되어 있다. 텍스트 9C₂는 Payne이 제시한 수정본이다.

● 텍스트 9C₁

Hungary's geographic situation is very unfavourable from the aspect of environmental protection. The majority of rivers are polluted when they reach the borders of the country, and atmospheric currents polluted by acid rain do not bypass the Danubian basin. Consequently, not only international economic relations are indispensable for Hungary, *which is a basin in East Central Europe.*

헝가리의 지리학적 여건은 환경 보호 측면에서 대단히 불리하다. 대다수의 강들은 국경에 다다를 때쯤 오염이 되어 있고 산성비로 오염된 기류도 다뉴브강 유역을 우회하지 못한다. 결과적으로 동유럽 중심에 위치한 분지인 헝가리는 국제적인 경제 관계만 긴급한 것이 아니다. (이탤릭체는 저자가 추가)

● 텍스트 9C₂

Hungary is a basin in East Central Europe. Its geographical situation is therefore very favourable . . .

헝가리는 동유럽 중심의 분지이다. 그렇기 때문에 지리적 여건은 매우 유리한데 . . .

이 예문을 보면 명확히 알 수 있듯이 수정하는 작업은 용어나 진부한 문구 등을 다듬는 데에 그치지 않고, 텍스트 구조라는 중요한 요소까지도

포함한다. 다음으로 우리는 번역가들이 일반적으로는 맥락과 그 중에서
도 특히 텍스트 유형 초점에 대한 자신들의 인식에 비추어 어떻게 텍스
트 구조를 다루는지 살펴볼 것이다. 그러기 위해서는 다음의 질문들을
고려해 봐야 한다.

1. 텍스트 $9B_2$, $9C_2$와 같이 수정을 결정하는 동기는 무엇인가?
2. 번역가와 교정자가 텍스트 구조를 재구성하는 기준은 무엇인가?
3. 목표 언어에 적합한 텍스트 구조를 생산하기 위해서는 수정이 필
   요할 경우 어떤 수정을 어떻게 해야 하는가?
4. 주어진 구조의 적절성을 결정하는 화용론적, 기호학적 가치의 역
   할은 무엇인가?
5. 미묘한 문맥적 차이를 옮기는 시도를 할 때 텍스트 유형의 개념
   이 어떻게 사용되는가?
6. 선택된 구조적 조직이 응집과 결속성에 효과가 있는가?

이 질문들은 맥락과 구조 및 짜임새 사이의 밀접한 관련성을 이해하는데
적절하다.

맥락이 텍스트의 구조에 어떻게 영향을 끼치나
여기서는 3장에서 맥락을 정의 내리는데 사용하였던 세 가지 기본적인
차원과 관련하여 그림 9.3과 같이 상기해본다.

의사소통적 차원 (처리)
담화영역
담화방식
담화관계

화용론적 차원 (행위)
의도성
화행 연속체
함축
추론

기호학적 차원 (상호작용)
상호텍스트성
기호
장르
담화
텍스트

그림 9.3

이러한 맥락적 요소들은 아마도 언어 사용의 보편적 자질일지 모르나 그 요소들을 실현하는 방식은 보편적 자질이 아닐지 모른다. 따라서 문화적인 맥락은 구조적인 배열을 결정하는데 있어서 중요한 요소이며, 그렇기에 번역가에게도 다음은 중요한 질문이다. 번역의 실제 과정에서 주어진 구조의 지위는 무엇인가? 두 언어가 구조적 패턴을 공유하지 않을 때 변형을 하는 묘책에 대한 번역가의 재량은 무엇인가?

이러한 질문에 대답하기 위해 우리는 우선 맥락과 구조의 관계를 고려해야 한다. Hasan(예: 1985)을 따라 이 책에서는 주어진 구조의 사용이 텍스트 사용자들이 맥락에 반응하는 방식에 의해 유발된다는 입장을 제시한다. 더 세부적으로 말해 텍스트 사용자들은 특정 텍스트 유형의 초점이 되는 수사학적 목적을 추구한다는 것이다. 8장에서 논했듯이 이 초점은 특정 문화가 텍스트 자료를 기호와 관련지어 조직하는 방식을 반영한다. 우리는 이 기호들을 우리에게 익숙한 장르적, 담화적, 텍스트적 구조 안에서 인식한다. 이 전체 과정의 기저 원리는 상호텍스트성인데 이는 우리가 텍스트를 특정 유형의 토큰으로 인식하고 생산해내는 능력을 일컫는다.

특정한 구조를 선택하는 데 관련된 또 다른 요소는 의도성이다. 기호는 그 사용 이면의 의도를 함께 파악해야 성공적인 의사소통이 보장된다. 예를 들어 법정 심리를 살펴보자면, '이의를 제기하는' 의도는 그것을 기호로 인식했을 때만 효과적으로 전달된다. '이의 제기'와 같은 행위는 나름의 구조적인 형식을 드러내므로, 구조는 상호작용에서 무슨 일이 일어나고 있는지를 알려주는 중요한 표지가 된다.

맥락적 배열

맥락상의 다양한 변수는 어떻게 구조의 모습으로, 궁극적으로는 텍스트 짜임새로 나타나는가? 8장에서 제안했듯이 '언어사용역'은 맥락과 텍스트 구조를 이상적으로 연결해준다. Hasan(예: 1977)은 특정 담화나 장르에 속하는 특정 사례의 의사소통(텍스트)에 실제로 선택된 담화영역, 담화관계 및 담화방식 전체에서 나온 가치를 지칭하기 위해 **맥락적 배열 (contextual configuration)**이라는 용어를 도입한다. 따라서 맥락적 배열은 특정 장르 내의 한 특정 사례에만 관련이 있는 하나의 구체적인 표현이라는 점을 인지하는 것이 중요하다. 실례로 Hasan(1977: 234)은 '안녕하세요 > Dr. Scott 클리닉입니다 > 무엇을 도와드릴까요?'로 시작하는 텍스트의 특성을 기술한다. 이는 그림 9.4에 나타나있다.

- good morning *(G)* Dr Scott's clinic *(I)* may I help you *(Q)*
- oh hello good morning *(G)* this is Mrs Lee speaking *(I)* I wonder if I could see Dr Scott today *(A)*
- um well let me see I'm afraid Mrs Lee I don't have much choice of time today would 6:15 this evening suit you *(O)*
- yes, that'll be fine *(C)*
- may I have your address and phone number please *(D)*
- 24 May Avenue, North Clyde and the number is 527.2755 *(D)*
- thank you *(D)* so that's Mrs Lee for DrScott at 6:15 this evening *(S)*
- mm yes thanks *(F)*
- thank you *(F)*

- 안녕하세요*(G)* Dr.Scott 클리닉입니다*(I)* 무엇을 도와 드릴까요?*(Q)*
- 아, 안녕하세요*(G)* 전 Lee라고 하는데요*(I)* 오늘 진료가 가능할까 궁금해 서요 *(A)*
- 음... 오늘 진료시간이 그리 여유롭지가 않네요 저녁 6시 15분 괜찮으세 요? *(O)*
- 예, 괜찮아요 *(C)*
- 주소와 전화번호 좀 주시겠어요? *(D)*
- North Clyde의 May가 24번지고요, 전화번호는 527-2755입니다 *(D)*
- 감사합니다*(D)* Lee씨는 오늘 저녁 6시 15분에 예약되셨습니다 *(S)*
- 네, 감사합니다 *(F)*
- 감사합니다 *(F)*

(Hasan 1977: 234)

* 약어표: I=신원확인(Identification), A=신청(Application), O=제안(Offer),
C=확인(Confirmation), G=인사(Greeting), Q=질문(Query),
D=기록(Documentation), S=요약(Summary), F=결미(Finis)

그림 9.4

텍스트 구조의 두 가지 기본 특징이 드러나 있다. 첫째, 각 장르와 연관되어 어떤 전형적인 형식[format, 또는 장르적 구조(generic structure)]이 존재하는데, 이 형식은 일반화가 가능하며 다수의 실제 구조를 수용한다(위 예문에서의 형식은 인사 > 신원확인 > 질문이다). 둘째, 한 텍스트가 논의 중인 텍스트 집합에 속하는 것으로 인정받고자 한다면 반드시 드러내야 할 특정한 필수 자질이 있다(위의 예에서 보면, 이 텍스트가 완전한 것으로 인식되려면 인사는 선택요소일 수 있겠지만 신원확인은 반드시 들어있어야 한다). Hasan(1977: 229)은 이를 다음과 같이 말한다.

한 텍스트에 인지 가능한 실제 구조의 일부만 실현되어 있다면 그 텍스트는 불완전한 것으로 인식될 것이다. 그리고 그렇게 실현된 부분이 뚜렷한 실제 구조에 속하는 것으로 인지조차 되지 못한다면 그 텍스트 장르의 출처는 미정인 채로 남게 될 것이다.

그렇다면 맥락적 배열은 '사회적 활동의 중요한 속성에 대한 설명'인 셈이다(Halliday & Hasan 1985: 56). 하지만 텍스트 구조의 분석과 관련이 있기 위해서는 그 중요한 속성 안에 어떻게 사회적 활동이 제도상의 규범을 따르는지와 같은 요소들이 포함돼 있어야 한다. '판매자'나 '고객'과 같은 행위자 역할(agent roles)은 의사소통의 전개와 관련이 있으며 따라서 모든 담화영역에서 고려되어야 한다. 이러한 사회 활동의 제도화는 사회적 거리(social distance)뿐만 아니라 행사할 지배(control)나 권력(power)의 정도(즉, 위계적이냐 위계적이지 않냐)와 연관되어 있는데, 이 둘은 모두 담화관계의 변수이다. 이 모든 요인은 텍스트의 형식에 영향을 끼친다(Brown & Levinson 1978에서 '체면살리기 face-saving', '울타리치기 hedging', '부담 imposition'을 보라). 마지막으로 언어 역할(language role)(언어는 활동에 본질적인가 아니면 부차적인가?)과 채널(channel)(메시지를 전달하는 수단은 무엇인가?)과 같은 개념은 담화방식의 관점에서 텍스트 형식 분석의 기본이 된다.

구조 수정의 한계

오로지 이런 틀 안에서만 구조의 다양한 신호들(선택요소, 필수요소 등)은 의미가 있다. 사실 신호들의 자질과 사용 방식은 번역가에게는 핵심적 중요성을 띠는데, 번역가는 순서와 반복의 지위뿐만 아니라 필수요소와 선택요소의 지위도 끊임없이 평가하기 때문이다. 그렇다면 번역가는 어떠한 선택과 직면하게 되는가? 다음과 같은 것이 있다.

1. 번역되는 요소는 TL 텍스트 형식에서 필수요소인가 선택요소인가?
2. 필수요소라면 그것이 발생하는 순서는 TL 텍스트 형식에 적절한가?
3. 만약 필수요소이고 그 순서도 적절하다면, 반복이 일어날 경우 그 반복은 TL 텍스트 형식에 적절한가?

이런 평가는 모든 종류의 장르적, 담화적, 텍스트적 제약 아래에서 수행된다. 1번과 2번 항목의 예로 텍스트 $9D_1$과 $9D_2$의 이탤릭체 문장을 비교해보자.

● 텍스트 9D₁

THE UNIVERSITIES AND HEALTH FOR ALL

By common consent, the tripartite functions of higher education in most
societies are those of education, research and service. *Academia in today's
university has little difficulty in perceiving its obligations with respect to the first two.*
Not so, however, the issue of service, which is often seen as a distraction
. . .

대학과 전 국민 건강

모두들 대부분의 사회에서 고등교육의 3대 기능이 교육, 연구 및 봉사라
는 데 동의한다. *오늘날 대학의 학계에서 앞의 두 기능을 자신들의 임무
로 인식하는 데는 별 어려움이 없다.* 하지만 봉사의 문제는 그렇지가 못
한데, 봉사는 흔히들 기분전환으로 여기기 때문이다 . . .

(『세계 건강 포럼』 1986; 이탤릭체는 저자 추가)

● 텍스트 9D₂ (텍스트 D₁을 다른 언어로 옮긴 후 그것을 다시 역번역)

By common consent, the tripartite functions of higher education in most
societies are those of education, research, and service. However, *academia in
today's university, which has little difficulty in perceiving its obligations with respect to
the first two functions,* does not look at the issue of service in the same way.
Indeed it often sees it as a distraction.

모두들 대부분의 사회에서 고등교육의 3대 기능이 교육, 연구 및 봉사라
는 데 동의한다. 하지만 오늘날 *대학의 학계는 앞의 두 기능을 자신들의
임무로 인식하는 데는 별 어려움이 없지만* 봉사의 문제는 다르게 생각한
다. 사실 봉사는 흔히들 기분전환으로 여긴다. (이탤릭체는 저자 추가)

이 번역에 관한 흥미로운 점은 이탤릭체로 표기된 연속체에서 구조적인
변형이 일어났다는 것이다. 이는 첫 명제('논제의 언급')에 영향을 끼치는
데 그것은 텍스트 9D₁에서 다음과 같이 나타난다.

<pre>
I   ┌ 1. 모두들 대부분의 사회에서 고등교육의 3대 기능이 . . . (논제
    │   − 일반적)
    └ 2. 오늘날 대학의 학계에서 앞의 두 기능을 . . . (논제 − 구체적)
II   3. 하지만 봉사의 문제는 . . . (반론)
</pre>

반면 텍스트 $9D_2$는 다음과 같은 요소들의 구조적 배열을 보인다.

<pre>
I   1. 모두들 대부분의 사회에서 고등교육의 3대 기능이 . . . (논제
         − 일반적)
    ┌ 2. 하지만 오늘날 대학의 학계는 [. . .] 봉사의 문제는 . . . (반론)
II │ 3. [앞의 두 기능을 자신들의 임무로 인식하는 데는 별 어려움
    └   이 없지만, . . . (반론 안에서 양보 삽입구)
</pre>

이 번역에서는 논제의 중요한 일부(구체적 논제)인

오늘날 대학의 학계에서 앞의 두 기능을 자신들의 임무로 . . .

라는 문장은 뒤이어지는 반론 안에 양보 삽입구로 격하되었다. 즉 텍스트 $9D_1$은 반론이 나오기 전에 모든 양보절을 다루는 반면 텍스트 $9D_2$는 중요한 양보절을 문장 끝에 위치시키고 단지 정황 설명으로 격하시킨다.

의심할 여지없이 번역가는 논의되고 있는 원천 텍스트 요소의 연속체를 선택적 항목으로 간주하였다. 물론 관습적인 TL 구조 형식 때문에 특정한 구조 변화가 권장되거나 심지어는 선호되는 경우도 있다. 하지만 우리의 의견은 다음과 같다.

비록 각각의 언어들이 각각의 구조적 형식을 선호한다 할지라도 결국 번역할 때의 구조적 변형은 ST의 수사학적 목적이 손상되기 시작할 때 한계에 부딪힌다. 그럴 경우에는 SL 형식을 최우선 요인으로 고려해야 한다.

우리는 이러한 점이 텍스트 $9D_2$에서 나타난다는 것을 느낀다. 대립되는 주장 사이의 균형은 전복되고 다른 메시지가 나타난다. 하지만 일반적으로 볼 때, 서로 다른 언어에서 텍스트 구조의 전개 방식이 어떻게 다른지에 대해서는 비교적 거의 알려진 바가 없다. 특정 언어쌍 간의 번역을 할 때 구조 수정에 대한 제약을 결정하기 위해서는 대조 텍스트 구조에 대한 더 많은 연구가 필요하다.

요소가 모여 어떻게 연속체로 되나

우리는 '요소'라는 용어를 텍스트 구조의 성분 가운데 하나를 지칭하는 말로 사용하였다. 우리는 요소를 특정 문법 단위(구, 절 등)와 동일시하기보다는 일부 수사학적 기능을 수행함으로써 전반적인 수사학적 목적 달성에 현저히 기여하는 최소 어휘문법 단위로 간주하고자 한다. 각 요소는 텍스트 전개의 단계를 나타낸다. 예를 들어, 텍스트 $9D_1$의 *하지만 봉사의 문제는 그렇지가 못한 데*는 반론을 형성하기 때문에 우리가 판단하기에 하나의 요소가 된다.

언어사용자가 모두 그러하듯 번역가는 텍스트의 주어진 요소를 다룰 때 통사적 형식과 수사학적 기능 양 측면에서 작업한다. 바로 이 형식-기능 상호작용이 담화적 관계의 측면에서 요소를 정의 내린다. 각각의 텍스트 타입에서 요소가 작용하는 전형적 가치의 예는 그림 9.5와 같다.

서술적 텍스트(narrative texts)	가치	관련성은	사건
기술적 텍스트(descriptive texts)	"	"	속성
개념적 설명 텍스트 (conceptual expository texts)	"	"	단언
논쟁적 텍스트(argumentative texts)	"	"	논쟁의 쟁점
지시적 텍스트(instructional texts)	"	"	과정의 단계

(Stratton 1971에 근거함)

그림 9.5

Candlin & Saedi(1982: 107)가 관찰하듯이 한 텍스트 안에서 요소의 선형적 전개 때문에 수사학적 기능의 비선형적 상호 관계를 흐릿하게 할 여지가 있다. 예를 들어 프랑스 보험 회사 COFACE와 관련된 텍스트 $9D_1$에서 요소의 선형적 연속체는 사건과 배경 정보 사이의 수사학적 관계를 반영하지 않는다. 번역가로서 우리는 어떻게 전체적인 담화관계가 발전되고 있는지 발견하기 위해 이 선형성을 넘어서 살펴볼 필요가 있다. 우리는 이제 텍스트 구조의 두 번째 층위인인 즉 **연속체**의 단계에 있는 것이다. 연속체는 텍스트 구조의 단위로, 일반적으로 하나 이상의 요소로 이루어지며, 논의 중인 개별 요소들보다 상위의 수사학적 기능을 수행한다. 연속체가 어떻게 인식되는지 설명하기 위해 우리는 텍스트 $9D_1$과 $9D_2$에서 확인된 번역 상의 문제점을 재검토해볼 필요가 있다.

텍스트 $9D_1$에서 우리는 아래의 문장

오늘날 대학의 학계에서 . . . 인식하는 데는 별 어려움이 없다.

를 논쟁의 전반적 전개에서 '쟁점'을 구성하며 따라서 수사학적 기능('일반 논제를 구체화하기')을 수행한다는 이유로 하나의 요소로 분류하였다. 반면 텍스트 $9D_2$에서는 위의 요소가 여전히 논쟁의 쟁점을 구성하고 있기는 해도 다른 구조적 구성성분의 일부가 된다. 이 경우 상위의 수사학적 기능은 언급된 논제에 대한 반론을 다음과 같이 형성한다.

하지만 오늘날 대학의 학계는 앞의 두 기능을 자신들의 임무로 인식하는 데는 별 어려움이 없지만 . . .

따라서 우리가 번역물에서 무엇을 결함으로 인식하는가는 텍스트의 전체 흐름 속에서 연속체를 식별하는 우리의 능력에 달려있다. 원천 텍스트의 구조는 그림 9.6에서 예시하는 바와 같이 논쟁적 텍스트에 익숙한 패턴을 따른다.

그림 9.6 반론의 요소와 연속체

연속체 사이의 경계 인식

텍스트 생산자는 한 연속체가 완성되고 다음 연속체가 시작될 수 있는 시점이 언제인지 어떻게 결정하는가? 미리 정해진 한계는 없지만 사람들은 본능적으로 한 연속체의 수사학적 목적이 달성된 때를 안다. 말하자면, 사람들은 너무 길게 말하기(잉여성)나 요지를 완성하기 전에 멈추는 것(불완전성)을 기피한다는 것이다. 하나의 연속체는 그것의 기능을 수행하기 위해 필요한 만큼 길다.

번역가의 관심은 당연히 원천텍스트 생산자의 수사학적 목적을 전달하는 데 있다. 그러므로 연속체와 전체 텍스트의 작문에 대한 계획을 인식하는 것은 번역 작업에 있어서 필수불가결한 부분이다. 그림 9.6에서 반론과 유사한 작문 계획의 연속체 I은 단 두 가지 요소(일반적 논제와 구체적 논제)만 포함한다. 하지만 한 연속체 안에서 특정한 기능을 상세히 기술하기 위해 여러 가지 요소를 사용하는 경우도 흔하다. 이러한 요소를 강화요소(enhancer)라 일컫는다. 텍스트 9E에서 요소 2, 3, 4, 5는 부수적인 강화 기능을 수행하는 것으로 간주된다.

- 텍스트 9E

The Verdict of Kahan and the Context

I
1. Much credit flows to the State of Israel for the vigour of the Kahan commission's enquiry and the rigour of its conclusions.
2. There is not another country in the Middle East, [. . .] where the rulers could be subjected to questioning of such a kind.
3. [and not to many beyond]
4. And in Lebanon, [. . .], the parallel enquiry has turned into a charade.
5. [at whose citizens' hands the massacres were committed]

II
6. The credit attaches to the state, though, and not the government
7. which at first refused to have its complicity attainted

카한위원회의 심판과 맥락

I
1. 카한위원회의 적극적인 진상조사와 준엄한 심판에 대해 이스라엘 정부에 많은 공이 돌아가고 있다.
2. 통치자가 그와 같은 심문을 받을 수 있는 나라는, [. . .], 중동에서는 이스라엘 밖에 없다.
3. [그리고 중동 이외의 지역에서도 그리 많지는 않다.]
4. 그리고 레바논에서는, [. . .], 이와 유사한 진상조사가 뻔한 수작으로 변모했다.
5. [레바논 시민들의 손에 대량학살이 자행되었다.]

II
6. 그 공은 국가의 몫이긴 해도 정부의 몫은 아니다
7. 정부에서는 처음에 정부의 연루 사실을 밝히기를 거부했기 때문이다.

(『가디언』 사설)

어디서 한 요소가 끝나고 다른 요소가 시작되는지를 결정하는 일이 일반적으로 번역가의 문제는 아니다. 반면 문제가 될 만한 것은 어디서 한 연속체가 끝나고 다른 연속체가 시작되는지 인지하는 일이다. 텍스트 9E에서 요소 2-5(강화요소)가 한편으로는 요소 1(언급된 논제)과, 다른 한편으로는 요소 6-7(반론)과 관련하여 갖는 상대적 비중을 올바로 인식하지 못하면 논쟁을 이해하거나 번역함에 있어 심각한 문제가 될 수 있다. 요소 1(*카한위원회의 적극적인 진상조사와 준엄한 심판에 대해 이스라엘 정부에 많은 공이. . .*)을 피상적으로 읽게 되면 독자들에게 친이스라엘적인 주장의 전개를 가정하게 하는 목표텍스트가 나오기 쉽다. 게다가 이런 오독은 요소 6에서 간접적인 반론 기호(*. . . 이긴 해도*)의 진정한 영향력을 올바로 인식하거나 번역하는 데 실패함으로써 더 심각해질 수 있다.

화제 전환

지금까지 우리는 전체적 수사학적 목적에 대한 기여와 관련지어 연속체를 정의했다. 이제는 텍스트 안에서의 또 다른 유용한 구조적 지표를 살펴본다. 화제 전환(topic shift)은 담화의 인접 부분 간에 인지 가능한 화제 변화가 일어나는 지점으로 이해해야 한다. 이런 화제 전환을 표시하기 위해 어휘 및 통사적 신호가 항상 존재하는데[Brown & Yule(1983: 94)을 보라], 이런 전환은 때로는 문단의 경계와 일치하기도 한다. 그러나 화제를 좀 더 엄밀히 정의 내림으로써 우리는 텍스트 사이의 경계뿐만 아니라 해당 텍스트 안의 연속체 간, 그리고 요소 간의 경계도 식별할 수 있게 된다. 화제는 담화영역의 변수지만 행위로서의 담화와 기호 체계로서의 담화와도 관련이 있다. 이러한 관점에서 텍스트 9E의 처음 몇 연속체 사이의 화제 전환은 그림 9.7과 같이 분석될 수 있다.

연속체의 화제 I (요소 1-5)
명제적 의미:　이웃 국가와 비교 했을 때 이스라엘의 사법 절차의 건전성
발화수반력:　'반박'의 근거를 준비하며 칭찬으로 간주 (국가에 대해서만)
기호:　반박될 논제

연속체의 화제 II (요소 6-7)
명제적 의미:　*국가(state)*와 *정부(government)*의 구별
발화수반력:　'반대': 정부를 칭찬에서 제외
기호:　반론

그림 9.7

화제 전환의 텍스트적 지표는 앞서 약술한 수사학적 목적을 인식하기 위한 기능적 기준을 보완해준다. 어휘, 통사, 응집, 주제-평언 구조 등을 선택할 때(10장을 보라), 번역가는 이런 종류의 화제 분석에 따르게 된다. 이것은 구조적 경계의 유용한 추가 지표이다. 예를 들어 텍스트 9E에서 요소 1의 공(*credit*)이란 항목을 요소 6에서 반복한 것은 반론에 인용된 논제를 연결시키는 강력한 응집 장치가 된다.

구조의 단위로 텍스트 인지하기

우리는 이제 텍스트라 불리는 구조의 가장 높은 단계에 도달했다. 앞선 논의로 보아, 우리가 텍스트라는 용어를 담화의 전체 부분(기사, 책 등)을 지칭하기 위해서가 아니라 획일적인 전체 안의 세분된 부분을 지칭하기 위해 사용하고 있음이 분명해졌을 것이다. 텍스트는 서로 관련이 있는 요소들로 이루어진 하나 또는 그 이상의 연속체로 실현되며 전반적인 수사학적 목적에 기여하는 응집력 있고 일관성 있는 단위다.

하나의 연속체가 끝나고 다른 연속체가 시작됨을 인지하는 것이 중요한 것처럼 번역가가 텍스트의 경계선을 식별하는 것도 매우 중요하다. 처음에는 문단(철자법적 또는 개념적으로—Trimble(1985)을 보라)을 텍스트 경계의 유용한 지표라고 가정해볼 수 있을 것이다. 실제로도 문단과 텍스트의 화제, 텍스트의 수사학적 목적 사이에서 적당한 상응 정도가 종종 있다. 하지만 이것이 항상 그런 것은 아니다.

번역가에게 특히 흥미로운 점은 목표를 향해 나아가기 위해 텍스트가 만들어지는 방식이다. 텍스트는 수사학적 목적이 이루어졌다고 여겨지는 지점에서 완성된 것으로 간주된다. 다시 말해 경계는 하나의 연속체가 전반적인 수사학적 목적을 추구한다는 이유로 텍스트 생산자로 하여금 더 상세하게 말해 나가도록 하지 않는 시점이다. 하나 이상의 문단이 하나의 텍스트를 이룰 수도 있고, 혹은 하나 이상의 텍스트가 하나의 문단을 만들 수도 있다. 그러므로 번역가가 문단의 경계를 변경하기 위해 내린 어떠한 결정도 최소한 텍스트의 구조와 일치되어야 한다.

텍스트의 경계가 문단의 경계와 항상 일치하지는 않음을 예로서 설명하기 위해, 이제 텍스트 9F의 구조를 분석해 본다(이 텍스트의 일부는 4장에서 논의되었던 부분임).

• 텍스트 9F

Oral health care does not have the makings of a dramatic issue. Very few people die of oral disease, and its effect on the economies of nations is insignificant. Yet very few people manage to avoid oral disease, and the two major variants — dental caries and periodontal disease — can and do cause irreversible damage. In the process, dental caries can cause some of the most severe pain that the average person is likely to experience in his lifetime. In 1978 a national survey in the United Kingdom, where 4% of the national health budget is spent on dental care, showed that 30% of the adult population was edentulous.

Yet the United Kingdom, like other countries with a long- established dental care system and the high levels of dental caries and periodontal disease generally associated with Western culture, now seems to be experiencing a minor revolution. Not only has the average dentition life expectancy increased by five years in the past decade but reports are now coming in of dramatic reductions in the prevalence of dental caries in schoolchildren in different parts of the country, some from fluoridated areas, some not. The United Kingdom is by no means unique in this respect. Similar observations have been reported in Australia, New Zealand, Scandinavia, and the U.S.A.

구강 건강관리는 심각한 문제를 제기하지는 않는다. 구강 질환으로 사망하는 사람은 극소수이며, 구강 질환이 국가 경제에 미치는 영향도 미미하다. 하지만 구강 질환을 피할 수 있는 사람은 거의 없으며, 그런 대표적인 구강 질환 두 가지가 바로 충치와 치주 질환으로 이 질환은 돌이킬 수 없는 손상을 입힐 수도 있고 또 실제로 입히기도 한다. 진행 과정에서 충치는 보통 사람이 평생에 걸쳐 겪는 가장 심각한 통증을 일으킬 수도 있다. 1978년 영국에서 행해진 전국적인 통계 조사에 따르면, 영국은 국민 건강 예산의 4%를 치아 관리에 투자하는데, 성인 인구의 30%가 상실치로 밝혀졌다.

하지만 영국도 오랜 기간 동안 높은 수준의 충치와 치주 질환에 관한 구강 관리 시스템을 가지고 있는 서구 사회에 속한 다른 국가들과 마찬가지로 이제 작은 변혁을 겪고 있는 듯하다. 치아가 있는 평균시기가 과거 10년 전에 비해 5년 정도 늘어났을 뿐 아니라 불소가 함유된 물이 공급되는 지역은 그렇지 않은 지역에 비해 학생들에게 충치가 현저하게 줄고 있는 실정이다. 영국은 이런 관점에서 결코 유일무이한 국가가 아니다. 비슷한 관찰이 호주와 뉴질랜드, 스칸디나비아, 미국에서 보고되었다.

(『세계 건강 포럼』)

독자와 번역가의 관점에서 보면, 문단 경계에만 의존하는 것은 텍스트 구성 방식을 이해하는데 방해가 될 수 있다. 예를 들어 두 번째 문단의 첫 문장은 반대(*하지만...*)를 표현한다. 우리의 정의상 이 요소는 텍스트의 시작점이 될 수 없다. 이 요소가 반응할 어떤 '입장'의 진술이 있어야 하는 것이다. 그 진술은 앞 문단의 끝부분에서 찾을 수 있다.

I   In 1987 a national survey in the United Kingdom, where 4% of the national health budget is spent on dental care, showed that 30% of the adult population was edentulous.

II Yet the United Kingdom, like other countries with a long-established dental care system and the high levels of dental caries and periodontal disease generally associated with Western culture, now seems to be experiencing a minor revolution.

I 1978년 영국에서 행해진 전국적인 통계 조사에 따르면, 영국은 국민 건강 예산의 4%를 치아 관리에 투자하는데, 성인 인구의 30%가 상실치로 밝혀졌다.

II 하지만 영국도 오랜 기간 동안 높은 수준의 충치와 치주 질환에 관한 구강 관리 시스템을 가지고 있는 서구 사회에 속한 다른 국가들과 마찬가지로 이제 작은 변혁을 겪고 있는 듯하다.

번역가가 텍스트 구조에 맞추기 위해 문단의 경계를 반드시 바꾸어야 한다고 제안하는 것은 아니다. 그렇지만 중요한 점은 번역을 할 때, 예컨대, 위의 연속체 II를 나름의 수사학적 목적을 가지고 새로운 텍스트를 시작하는 것으로 파악하지 않고, 연속체 I에 대한 반응으로 파악하는 것과 같은 이해를 반영해야 한다는 것이다.

등가: 단어 수준인가 텍스트 수준인가?

번역가는 직접적으로든 간접적으로든 번역 단위로서의 텍스트의 중요성을 질문한다. '텍스트' 단위는 번역의 목적을 달성하는데 구나 단어와 같은 하위 단위와는 대조적으로 무엇이 그렇게 매력적인가? 번역은 결국 '글자 그대로' 옮기는 일이 아닌가? 이러한 질문들은 고려해볼 가치가 있다. 번역가가 원재료로서 단어나 구를 가지고 작업함에는 의심의 여지가 없다. 사전 찾기와 참조 작업은 필시 이 층위에서 일어난다. 하지만 등가는 진정 이 층위에서만 확립될 수 있는가? 대조 수사학의 연구에서는 등가를 결정하는데 문단과 텍스트 층위에서의 담화 구조가 중요함을 보여준다(그 예로 Hartmann 1980을 보라).

결정하는 단계에서 특정한 항목의 적절성은 그 항목이 텍스트의 전체 설계도 안에서 차지하는 위치를 조명함으로써만 판단될 수 있다. 그 설계도에는 텍스트 짜임새, 구조, 담화 맥락 사이의 수많은 복잡한 관계가 포함돼있다. 한 가지 놀라운 예를 텍스트 9F에서 발견할 수 있을 것이다.

하지만 영국도 . . . 이제 작은 변혁을 겪고 있는 듯하다.

*작은 변혁(minor revolution)*이라는 항목에 엄격히 단어 또는 구 층위의 결정을 적용한다면 부정적인 개념의 표현으로 번역될 언어들이 많다(*작은 minor*='중요하지 않은insignificant', '무시해도 좋은negligible').

하지만 이 항목을 앞서 언급된 논제에 대한 반론('영국인은 치아 상태가 나쁘다')의 일부로 파악한다면, *작은(minor)*을 '중요한'(significant)이나 '주목할 만한'(noteworthy)으로 해석할 수 있게 된다. 다시 말해 이것은 '. . . 그러나 낙담하지마라'(. . . but do not despair)는 수사학적 기능에 공헌한다는 것이다. 영어와 밀접하게 관련된 언어의 경우 *작은 변혁*과 등가적인 관용어가 존재한다하더라도, 이 관용어가 텍스트에서 같은 기능을 효과적으로 수행할 수 있을지에 대한 판단은 여전히 필요하다.

기본적 텍스트 설계
번역가의 관점에서 담화관계에 관해 특히 흥미로운 점은 그 관계가 수사학적 목적을 쉽게 상기시키는 패턴을 제공한다는 것이다. 그림 9.5에서 우리는 상이한 텍스트 유형에서 상이한 요소들이 나타내는 가치의 종류를 식별하였다(설명에서의 '단계', 논쟁에서의 '쟁점' 등). Nash(1980)는 다양한 텍스트 유형에서의 요소들 사이에서 얻어지는 관계를 식별한다. 예를 들어 논쟁적 패턴은 Nash가 균형(balance)이라고 칭하는 것에 의해 이루어진다. 여기서 명제에서 반명제로 바뀌는 신호를 보내어 충돌하는 주장들을 종합하도록 유도하게 된다. 그러한 패턴에 연루된 다양한 단위들 사이에 분명히 드러나는 관계가 존재하지 않을 때, 번역가는 기저의 연속성을 인식함으로써 텍스트의 결속성을 유지하도록 해야 한다. 텍스트 $9G_1$(아랍어를 형식적으로 번역)의 표현으로는 원천텍스트의 수사학적 의미에 접근하기가 쉽지 않다. 결속성이 암시적으로 옮겨졌기 때문이다. 반면에 텍스트 $9G_2$는 영어 독자를 위해 해당되는 관련성을 조금 더 명시적으로 옮기려고 노력한 번역이다.

- 텍스트 $9G_1$

It is not surprising that the 'needle' by virtue of its shape, size and function (that of penetrating the flesh) takes on a flagrant symbolic significance. The more surprising fact is that the eyes also take on this significance.
'바늘'이 모양, 크기, 그리고 기능(살을 뚫는 기능) 덕분에 명백한 상징적 의미를 띤다는 것은 놀랍지 않다. 이보다 놀라운 사실은 눈도 이 같은 의미를 띤다는 점이다. (Tarabishi 1984)

- 텍스트 $9G_2$

That the 'needle' by virtue of its shape, size and function (that of penetrating the flesh) takes on a flagrant symbolic significance is not surprising. What is more surprising, however, is that the eyes are also accorded such significance.

'바늘'이 모양, 크기, 그리고 기능(살을 뚫는 기능) 덕분에 명백한 상징적
의미를 띤다는 것은 놀랍지 않다. 그러나 이보다 놀라운 점은 눈에도 이
같은 의미가 부여돼 있다는 것이다.   (Tarabishi 1987)

Crombie(1985)는 텍스트가 조직되어 거시 패턴(macro-pattern)(예:
상황→문제→해결→평가)을 형성하며 합쳐지는 방식에 대한 증거를 독
자들이 축적한다는 제안을 한다. 그런 패턴 안에서 담화 기능은 '인정하
고 나서 반박하기'(인정→의표 찌르기)와 같이 식별된다. 그림 9.8은 문제
→해결의 거시 패턴을 설명한다.

Concession- Contraexpectation	The worst thing about having a dinner party is cleaning up the debris afterwards.	Problem
Result-Reason	However, you don't have to worry about this particular problem any longer.	Solution
Condition(as Directive)- Consequence Means-Purpose	Just phone us at DIALAMAID and we'll send someone round to do it for you.	

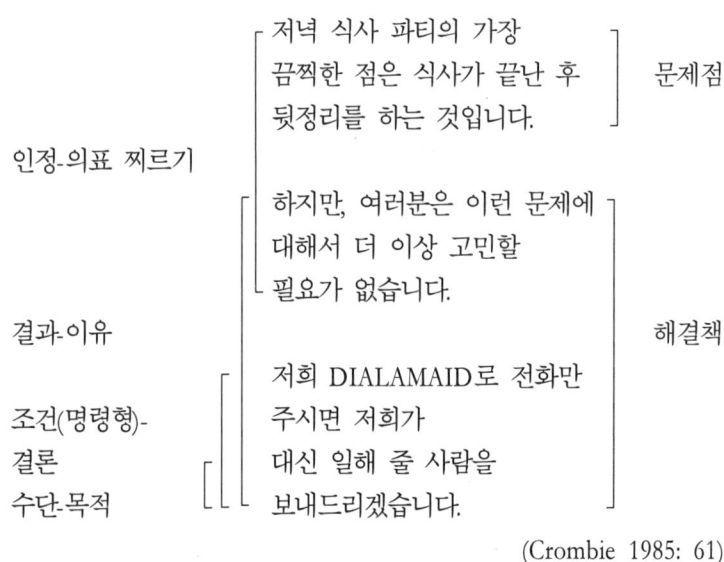

인정-의표 찌르기　　　　저녁 식사 파티의 가장
　　　　　　　　　　　끔찍한 점은 식사가 끝난 후　　문제점
　　　　　　　　　　　뒷정리를 하는 것입니다.

결과-이유　　　　　　　하지만, 여러분은 이런 문제에
　　　　　　　　　　　대해서 더 이상 고민할　　　　해결책
　　　　　　　　　　　필요가 없습니다.

조건(명령형)-　　　　　저희 DIALAMAID로 전화만
결론　　　　　　　　　주시면 저희가
수단-목적　　　　　　　대신 일해 줄 사람을
　　　　　　　　　　　보내드리겠습니다.

(Crombie 1985: 61)

그림 9.8

본질적으로 이 공식화는 이 책의 구조 모형과 비길만한데, 그 모형에서 독자들은 텍스트 속의 다양한 요소와 연속체의 상호작용을 평가함으로써 텍스트 전개 방식에 대한 증거를 도출해낸다. 두 가지 기본적 구조 형식이 식별될 수 있으며, 그것들은 그림 9.9에 나타나있다.

설명의 구조적인 형식은 텍스트 $9H_1$과 $9H_2$에서 예시되는데 이는 각각 스페인어와 영어로 된 서사의 예문이다.

반론

↓ 언급된 논제로서 반박될 예정

↓ 반박

↓ 입증

↓ 결론

설명

↓ 상황 설정

↓ 상황의 측면 I

↓ 상황의 측면 II

등

[측면은 서술의 사건과 기술의 속성, 개념적 설명의 단정으로

이해되어야 한다]

그림 9.9

● 텍스트 9H₁

```
 1   HACIA 1515 un puñado de españoles
     encabezados por el Capitán
     Pánfilo de Narváez y Fray
     Bartolomé de las Casas establecieron la
 5   penultima villa cubana en la costa sur de la
     actual provincia de La Habana. Pero aquel
     emplazamiento duró poco. Los fundadores
     emigraron hacia la costa norte
     acercándose al Estrecho de la Florida
10   cuyas rápidas corrientes favorecían la
     navegación. Así llegaron a un puerto de
     garganta angosta y bolsón desmesurado,
     bien protegido contra los huracanes por
     unas colinas.
15       En la orilla oeste de esa bahía quedó
     definitivamente fundada la villa de San
     Cristóbal de La Habana, en el mes de
     noviembre de 1519, un día del cual no se
     guarda recuerdo, pues las Actas del
20   Cabildo que van desde ese año hasta 1550
     fueron quemadas por el corsario francés
     Jacques de Sores.
         Cuenta la traditición oral que siguiendo
     la ...
```

SOMETIME around 1515, a handful of Spaniards led by Captain Pánfilo de Nárvaez and Frayy Bartolomé de las Casas established a settlement in Cuba on the southern coast of what is now the province of Havana. However, this settlement did not last long and its founders moved to the northern coast near the Straits of Florida, whose swift currents were an aid to navigation. They came to a harbour consisting of a narrow inlet opening into a large bay, well protected by hills against hurricanes. The town of San Cristóbal de la Habana was finally established on the western shore of this bay in November 1519. The exact date is no longer known since the records of the municipal council covering the period from that year to 1550 were burned by the French pirate, Jacques de Sores.

Oral tradition has it that, in accordance . . .

1515년 즈음의 언젠가 나바에즈의 판필로 선장과 카사스의 프라이 발톨로메가 이끈 소수의 스페인 사람들은 현재 쿠바의 아바나주로 알려진 지역의 남쪽해안에 정착촌을 세웠다. 하지만 이 정착촌은 오래 가지 못했고 정착촌을 세운 사람들은 플로리다해협 근처의 북부해안으로 이주했는데, 해협의 빠른 해류가 항해에 도움이 되었다. 그들이 도착한 항구에는 큰 만으로 통하는 좁은 내해 통로가 있어서 언덕의 보호를 받아 허리케인의 피해로부터 안전했다. 아바나의 산크리스토발 시가 마침내 1519년 11월 이 만의 서부해안에 세워졌다. 정확한 날짜는 알 수가 없는데, 그 해부터 1550년까지의 시의회 기록이 프랑스 해적 자크 드 소레스에 의해 소실되었기 때문이다.
구전에 따르면 . . .

(『유네스코통신』 1984년 7월)

여기서 두 가지 흥미로운 점이 있다. 첫 번째는 번역가가 두 문단을 하나로 합쳤다는 것인데 이는 서사적 텍스트의 경계를 따르기 위한 것이다. 영어에서는 이야기가 완성되기 전에 문단을 나눌 필요가 없기 때문이다.

두 번째는 *하지만* *however*(3번째 줄)과 같은 항목을 반론의 중요한 표지로 추렸음에도 불구하고 그런 표지들이 텍스트에 등장하는 자체만으로는 텍스트 유형을 표시하기에 충분하지 않다는 점이다. 여기에서 그 항목은 단순히 서사의 연속하는 두 사건을 연결하는 역할만 할 뿐이다.

이러한 기본 구조적 형식의 변이는 얼마든지 가능하다. 예를 들어 다른 논쟁적 텍스트 형태(일관적 주장)는 반론의 형식과 한 가지만 제외하고 유사한데, 그것은 언급된 논제 뒤에 반론이 따라오는 대신에, 논제와 반론 이 두 가지 요소가 단일한 '관점의 진술'로 융합되어 일관되게 주장된다는 점이다. 이 기본 형식은 그림 9.10과 같다.

텍스트 9I는 반대 관점에 대한 명시적인 지시 없이 하나의 주장이 어떻게 구성될 수 있는지를 보여준다.

일관된 주장
↓ 일관되게 주장될 논제
↓ 입증
↓ 결론

그림 9.10

• 텍스트 9l

Education and society:
follow the leader

In the United States, the schools have relatively little autonomy in terms of basic policy and the direction of education. Educational institutions basically follow the dictates of society in terms of policy, curriculum, standards and orientations. When society's goals change, the schools must also change and the current 'crisis' reflects the fact that social goals have shifted from a stress on equity and the solution of societal problems through education which characterized the 1960s to a focus on academic and technological achievement to enable the nation to compete in an increasingly difficult world market . . .

교육과 사회:
지도자를 따라서

미국에서 학교는 기본 정책과 교육의 방향이라는 측면에서 비교적 자율성이 없다. 교육 기관은 정책과 교과 과정, 규범, 진로 지도에 있어서 기본적으로 사회의 지시를 따른다. 사회의 목표가 변하면 학교도 변해야만 하며 현재의 '위기'는 사회목표가 바뀌었다는 사실을 반영하는데, 이 변화는 1960년대의 특징이었던 교육을 통한 사회문제해결과 평등에 대한 강조에서 점점 더 어려워지는 세계 시장에서 국가경쟁력을 키우기 위한 학문적 및 기술적 성취에 대한 강조이다. . .

(『유네스코전망』 1986: 338)

텍스트 9l에는 어조가 즉시 나타난다(. . . *비교적 자율성이 없다*). 암시적으로 이 진술은 진술되지 않은 주장('미국의 학교는 자율적'이라는 주장)을 반박한다. 그런 다음 처음 언급된 논제는 나머지 텍스트를 통해 내내

일관되게 주장된다.

요약에서 텍스트 설계를 사용하기

앞서 설명된 다양한 설계에 대한 통찰력은 일반적으로 더 잘 이해하기 위한 도구로서 중요할 뿐 아니라 번역가가 수행하도록 요청받는 요약하기나나 보고하기와 같은 활동에서도 중요하다. 원천 텍스트의 구조는 파생한 텍스트에서 무엇이 나타나고 무엇이 나타나지 않아야 하는지를 결정하는데 중요한 지침이 된다. 번역 훈련생들이 흔히 요약하기에는 명백한 규칙이 없는 과정이라 생각하는 것이 분명하다. 하지만 구조적 기준에 조금 더 관심을 기울이며, 그 기술을 훨씬 더 체계적으로 다룰 필요가 있다.

번역가가 종종 엉망으로 구성된 원천 텍스트를 번역해야 한다는 사실에 반감이 있을 수도 있다. 사실 이런 경우는 아주 흔하다. 그러나 얼마나 엉망인지를 식별할 수 있기 위해서는 규범에 대한 명백한 개념을 가질 필요가 있다. 텍스트가 서툴게 구성되어 있다고 결정하려면 번역가는 텍스트가 따르도록 기대되는 관습에 관한 개념이 있어야 하며, 오직 번역가의 개입을 통해서만 원천텍스트의 설계상의 결함을 목표텍스트에서 제거하는 일이 가능하다. 이 부분은 번역가의 자유에 대한 논쟁을 조금 더 현실적인 면에서 파악할 수 있는 또 다른 영역이 될 수 있을지도 모른다. 텍스트 구조의 목적은 등가를 이루려는 노력 속에서 수사학적 목적을 수행하는 것이고, 번역가는 그런 이유로 적절한 변형을 하며 그 목적을 옮기기 위해 우선과 최선을 추구한다.

담화와의 관계 속에서의 텍스트

이 장에서 우리는 구조의 세 단위인 요소, 연속체, 텍스트를 살펴보았다. 그러면 이제 텍스트보다 더 크게 식별 가능한 단위는 없는지에 대한 의문이 자연스레 생기게 된다. 물론 텍스트는 담화라는 더 큰 구간 안에서 서로 결부되어 있다. 하지만 텍스트의 층위를 넘어서서 우리가 구조의 단위로 식별할 수 있게끔 규칙적으로 일어나는 패턴을 인지하기는 어렵다. 담화는 분산되어 있으며, 그 기저를 이루는 신념체계나 권력구조 등과 실제적 표현을 관련지을 때만 분석될 수 있다. 번역가는 이러한 것들이 전달해야할 태도의 중요한 지침이 된다는 것을 발견한다. 하지만 한 텍스트의 태도적 또는 이데올로기적 취지는 우리가 앞서 논의했던 텍스트적 구조 속에 패턴을 형성하고 있다. 이들은 분명히 감지할 수 있는 언어학적 단위로서 번역가의 작업을 인도한다.

어떤 문화에서 특정 패턴이 특정 담화나 특정 장르와 관습적으로 연관될 때조차도 번역가가 집중해야 하는 것은 텍스트적 구조다. 예를 들어 서구 문화에서 반론은 '논쟁의 소지가 있는' 담화와 자주 연관되어 나타나며 '편집자에게 보내는 편지'를 포함한 장르의 범위에서 일어난다. 그러나 그 형식인 언급된 논제→반박→입증→결론은 번역가에게 가장 중요한 것으로 어떤 하나의 장르나 담화에만 특유하게 나타나지는 않는다. 이는 하나의 텍스트 구조인 것이다. 이러한 텍스트 구조는 분명히 보편적인 것이 아니고 문화에 따라 다양하다. 비서구 문화에서는 텍스트 9J₁이 명확히 보여주듯, 동일한 장르(편집자에게 보내는 편지)와 동일한 논란의 소지가 있는 담화라도 영어의 표준적인 반론 형식과는 완전히 다른 텍스트 형식을 사용하고 있다.

- 텍스트 9J₁

Sir. In the light of your Islamic activities which we all recognize, we would like you to pay greater attention than you have done so far to Muslim minorities, particularly in view of the fact that they are facing vicious attacks designed to divert them from the Islamic line which they have chosen for themselves.

These minorities desperately need assistance in various ways in order to be able to withstand these attacks and to raise the banner of Islam throughout the world.

편집자님. 우리 모두가 인정하는 귀사의 회교 활동에 비추어 부탁하오니, 귀사에서 회교 소수자들에게, 특히 스스로 선택한 회교 계보에서 제외시키기 위해 계획된 잔인한 공격에 그들이 직면했다는 사실을 고려하시어 지금까지보다 더 많은 관심을 쏟아주셨으면 합니다.

이들 소수자들은 이러한 공격을 견디어 내고 전 세계에 이슬람의 기치를 높이기 위해 다방면으로 도움이 절실히 필요합니다.

텍스트 9J₁은 아랍어로 쓰여 편집자에게 보내는 편지의 특징이 있으며, 이는 우리에게 익숙한 영어의 반론 특징과 유사하다. 그러나 영어를 사용하는 목표 독자에게 최대한 효과적이기 위해서는 텍스트 9J₁과 같은 원천텍스트는 번역할 때 텍스트 9J₂와 같이 상당한 수정을 거쳐야 한다.

- 텍스트 9J₂

The activities of your magazine in promoting Islam are highly commendable. However, it would be greatly appreciated it you were to pay greater attention to Muslim minorities. They desperately need assistance of various kinds at a time when they are facing vicious attacks designed to divert them from the Islamic line.

귀사의 회교 전도 활동은 높이 치하할 만합니다. 그러나 귀사가 회교 소수자들에게 조금만 더 관심을 가져주신다면, 감사하기 그지없을 것입니다. 회교 계보에서 제외시킬 목적으로 계획된 잔인한 공격에 직면해 있는 지금, 그들은 다방면의 도움이 절실한 상태입니다.

이 번역에서 교정자가 수정을 한 동기는 장르나 담화형식이 아니라 관습적인 텍스트 형식이다.

번역가 자유의 범위

앞에 논의된 종류의 구조적 변형은 ST의 구조를 TL에서 읽을 수 있도록 변화시킬 때 번역가에게 얼마만큼의 자유가 허용되는지에 대한 질문을 일으킨다. 이 질문에 답하기 위해 우리는 임시로 아래와 같은 가설을 제시한다. 한쪽 끝에는 가장 설명적인(비평가적) 형식, 다른 한쪽 끝에는 가장 논쟁적인(평가적)인 형식으로 된 연속선상에 다양한 텍스트 패턴을 위치시키면서 우리는 다음을 제안한다.

텍스트가 덜 평가적일수록 번역에서 구조를 수정할 필요성은 줄어든다. 반대로 텍스트가 더 평가적일수록 수정할 수 있는 범위는 더 커지게 된다.

이 가설의 실현 가능성은 번역학의 중요한 개념, 즉 번역의 목적이라는 개념에서 설득력을 얻는다. 아마도 번역된 설명적 텍스트(예를 들어, 국제통화기금의 활동방식에 대한 분석적 설명문)의 소비자는 텍스트 구조에 대해 최대한의 충실성을 기대할 것이다. 하지만 예를 들어 번역된 사설의 소비자는 그와 같은 요구를 거의 하지 않을 것이다. 그런 텍스트의 소비자는 원천 언어에서 수사학적 관습이 어떻게 작용하는지를 찾기 보다는 논쟁이 진행되는 흐름을 따라가는 데에 더 흥미를 가질 것이다. 텍스트 9J는 이런 점을 정확히 보여준다.

지시적인 텍스트에서는 다른 종류의 가설이 적용될 수 있다. 가장 문화 종속적인 텍스트를 한 쪽 끝에 놓고 가장 덜 문화 종속적인 텍스트를 다른 한쪽에 놓은 연속선상에 지시적인 텍스트 형식을 위치시키면서 우리는 다음을 제안한다.

텍스트가 덜 문화종속적일수록 그것의 구조를 수정할 필요성은 줄어든다. 반대로 텍스트가 더 문화종속적일수록 수정할 수 있는 범위는 더 커지게 된다.

'문화종속적'이라는 개념은 논의되는 텍스트가 '보편적으로 통용되는' 정도와 관련지어 정의될 수 있다. 따라서 조약문, 선언문, 결의문 및 기타 유사한 문서 번역에서는 최소한의 수정이 요구될 듯하다. 이런 형태의 문서는 문화종속적이지 않다. 이런 텍스트는 폭넓게 국제적으로 인식되기 때문에 번역시 면밀한 조사와 대조확인이 가능하도록 할 필요가 있다. 이러한 경우는 텍스트 9K에서처럼 거의 보편적으로 정형화된 선언문의 배치에서 분명히 나타난다.

● 텍스트 9K

Declaration

The World Conference to Combat Racism and Racial Discrimination

---

Having met at Geneva from 14 to 25 August 1978 in accordance with General Assembly resolution 32/129,

Recalling that Charter of the United Nations is based on the principles of the dignity and equality of all human beings,

Noting the vital need for the mass media to inform public opinion objectively about the liberation struggle in southern Africa,

Solemnly declares:

1. Any doctrine of racial superiority is scientifically false, morally condemn- able, socially unjust and dangerous, and has no justification whatever;

선언문

인종주의와 인종 차별 철폐를 위한 세계 회의는

총회 결의안 32/129에 의거하여 1978년 8월 14일부터 25일까지 제네바에서 *회합을 가진 후,*

유엔 헌장이 만인의 존엄과 평등 원칙에 기초하고 있음을 *상기하고*

남아프리카의 해방 투쟁에 관한 여론을 대중매체가 객관적으로 알려야하는 중대한 필요성에 *주목하면서*

다음과 같이 엄숙하게 선언한다.

1. 어떠한 인종우월주의도 과학적으로 사실이 아니고, 도덕적으로 비난받아 마땅하며, 사회적으로 부당하고 위험하므로 어떤 이유에서든 정당화될 수 없다.

(UN 회의 보고서)

반면, 위임장, 혼인 관계 증명서, 유언장 등은 각 사회마다 특정적이므로 번역에서 상당한 수정이 일어날 수도 있다. 가장 문화종속적인 텍스트의 예로 텍스트 9L₁(유언장에 대한 법원판결의 공식 번역)과 텍스트 9L₂(동일 텍스트의 관용적 번역)를 살펴보자.

● 텍스트 9L₁

In the name of God, the Merciful, the Compassionate

Sharia Court Department

TEXT OF JUDGEMENT

Issued on Monday 11.4.1985

I, . . . , Judge of the Sharia Court of . . . , have heard Case No 102/85 on 18.3.1985, brought by . . . against the heirs of the late . . . with regard to the entailment of the estate and have pronounced as follow:

The judgement of the court, issued in the presence of the parties is as follows:

1. It is established that the late Mohammad Salman was from Al-Ain and that he died in London on 7.3.1985.

2. His estate passes to his parents . . .

자비로우시고 긍휼하신 분, 알라신의 이름으로

이슬람 율법 샤리아 법원

판결문

1985년 4월 11일 월요일 발표

이슬람 율법 샤리아 . . . 법원의 본 판사 . . . 은 재산상속인의 한정에 관해 고(故) . . . 의 상속인을 상대로 . . . 가 제기한 1985년 3월 18일자 소송사건 번호 102/85에 대한 심리를 하였으며 다음과 같이 선고했다.

소송당사자 양측이 참석한 가운데 발표된 법정 판결문의 내용은 다음과 같다.

1. 고(故) 모하마드 살만은 알아인 출신으로 1985년 3월 7일 런던에서 사망한 것이 입증된다.
2. 고인의 재산은 부모에게 양도되며 . . .

● 텍스트 9L₂

In the name of God, the Merciful, the Compassionate
Sharia Court Department
                    Judgement Issued on Monday 11.4.1985
I, . . . , Judge of the Sharia Court of . . . ,
Having heard Case No 102/85 on 18.3.1985, brought by . . . , against the
heirs of the late . . . , with regard to the entailment of the estate,
Do hereby pronounce that the court is satisfied that:
(1) Mohammad Salman of Al-Ain died in London on 7.3.1985.
(2) His estate passes to his parents . . .
자비로우시고 긍휼하신 분, 알라신의 이름으로
이슬람 율법 샤리아 법원
                    1985년 4월 11일 월요일 판결문 발표
이슬람 율법 샤리아 . . . 법원의 본 판사 . . . 은, 재산상속인의 한정에
관해 고(故) . . . 의 상속인을 상대로 . . . 가 제기한 1985년 3월 18일자
소송사건 번호 102/85에 대한 심리를 마치고,
이에 따라 본 법정이 납득한 다음의 사실을 선고한다.
(1) 알아인 출신의 모하마드 살만은 1985년 3월 7일 런던에서 사망했다.
(2) 고인의 재산은 부모에게 양도되며 . . .

다시 말하지만, 목적이 다르면 번역이 달라야 한다는 생각은 타당성이 있다. 번역이 정보만을 목적으로 이루어질 경우, 특정한 소비자들의 필요에 맞추기 위해 더 많은 수정이 용인된다(예: 계약 당사자에게 의무사항

을 알리기 위한 계약서 번역의 경우). 반면 번역된 텍스트가 법적 구속력을 가질 경우 최소한의 수정만 허용된다(예: 두 가지 이상의 공용어를 사용하여 법적 구속력을 가지는 문서가 두 가지 이상의 언어로 작성되어야 하는 국가에서의 계약서).

번역가가 생각할 쟁점들

이 장을 시작할 때 우리는 텍스트 구조에 관한 많은 질문을 했다. 그 질문들은 번역가가 구조 수정을 할 때의 동기와 수정의 제한점, 화용론적 및 기호학적 가치의 역할과 그것이 결속성의 관계에 미치는 영향에 관한 것들이었다. 이러한 질문에 대한 답으로 우리 논의의 두드러진 쟁점들을 아래와 같이 요약해 볼 수 있다.

수사학적 목적. 우리는 텍스트를 어휘적, 통사적 및 다른 선택사항에 대한 번역가의 결정에 영향을 미치는 구조적 단위로 식별하였다. 그렇게 하는 과정에서, 우리는 텍스트 유형 전개의 기반으로서 수사학적 목적이 중요함을 강조했다. 수사학적 목적(그리고 그것에 기여하는 하위 단계의 수사학적 기능)을 식별하는 것은 매우 중요하다. 번역의 적절성은 이러한 고려사항에 비추어 판단될 수 있기 때문이다. 구조적 변형과 그 변형이 허락되는 정도의 전체적 문제는 텍스트 생산자가 염두에 둔 목적과 함께 고려되어야 한다. 그 중에서도 원천 텍스트의 평가성 정도는 어떤 구조를 어떻게 유지하는지를 결정하는 데 다른 어떤 사항보다도 중요하다.

번역의 목적. 또 하나 고려할 사항은 번역이 의도하는 목적이다. 특히 문화종속적인 텍스트의 경우 번역가의 개입 정도는 종종 소비자와 그들의 요구에 따라 좌우된다. 이 문제는 과소평가되어서는 안 되며, 경우에 따라서는 심지어 ST의 의사소통적 의도보다 더 중요할 수도 있다.

보편적 패턴. 의사결정이라는 복잡한 미로 속의 안내자로서 번역가는 상이한 언어에서 텍스트들이 따르고 있는 인식 가능한 보편적 패턴의 집합을 참조하는 것이 유용하다고 생각할 수 있다. 이 패턴은 텍스트의 생산과 수용에 있어 도움을 주는 인지적 구조다.

하지만 세상은 변하고 있다. 덜 지배적인 언어로 된 텍스트를 영어로 번역할 때는 텍스트의 패턴과 관습이 끊임없이 수정되지만, 그 반대의 경우에는 그렇지 않다는 사실은 주목할 만하다. 세계의 상당수 언어들은 영어의 수사학적 패턴이 새로운 규범으로 잠식해 오는 것을 깨닫고 있는 듯하다. 외래어적 구조를 받아들이는 정도는 언어의 상대적 위신에 비례하는 것처럼 보인다. 이것이 삶의 실상이지만 이는 번역 평가가 더 체계적인 방식으로 완성되기 위해 연구해야할 흥미롭고 필연적인 분야이기도 하다.

10.

담화 짜임새

텍스트짜임새(texture)는 텍스트를 규정하는 특징 중 하나다. 즉 텍스트가 언어적으로나 개념적으로 '잘 조직되어있음'을 보여주는 자질이 바로 이 텍스트짜임새다. 일반적으로 텍스트라 하면 우리는 그것이 결속적이고(의미의 연속성을 갖고) 응집력이 있으며(표면적 요소들 간의 연결성을 보여주고), 고유의 주제화 패턴을 보여줄 것이라고(텍스트의 내용 중 가장 중요하다고 생각되는 부분에 관심을 집중시키기 위한 방식으로 배열된다고—Fowler 1986: 61 참조) 기대한다. 이 장에서는 이러한 기대들과 실제 텍스트 처리 과정에서 이 기대들이 충족되는 방식들이 주로 논의될 것이다.

'형식'과 '내용'

텍스트성이라는 분야를 조사하려고 한다면, 지면 위의 단어들(문어 텍스트의 경우), 즉 어휘 및 텍스트의 통사구조의 선택과 텍스트의 생산자와 수용자간의 의미 협상이라는 둘 사이의 연계에 대한 연구가 반드시 수반되어야 할 것이다. 그러나 이 둘 간의 관계는 밝혀내기가 쉽지 않다. 전통적으로 '형식'과 '내용'으로 흔히 언급되는 이러한 구별은 텍스트를 단순하게 바라보는 시각을 낳았는데, 이것은 일련의 의미들이 특정 저자의 '문체적' 기호(극단적으로 말하면 변덕)에 따라 특정 언어 형태로 표현되어 있다고 보는 것이다.

언어학과 번역 이론에서 '메시지', '암호화', '해독'이라는 용어들의 사용은 이런 상황을 변화시키지 못했다. 정보이론과 인공두뇌학이 언어학에 끼친 영향에 일부 힘입어, 의미가 텍스트로 전환되는 과정은 물리적인 과정이며 이 과정에서 사전의 표제어와 통사 형식이 원시적인 기계번역 체제의 방식으로 의미의 핵에 사상된다(mapping)는 인상이 커져왔다. 이는 '메시지'가 불변의 구성체이며 마치 수기 신호나 모스 부호처럼 화자/저자로부터 청자/독자에게 손상 없이 그대로 옮겨지는 구체적인 실재라는 추론을 가능하게 했다. 즉, 의미는 표현과는 별개의 존재이며, 의미와 표현은 마치 서로 관련이 없는 것 같지만 텍스트에서 우연히 하나로 융합된다는 것이다.

동기화된 선택으로서 텍스트짜임새

이 책에서 우리가 제시한 텍스트 처리 과정의 모형, 따라서 번역하기의 모형은 그것과는 본질적으로 다르다. 텍스트를 사회적 사건들이라 본다면, 텍스트 생산자와 텍스트 표현 및 의미간의 연계가 우연히 발생한 것이 아니라 동기화된 선택으로 보아야 한다. 번역에서의 텍스트짜임새를 다루기에 앞서 다음의 두 가지 사항은 좀 더 명확히 할 필요가 있다.

첫째는 동기화에 관한 것이다. 앞에서 살펴보았듯이, 실제 발생되는 텍스트란 해당 언어의 특정 문법 체계의 영향 하에 있긴 하지만 맥락적 요인에 의해 동기화된 것이라고 보는 시각이 3-8장에서 기술되었던 담화 맥락의 전체 모형에서는 아주 중요했다. 이런 관점은 화자/저자가 자신의 자유 의지를 빼앗기고 맥락이라는 언어의 포로가 된다는 결정론적 관점은 아니다(이 점에 관해서는 O'Donnell과 Todd 1980: 61-83을 보라). 오히려 텍스트 생산자는 자신의 의사소통 목적을 최대한 달성하기 위해 언어적 표현에 영향력을 미치는 제도적 환경 내에서 선택을 해 나간다는 관점이다. 이런 방식에서 텍스트 유형 초점은 동기가 되는 강력한 요인이다. 예를 들면, 반론의 텍스트에는 개념적 설명에 적합한 절차와는 다른 텍스트적 절차가 요구된다. 장르와 담화적인 제약 또한 텍스트짜임새의 연구와 명백한 관련성이 있다. 구어 담화에서 발췌한 한 가지 예가 이 점을 설명하는데 도움이 될 것이다. Beaugrande & Dressler(1981: 54)는 기습 폭우가 발생한 후에 미국의 한 카운티 행정 집행관이 했던 말[1978년 12월 20일 자 『게인즈빌 선』(*Gainesville Sun*)]을 인용한다.

● 텍스트 10A

There's water through many homes — I would say almost all of them have water in them. It's just completely under water.

많은 주택이 물에 잠겼습니다— 거의 모든 가옥에 물이 들어왔다고 해야겠습니다. 완전히 물에 잠겼습니다.

water(물)라는 어휘의 반복[회기(recurrence)라고 다시 언급하게 될 응집

장치]은 아마 Beaugrande와 Dressler가 즉흥 담화에서 활용되는 '단기 시
간 계획'(short planning time)이라고 칭하는 것과 관계가 있을 것이다. 그
러나 우리가 주장하고 싶은 것은 이 반복이 의도되지 않은 것이 아니라
는 것이다. 상황의 긴박감을 반영하면서 동시에 그 책임자는 언론 앞에
서 자신의 입장을 방어하고 그 사태로 인해 몹시 당황한 자신의 심정을
표현하고 있다. 이 반복은 텍스트 유형 초점과 담화 및 장르의 제약에 의
한 것이다.

의도된 의미로서 결속성

두 번째는 결속성의 본질에 관한 것이다. 결속성은 텍스트에 의해 만들
어지는 무언가가 아니라 오히려 언어 사용자들에 의해 만들어지는 가정
이라고 주장되어 왔다. 즉 텍스트가 협력 원리에 따라 결속력 있게 의도
된다는 것이다. Green & Morgan(1981: 173)의 견지에서 보면, " '어휘 패
턴은 결속성의 원인이 아니라 결속성의 징후이다." 상호작용은 언어 사
용자가 만드는 가정들(번역가가 재평가를 해야 할 필요가 있는 가정)에
의존한다는 것은 사실 맞는 말이지만 결속성을 일련의 가정들에 국한시
키는 것은 지나치게 극단적인 것 같다. 우선 우리가 듣거나 읽는 발화가
우리 모두에게 똑같이 결속성 있어 보이지는 않는다. 그러나 우리는 보
통 그 발화들이 결속성이 있도록 의도되었을 것이라고 가정한다. 특히,
그와 같은 시각은 텍스트적 증거의 중요성을 과소평가할 수 있다. 사실
이런 텍스트적 증거(어휘 문법적 특징)는 유사 언어적 특징들과는 별개
로 우리가 궁극적으로 신뢰할 수 있는 유일한 증거이다. 다시 말해, 텍스
트 생산자는 의미를 의도하고 수용자는 그 의미를 텍스트적인 기록에 의
해 해석한다. Brown과 Yule(1983: 25)은 다음과 같이 말한다.

텍스트적인 기록이 의미하는 바는 텍스트 생산자가 그것의 의미를 부여하기 위해 의도한 것을 우리가 어떻게 해석하는 지에 따라 결정된다.

그럼에도 불구하고, 텍스트적인 실마리가 하나의 목적으로 여겨질 수 있다는 위험이 존재한다. 번역비평과 번역평가 및 번역교정과 같은 다양한 활동들은 모두 텍스트짜임새의 특징들을 의사소통 과정에 연관시키지 않고 그냥 텍스트짜임새의 특징들에만 집중할 위험을 안고 있다. 텍스트 짜임새는 언어 활동에 통합된 일부분으로 간주될 필요가 있다. 간단한 예로, p. 270의 텍스트 9E를 떠올려 보자.

> *Much credit flows* . . .
> . . .
> *The credit attaches to the state, though* . . .
> 많은 공이 돌아가고 있다. . .
> 그 공은 국가의 몫이긴 해도 . . .

텍스트 10A의 *water*(물)라는 어휘의 반복처럼 *credit*(공)의 반복은 동기화된 것이다. 이 경우 텍스트 생산자의 의도는 부분적으로 'credit'을 특정한 방향으로 연결시키고자 하는 것으로써 이러한 반복은 반론을 위한 전략에 해당한다. 따라서 번역에서 반복은 살려야 할 필요가 있으며, 두 번째 나오는 *credit*를 동의어로 대체한다면 텍스트의 전반적 효과가 손상될 것이다.

텍스트성의 기준

Beaugrande에 따르면 결속성(coherence)은 개념적인 연결성을 보장하는 절차로서 정의될 수 있는데, 이에는 (1)논리적 관계, (2)사건, 대상 및 상황들의 조직, (3)인간 경험의 지속성이 포함된다. 결속성 관계의 연속은 일반적인 상황일 때 ST에서 TT로의 번역에서 변함없이 유지된다고 가정해도 무방할 것이다. 원인과 결과, 문제와 해결책, 시간적 순서 등과 같은 일부 기본 개념은 의미와 그것이 텍스트 안에서 구성되는 방식에 보편적으로 꼭 필요한 부분이다. 그러나 이런 기저에 깔린 결속성이 텍스트의 표면위로 반영되는 방식, 즉 응집이나 표면 요소들의 연속적인 연결성은 언어 특정적 혹은 텍스트 특정적이기 쉽다. 명제들 사이에 부여된 관계를 연결시킬 수 있는 여러 가지 가능한 응집 장치들이 있으며, 일부는 특정 언어에서 선호되는 옵션일 수 있다. 그렇다면 응집과 결속성은 텍스트성의 기준이라고 볼 수 있다(Beaugrande & Dressler 1981). 의사소통이 성공적으로 이루어지기 위해서는 두 장치가 유지되어야 하기 때문이다.

체계의 대조

그렇다면, 보편적인 결속 관계의 측면에서 재현할 수 있는 의도된 의미가 각각의 언어 체제에서 달리 표현되는 것과 2장에서 논의 되었듯이 상응하는 문법 체계가 없어 발생하는 번역의 문제들을 구별하는 것이 중요할 것이다. 2장에서 보았듯이, 직시소(deixis), 즉 발화의 공간 및 시간적 상황에 대한 담화가 맺는 관계는 상이한 문법 체제에서 각기 다르게 나타난다. 영어에는 *this*/*that*이라는 두 가지 지시사가 있는 반면 스페인어에는 *este*/*ese*/*aquel*(화자와 가까운 것/청자와 가까운 것/양자 모두와 멀리 있는 것)이라는 3가지 어휘 항목이 있다. Levinson에 따르면, 북서아메리카

언어인 틀링기트어(Tlingit)에는 ["바로 이것", "근처의 이것", "저쪽의 저것", "저 멀리 있는 저것"으로 해석될 수 있는] 4가지 지시어가 있다고 한다. 다른 대부분의 언어들처럼 바하사 말레이시아어에는 1인칭 복수 주격 대명사에 *kita*(청자가 포함된 것)와 *kami*(청자가 배재된 것)의 두 가지 종류가 있다.

체계간의 이러한 불일치는 잠재적으로 번역에서 불가피한 정보 손실이나 정보 획득의 결과를 낳을 수 있다. 그러나 번역에서 번역가가 이런 현상의 원인 탓으로 돌릴 수 있는 실제적인 문제를 경험하는 일은 비교적 적다(그 예로 텍스트 2B 보라). 번역가에게 문제가 되는 것은 텍스트의 결속성과 응집을 위해 직시소가 갖는 중요도의 측면에서 특정 직시소의 사용을 평가하는 것이다.

예를 들어, 일본어와 같은 일부 언어들은 화제의 분명한 표지들(주어 및 목적어 등과 같은 격 표지와 구별되는)이 있다. 이들은 유표적 어휘 항목을 이전 담화에 관련시킨다는 점에서 명백하게 직시적이다. 그렇다면 번역가의 관심은 화제 부각(topic prominence) 등 드러나는 결속성 패턴을 어순 변화 등의 방법을 통해 다른 언어에 반영하는 것이다. 그 외 언어에서는 대명사의 성표시 때문에 (프랑스어와 독일어의 경우) 영어문장에서는 구별을 요하는 전방조응적 지시가 나타나고 있다. Marcel Proust(1914)의 아래 문장을 보라.

Il l'y a éveillée, mais ne la connaît pas . . .

와 다음 문장은 형식적인 등가를 이룬다.

It has awoken it in it but does not recognise it . . .

그것은 그것을 그것 안에서 깨웠지만 그것을 인식하지 못한다.

즉 프랑스 문장의 처음 세 어휘 항목 *il/l(a)/y*는 모두 *it*과 이론적으로 등가를 이루며, 각각 'a cup of tea', 'the truth', 그리고 작가의 'mind'에 해당하는 세 개의 상이한 전방 조응 지시어를 갖는다. 결속성은 일단 ST에서 복구되면, TT에서 손쉽게 되살릴 수 있지만[회기와 동지시(co-reference)를 사용함으로써], 동일한 대명사를 사용하지는 않는다.

추론

개념적 실재 사이의 의미론적 관계를 전달하기 위한 문법적이고 어휘적인 수단은 당연히 모든 언어에 존재한다. 이들은 보편적인 현상이다. 그러나 특정 의사소통 과정에서 의미론적 관계는 특정한 방식으로 실현되기 때문에, 원천 텍스트의 생산과 목표 텍스트의 생산은 서로 관련성이 있기는 하지만 별개의 과정이다. 따라서 Halliday & Hasan(1976)에서 제시되었던 다양한 유형의 응집이나 Crombie(1985)에서와 같은 결속 관계를 검토하는 대신, 우리는 텍스트(대신 아래의 텍스트 10B를 보라)를 의사소통의 특정 기록으로서 접근하고자 하는데, 이는 텍스트적 증거를 바탕으로 독자들이 의도된 의미와 잠재적인 결속성을 어떻게 지각하는지를 알아보기 위한 시도다. 다시 한 번 살펴보겠지만, 추론은 텍스트적 응집과 더불어 의사소통 과정의 중요한 속성이다.

- 텍스트 10B

I am now more than glad that I did not pass into the grammar school five years ago, although it was a disappointment at the time. I was always good at English, but not so good at the other subjects!!

I am glad that I went to the secondary modern school, because it was only constructed the year before. Therefore, it was much more hygienic than the grammar school. The secondary modern was light and airy, and the walls were painted with a bright, washable gloss . . . One day, I was sent over to the grammar school, with a note for one of the teachers, and you should have seen the mess! The corridors were dusty, and I saw dust on the window ledges, which were chipped. I saw into one of the classrooms. It was very untidy in there.

I am also glad that I did not go to the grammar school, because of what it does to one's habits. This may appear to be a strange remark, at first sight. It is a good thing to have an education behind you, and I do not believe in ignorance, but I have had certain experiences, with educated people, since going out into the world.

내가 5년 전에 그래머 스쿨에서 떨어진 것이 그 당시에는 굉장히 실망스러운 일이었지만 이제 와서 보니 정말 다행한 일이다. 나는 영어는 늘 잘했지만 다른 과목들은 그렇지 못했다!

나는 내가 일반 중학교에 입학한 것이 다행이라 생각하는데, 그 이유는 그 학교가 신축된 지 1년 밖에 안되었기 때문이다. 그곳은 그래머 스쿨보다 훨씬 위생적이었다. 그 학교는 햇볕이 잘 들고 바람이 잘 통했으며 벽들은 밝은 수성 광택페인트로 칠해져 있었다. . . . 어느 날 나는 그래머 스쿨의 교사들 중 한 명에게 메모를 전달하기 위해 그 학교에 가게 되었다. 그때 그 난장판이란! 복도는 먼지투성이였고 창턱에는 먼지가 가득했는데, 그 창턱마저도 갈라져 있었다. 나는 교실 하나를 들여다보았는데, 그곳은 아주 어수선했다.

내가 그래머 스쿨에 가지 않은 것 역시 다행이라 생각하는데, 이유는 그 곳이 너무 틀에 박혀있는 곳이기 때문이다. 얼핏 들어 보면 이 말이 이상하게 들릴지 모른다. 교육이 학생을 받쳐주는 것은 좋은 일인데다가, 무지가 좋다고 생각지도 않지만, 내가 세상에 발을 들여 놓은 후 나는 소위 교육받은 사람들에게서 겪은 바가 있다.   (Muriel Spark 1958)

담화영역: 자서전을 흉내 낸 허구적 설명
담화경향: 격식성이 일부 가미된 비격식적인 텍스트
담화방식: 독백처럼 읽혀지기 위해 쓰여진 텍스트
의   도: 화자의 교육적 배경의 재평가. 자존감 증대
기   호: 기호로서 'grammar school'. 그래머 스쿨이 더 우월하다는
            가정에 대한 반박
텍스트 유형 초점: 반론이 뒤따르는 일관적 주장

그림 10.1 텍스트 10B의 거시 맥락

간단히 말해, 그림 10.1에서처럼 텍스트 10B의 거시 맥락이 요약될 수 있다. 본질적으로 이 텍스트의 의도된 의미는 기존의 가정들과는 다소 어긋나는 특정한 세계관의 제시와 관련 있어 보인다. 9장에서 제시된 한 줄한 줄의 구조 분석은 그와 같은 의도된 의미의 모형이 점차 어떻게 나타나는지를 보여줄 것이다.

허구적 1인칭 서술자라는 점에서, 텍스트 10B는 이전의 장에서 검토한 대부분의 텍스트와 장르의 측면에서 구별된다. 텍스트의 실제 저자와의 관계는 이 장과는 관계없는 복잡한 문제이다. 마치 허구의 '나가 실제 텍스트 생산자인 것처럼 가정해 보고나서 실제 저자가 만들어낸 허구의 세계로 들어가 보자. 그렇게 되면 이 분석에서 의도된 의미는 서술 주

체와 관련될 뿐이지 저자인 Muriel Spark와 관련되지 않는다.

텍스트 10B를 번역하게 되는 번역가라면 많은 문제와 부딪히게 될 것이다. 그들 중 두드러지는 것은 기호로서 나타나는 *grammar school*(그래머 스쿨), *secondary modern school*(일반 중학교) 등 문화적으로 결정되는 요소들일 것이다. 텍스트 10B에서 두 종류의 학교 시스템 사이의 구별은 진행될 텍스트 세계에서 아주 중요하다. 따라서 바꿔쓰기(paraphrase)나 확장(expansion)을 통해 명시적으로 만들 필요가 있을 것이다. 영어 교육 시스템의 역사에 관한 해설 텍스트에서는 ST의 어휘 항목을 TT로 차용하는 것이 적절할지 모르지만 이 텍스트에서는 그렇지 않아 보인다. 마찬가지로, 설명적인 각주를 두는 것이 어떤 장르에서는 괜찮지만 다른 장르에서는 그렇지 않다. 그렇다면 확장으로 무엇을 전달해야 하는가? 텍스트 10B의 3번째 단락을 통해, 화자는 마음속으로 *an education*(교육)이 일반 중등학교에서 나오는 어떤 것이 아니라 그래머 스쿨에서 나오는 어떤 것이라고 생각하고 있음을 분명히 추론할 수 있다. 결론적으로 문제가 되는 두 어휘 항목의 번역은 무엇보다 허용된 추론을 보존하는데 힘써야 할 것이며, 그것을 명시적으로 만들거나 삭제해서는 안 될 것이다.

회기와 동지시

텍스트 10B에서 *grammar school*은 네 번 이상 등장하는 반면 *the secondary modern school*은 두 번 등장한다. 한 텍스트에서 같은 지시 대상을 가리키는 어휘 항목의 반복은 회기라고 한다. 텍스트 10A의 논의에서 언급되었듯이 회기는 의도성을 보여주는 하나의 징후(의식적이든 그렇지 않든)이며, 그런 징후들은 매우 중요하다. 당연히, 한 어휘 항목이 이전에 나왔던 것과 비교적 거리가 있을 때, 대용형(*I think so*에서 *so*와 같은 어휘 항목

또는 대명사 같이 독립적이지 않은 상태에 있는 짧은 대체 어휘 항목들)
은 사용할 수 없기 때문에, 이런 경우에는 회기가 불가피해진다. 텍스트
10B는 일부 이런 문제가 발생하는 경우로서, 문제가 되는 어휘 항목들을
대명사로 대체하려는 시도가 나타날 것이다. 하지만 그런 효과를 창출하
기 위해서는 동일한 형식의 동일한 어휘항목을 똑같이 반복해야 하므로
동지시(co-reference), 즉 *the other school, the (non) selective school* 등과 같은 다
양한 표현을 이용하여 같은 내용을 언급하려는 시도는 전혀 없다.

Beaugrande & Dressler(1981: 55)가 지적했듯이, 회기는 주로 '관점을
주장하거나 단정하기 위해' 사용된다. 텍스트 10B에서, 이러한 인상은 *I
am glad*가 나오는 공기텍스트에서 회기에 의해 강화되고 있다.

I am now more than glad that . . .

I am glad that . . .

I am also glad that . . .

이들의 강력한 가치 평가적 본질은 10B의 실제 텍스트 초점을 가리키고
있다. 즉 논쟁이 지배적이며 기술과 서술은 단지 부수적 목적이다. 반박
을 나타내기 위한 *I am glad*와 같은 회기(반복)의 도상적 가치는 이미 언
급된 바 있으며(9장 p. 273), 텍스트 9E(*Much credit flows to the state of Israel
. . . The credit attached to the state, though . . .*)에서의 회기와 재확인을 위해
사용된 이곳의 회기를 비교해 보는 것은 흥미로운 일이다. 사용되고 있
는 있는 응집 장치들이 아무 의미 없이 존재하는 것이 아니라는 점은 이
제 명백하다. 즉 이들은 전체 수사학적 목적에 의해 동기화된다. 회기를
보편적인 수사학적 장치로 본다면, 다양한 표현을 이용하여 TT에서 나타

내려는 번역가의 모든 시도는 텍스트 초점 등가에서 벗어날 것이 틀림없다.

　이 점이 단지 문학 번역의 경우에만 적용되는 것은 아니다. 번역 작품의 평가자나 번역 편집자의 관심사 중 하나는 특정 언어에서 특정 텍스트 기준의 제약을 받게 되는 텍스트의 어휘적 응집 양상이 확실히 유지되도록 하는 것이다. 동지시가 영어 및 불어의 뉴스보도와 같은 분야에서 전략적으로 선호된다는 점은 5장(p. 153)에서 언급되었다. 하지만 불어에서는 이러한 장치가 보다 체계적이며 심지어 과장스럽게 사용되고 있다. 프랑스의 지역 언론에서 따온 사례에서 이 점이 잘 설명되고 있다. 노상강도 사건에 관한 뉴스 보도에서 가져온 동지시 어휘 항목들은 왼쪽에, 이 어휘 항목들에 대한 공식적인 번역은 오른쪽에 열거되어 있다.

deux jeunes Maghrébins	*two young North Africans* (두 명의 어린 북아프리카인)
voleur et complice	*the thief and his accomplice* (도둑과 그의 공범)
le fuyard	*the fugitive* (탈주자)
l'individu	*the individual* (그 사람)
le jeune voleur	*the young thief* (어린 도둑)
le mineur pénal	*the minor* (그 미성년자)
le jeune malfaiteur	*the young wrong-doer* (어린 범법자)
ce dernier	*the latter* (후자)

회기와 동지시가 텍스트 유형 초점에 의해 어느 정도까지 동기화되고 장

르라는 관습에 의해 어디까지 허락되는지에 대한 범위는 번역가 혹은 관련 편집자가 판단해야 할 문제일 것이다.

부분적 회기

또 다른 종류의 어휘 응집으로는 다른 품사의 어휘 항목으로 반복하는 것이 있다. 이런 **부분적 회기(partial recurrence)**는 텍스트 10B에서 볼 수 있다.

> (1) *dusty* → *dust* (*The corridors were dusty and I saw dust on the window ledges . . .*)
>
> (2) *education* → *educated* (*It is a good thing to have an education behind you . . . but I have had certain experiences, with educated people . . .*)

다시 한 번 응집적 유대(cohesive ties)가 분석될 필요가 있다. 번역가의 관점에서 보면, (1)에서 언급되는 연속체가 (3)처럼 해석될 수 있는지, 만약 그렇다면 (3)을 바탕으로 하는 차용 번역이 적합한지에 대해 의문을 가져야 할 것이다.

> (3) *The corridors were dusty and so were the window ledges*

아마 대부분의 문학 번역가들은 적합하지 않다고 판단할 것이다. 위의 (1)에서의 부분 회기는 주장을 받쳐주는 개별적인 사례들의 나열이나 청결에 대한 집착(이에 대한 공기텍스트적 증거는 충분하다)을 포함하여, 화자 의미의 여러 가능한 특질들을 나타내는 증거다.

(2)에서의 부분적 회기는 보다 더 흥미롭다. 응집적 유대가 반론 전개를 지지하고 있는데, 반론에서 인용된 주장(*It is a good thing to have an education.*)은 약한 확신을 드러내면서 반대 입장(*but I have had certain experiences with educated people*)으로 가는 토대를 마련한다. 그 과정에서 *educated*라는 어휘 항목의 연상 의미는 긍정적인 것에서 부정적인 것으로 바뀐다. 다시 한 번, 동기는 텍스트 유형 초점으로 추적이 가능하며, 응집적 유대가 상실되면 이 텍스트 유형 초점은 번역에서 약화될 것이다.

대용형과 생략

대용형에 의한 전방조응 지시는 개별 언어들에서 통사적 결합 시 제한을 받을 수 있는 장치다. 예를 들어, 명사에 성별이 표시되는 언어에서는 모든 무생물 명사를 받을 때 *it*이라는 단 하나의 대명사로 제한되는 영어보다 대명사를 이용한 지시가 훨씬 풍부하다.

그러나 우리의 관점에서 특히 흥미로운 점은 대용형이 단지 주어진 명사와 관련된 개념만을 지칭하기 위해 사용되는 것이 아니라 전반적인 아이디어를 나타내기 위해 사용된다는 것이다. 텍스트 10B에서 뚜렷이 대비되는 두 가지 예가 제공되고 있다. 두 번째 단락에서 *secondary modern school*을 대체하기 위해 바로 사용된 *it*과 다음에 나타나는 대용형 *it*을 비교해 보라.

> *I am now more than glad that I did not pass into the grammar school five years ago, although **it** was a disappointment at the time.*

> *I am also glad that I did not go to the grammar school, because of what **it** does*

to one's habits. (강조는 추가된 것)

Halliday & Hasan(1976: 52)은 대용형 *it*이 '텍스트에서 찾아 낼 수 있는 모든 부분'을 언급하기 위해 사용될 수 있다고 보았으며, 이 현상을 확장된 지시(extended reference)라고 불렀다. 상기 첫 번째 예에서, 전제가 된 텍스트 요소는 그것이 *that I did not pass into the grammar school* 임을 알아차릴 수 있을 만큼 쉽다(그래도 이런 해석에 도달하려면 *now*와 *at the time*, 그리고 *glad*와 *disappointment*에 의해 표시되는 대조를 포함하여, 추론이 꼭 필요하다). 그러나 두 번째의 예는 흥미롭다. 표면상 *it*이 가리키는 것은 다음의 세 가지 중 하나일 것이다.

the grammar school(그래머 스쿨)?
going to the grammar school(그래머 스쿨에 다닌 것)?
not going to the grammar school(그래머 스쿨에 다니지 않은 것)?

사실 이런 표면적 중의성은 해석상의 정상적인 추론 과정에서 해결될 것이다. 텍스트가 펼쳐지면서 전개되는 텍스트 세계의 결속성의 측면에서, 이들 중 두 번째 것만이 충분히 만족스럽다. 즉 '그래머 스쿨에 가는 것은 너의 기질에 무언가 영향(그리고 아마 무언가 좋지 않은 것)을 끼친다는 것이다. 그러나 결속성을 이루기 위해 추가적인 처리 노력이 요구되었다는 점에서 응집 장치의 사용이 크게 효율적이지 않았음이 증명되었다.

규범적인 측면에서, 위 예문 모두는 사실 일상적인 것에서 약간은 벗어난 듯 보이며, '허구적 격식성'(false formality)의 요소들(*pass into*, *constructed, hygienic, going out into* 등)을 나타내는 다른 특징들에 의해 그런 인상이 강화된다. 그렇다면 번역가는 두 가지 문제를 안게 된다. 하나는 의미의 지속성을 회복할 수 있도록 하여, 잠재적 중의성이 너무 혼란을 가져오지 않도록 하는 것이고, 또 다른 하나는 약간은 어색하고 앞뒤가 맞지 않는 언어를 사용한 듯한 인상을 전하는 것이 될 것이다. 하지만 이 것은 단일 형인 대용형 *it*의 사용과 관련 있다기보다는 오히려 텍스트적 특징이기 때문에, 번역가는 **보상**(compensation)이라는 익숙한 기술, 즉 텍스트의 다른 부분에서 이와 동일한 가치를 나타내는 것에 의존하게 될 수도 있다. 문제는 그 인상이 정확히 어느 부분에서 전달되는가가 아니라 그것이 동일한 정도로 전달되는가이다.

보상 기술의 간단한 예는 『아스테릭스』(*Astérix*)와 같은 연재만화의 번역에서 찾을 수 있을 것이다. 아스테릭스는 유머의 상당 부분이 번역될 수 없는 말장난으로 이루어져 있다. 그 만화의 번역가들은 말장난이나 그와 유사한 것들을 영어로 옮겨놓는 것을 포기하는 대신 원천 텍스트와는 전혀 상관없는 영어 말장난을 삽입함으로써 보상하고 있다. 하지만 의도의 등가는 유지되었다.

때때로 번역가가 효과성과 효율성을 높이고자 전방조응 지시물을 바꿔버리는 경우도 있을 수 있다. 영화의 자막번역 분야에서 가져온 다음의 예는 비록 흔하지는 않지만 적절한 절차가 무엇인지 잘 설명해 준다. 텍스트 10C는 프랑스 TV 드라마 『샤또발롱』(*Chateauvallon*)에 나오는 대화의 일부분이다. 영국 TV의 영어 자막은 아래의 텍스트 10D와 같다. 이 텍스트의 담화영역은 흥미 위주의 기사를 추구하는 일간 신문의 편집회의다. 주제는 1면에 실리게 되는 한 부고기사가 평범하고 단순한 스타일로 쓰여져야 하는가의 문제였다. 맥락과 화면 상의 이미지로 볼 때, 화자 A와 화자 B는 분명히 서로 의견의 일치를 보지 못하고 있다.

- 텍스트 10C

A: Le plus vibrant hommage peut se rendre avec des mots simples. C'est pas la peine de rajouter la grosse caisse de l'emphase.

B: De toute façon, c'est pas la tradition à *La Dépêche*.

- 텍스트 10D

A: But the most touching tribute can be done in a few words. there's no call for heavy type.

B: That's the *Despatch* tradition.

A: 하지만, 가장 감동을 주는 헌사는 몇 마디 말로 표현될 수 있어요. 요란할 필요가 전혀 없습니다.

B: 그것이 우리 『디스패치』(*Despatch*)의 전통입니다.

처음 보면, 텍스트 10D는 텍스트 10C에서 『디스패치』의 전통이 *아니라*고 주장하는 화자 B의 말을 잘못 번역한 것처럼 보인다. 그러나 텍스트 분석을 해 보면 의도된 의미가 충실히 유지되고 있음이 곧 드러난다. 텍스트 10C(화자 B)에서 대용형 *ce*가 정확하게 텍스트에서 어느 부분을 지시하는지 알아차리기는 어렵다. *ce*는 오히려 화자 A의 '간단하고 소박한 형식으로 감정을 표현하기'에서 추론되는 전반적인 생각을 가리키고 있는데, 이것이 B의 말에서 이 신문사의 전통이 아닌 것이라고 언급된다. 이것은 확장된 지시의 예가 아니라 Halliday와 Hasan이 말하는 **텍스트 지시(text reference)**, 즉 이전 텍스트로부터 추론되는 생각이나 사실을 불러오기 위해 대용형이 사용되는 경우다.

프랑스의 TV 시청자들은 의도된 의미를 해석함에 있어 아무 문제도 없을 것이며 결속성도 유지될 것이다. 그러나 만약 텍스트 10D에서 B의 말이 '그것은 『디스패치』지의 전통이 아니다'(텍스트 10C의 형식적 인 번역)라고 해석되었었다면, 자막번역을 읽는 독자는 *heavy type*을 대용형 *That*이 가리키는 것으로 알아차렸을 수 있다. 따라서 자신들의 임무가 시청자들에게 가능한 한 쉬운 텍스트를 만드는 것에 있는 자막번역가는 의미의 지속성을 유지하기 위해 텍스트 10C의 B의 말에서 부정어를 없 애면서 *heavy type*과 선호되는 응집적 유대를 유지했다. 따라서 효과의 등가가 만족스럽게 달성되었다. 우리가 제시한 이 특정 보기는 자막 번역의 제약(모드의 전환, 텍스트의 축소 등)과 밀접한 관계가 있지만, 그것은 텍스트의 의도된 의미를 복원하기 위해 응집 장치를 추론하고 알아차리는 과정에 대한 진정한 통찰력을 제공한다.

연어

TL 텍스트에서 적절한 연어(collocation)를 이루는 것은 번역가가 직면하는 주요 문제 중 하나다. 심지어 경험 있는 번역가에게도 SL의 연어가 갖는 추론을 때때로 알아차리지 못하거나 부자연스러운 연어로 TT를 망쳐 버리게 되는 위험이 늘 존재한다. 자신의 모국어(일상어)로 번역하는 일반적인 경우 세심한 주의와 신중한 검토로써 그러한 위험은 극복된다. 적어도 엄밀한 의미에서 바라본다면, 연어에 대하여 할 수 있는 말은 그것이 전부다. 그러나 연어는 어휘적 응집 장치 중 하나로서, 단지 기계적인 것이 아니라 의도성과 텍스트 유형 초점의 강력한 증거를 제공한다는 것을 말해두고 싶다.

먼저 연어에 수반되는 과정을 기술해 보기로 하자.

일반적으로 비슷한 연어 패턴을 가지는 두 어휘 항목, 즉 비슷한 맥락에서 발생하는 경향이 있는 두 어휘 항목은 그것들이 만약 인접 문장에서 발생한다면 응집력을 만들어 낼 것이다.

(Halliday & Hasan 1976: 286)

여기서 핵심적인 생각은 '비슷한 맥락'이다. 이것을 텍스트 세계 모형과 텍스트 사용자의 실제 세계 모형의 측면에서 볼 필요가 있다. 다시 말해, 한 언어에서 자연스러운 연어가 다른 언어에서는 덜 자연스러울 수 있는 것이다. 이런 의미에서, 텍스트에서 인식되는 연어는 다른 수단에 의해 확연히 드러나지 않는 의도된 의미를 가리키는 것일 수 있다. 텍스트에서 상당한 길이에 걸쳐 나오는 연어망은 그 자체가 표면적인 텍스트의 수준보다 더 심층의 수준에 존재하는 화자 의미의 모형을 제공한다.

이제 텍스트 10B(Muriel Spark)의 분석으로 돌아가 보자. 중등 교육이라는 화제는 *grammar school - English-other subject - secondary modern school - teachers-classrooms* 등과 같은 간단한 연어 망의 점진적 전개에 의해 제시된다. 연어로서 이러한 것들은 아마 대다수 언어들로의 번역에는 별 문제가 없을 것이다. 그래도 연어적 패턴(상기에서 정의된 바와 같은)이 더 자주 나타나면 나타날수록, 텍스트 결과물의 응집력은 더욱 더 강해질 것이다. 간단한 다른 연어들로는 *glad - disappointment, painted - gloss, education - ignorance* 등이 있다. 그러나 흥미로운 하위 화제가 곧 두 번째 단락에서 나타나는데, 여기서는 비교적 예상되지 못했던 항목 *hygienic*이 많은 정보를 담고 있다(이에 대한 생각은 아래를 보라). 그런 경우 발생하는 연어는 다음과 같다.

light - airy - bright - washable

그리고

mess - dusty - dust - chipped - untidy

어휘적 등가물을 발견한다는 측면에서 문제는 없으며 응집도 쉽게 이루어질 것이다. 그러나 텍스트 10B의 SL 독자들은 텍스트 생산자의 세계관을 반영하는 것으로 가정되는 텍스트 세계의 모형을 구축하게 된다. 추론에 의해 그것은 'chipped paint' = 'a mess' = 'unhygienic' 그리고 심지어는 (비록 좀 거리가 있긴 하지만) 'liable to encourage bad habit'이 되는 모형이다.

　　명시적이든 인정되지 않는 것이든 수사학적 목적을 달성하는데 있어 연어의 역할은 분명하다. 번역에서 *hygiene*이라는 어휘의 의외성을 축소시키려는 모든 시도는 정보성을 낮추어, 수사적 목적과 논쟁이라는 전반적인 텍스트 유형 초점에서 멀어지게 할 것이다. 연어는 번역에서 일반적으로 ST에서보다 더 의외성이 덜해도(즉, 보다 진부한) 더해도(즉, 더 많은 처리 노력을 요구하는) 안 된다. 이러한 조화가 항상 달성하기 쉬운 것은 아니라고 단순히 말해 버릴 문제만은 아니다.

접속과 명제간 결속성

지금까지 검토한 응집 관계들은 텍스트 안에서 다양한 요소들 사이에 유지되는 관계들이다. 우리는 이제 명시적인 표시(응집)와 인식되는 의도(결속성)의 측면에서, 명제들 사이를 유지하는 관계를 논할 시점에 도달했다. 접속(Junction)은 텍스트 세계의 사건이나 상황들 사이의 관계들을 나타내는 표면적 신호를 지칭하기 위해 사용되는 용어다. Halliday & Hasan(1976: 238)은 접속 관계의 완전한 단일 목록은 존재하지 않는다고 언급하면서, 크게 네 가지 범주, 즉 부가, 역접, 원인, 시간으로 분류하고 있다. 이 범주는 다른 학자들(예를 들어, Graustein & Thiele 1983)이 대안, 설명, 조건, 양보, 수단, 비교 등으로 분류해 놓은 것을 포함한다. Crombie (1985)는 이들 관계의 상당 부분을 원인과 결과, 조건과 결과, 진술과 예증 등 이원적 가치(binary value)로 기술하고 그들을 대표하는 몇몇 어휘 항목들(because, so, if, for example)을 열거하고 있다.

순차통역사에게 이런 주요 관계적 범주들은 상당히 친숙한데, 왜냐하면 실제 담화에서는 그 관계들이 명시적으로 표시되지 않을 수도 있지만, 노트테이킹에서는 그 관계가 항상 추론 가능하도록 명시적으로 표시되어야만 하기 때문이다. 그 이유는 순차통역사들의 기억 보조 도구(aide-mémoire)로 사용되는 노트테이킹이 명제들 사이의 관계를 명확히 해주는 형태로 배열되고, 명제를 축약시키거나 상징적으로 재현하는 데 그 원리를 두는데 있다. 이런 특정한 통역 능력 훈련은 담화 분석 형식을 필연적으로 포함할 수 밖에 없으며, 명제 간 결속성에 대한 인식과 번역에서 그 것을 유지해야 할 필요성을 강화시킨다.

그 과정을 설명하기 위해, 예비 순차통역사의 노트에서 가져온 간단한 발췌문 그림 10.2를 들여다보자. 노트테이킹의 기술에 대한 논의는 이 책에서 다루고자 하는 영역을 벗어나지만, 우리에게 흥미를 끄는 점은 요소들 간의 논리적 연결을 나타내는 왼쪽 부분의 외연적 표시들이다.

이런 노트를 이용한 통역사의 통역은 텍스트 10E와 같다.

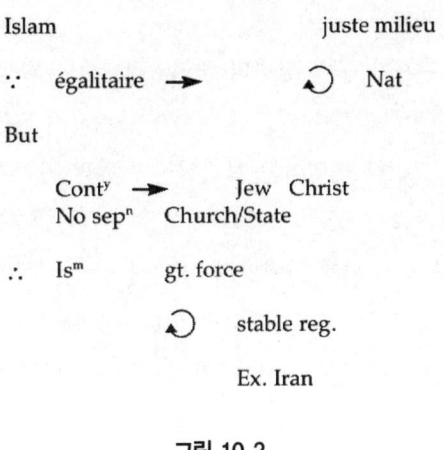

그림 10.2

상기 노트테이킹에서 나온 통역사의 결과물은 텍스트 10E와 같다.

• 텍스트 10E

In these various countries, Islam is perceived as the religion of the happy medium. Because it is egalitarian in character, it is sparked off several national revolutions. But, unlike the Jewish and Christian religions, in Islam there is no separation between Church and State and, consequently, it is a mighty force, capable of bringing down the most stable political regimes. Iran is a case in point . . .

이런 여러 국가에서 이슬람은 행복 매개의 종교로 인식된다. 이슬람은 그것의 특징인 평등함 때문에 일부의 국가에서 개혁의 불을 붙였다. 그러나 유태교와 기독교와는 달리 이슬람은 교회와 국가가 분리되어 있지 않아서 결국 강력한 권력체가 되어 가장 안정적인 정치 체제를 무너뜨릴 수도 있다. 이란이 . . . 라는 점에서 그러한 경우다.

명시적/비명시적 관계

정확히 동일한 관계가 문어 담화의 처리과정에서도 발생한다. 번역가는 TT에서 명제 간에 논리적 관계를 동일하게 유지하기 위해 ST에 있는 신호에 반응한다. 그러나 번역가는 보편적인 이원적 가치(원인과 결과 등)를 유지시켜서 결속성 있는 동일한 해석을 만들어내려고 애쓰는 반면, 그런 가치를 표시하기 위해 채택할 수 있는 응집 장치의 범주가 SL과 TL에서 다르게 나타난다는 것을 깨닫게 된다. 어떤 언어에서는 명시성이 요구되는 반면 또 다른 언어에서는 그렇지 않을 수도 있다. 특정 접속사(말하자면 영어의 *and*)가 단순히 '부가' 이상의 더 큰 범위의 신호잠재성으로 표시될 런지 모른다. 표면적 신호와 결속관계의 대응이 간단하지 않다는 것을 알려면, 다음 예문의 명제 간의 관계를 다른 언어로 번역해 보면 좋을 듯하다.

I was sent over to the grammar school, with a note for one of the teachers, **and** you should have seen the mess.

It is a good thing to have an education behind you, **and** I do not believe in ignorance.

He says he hasn't got a penny **and** he's driving around in a new Porche.

각 예문에서 *and*가 표시하는 관계는 텍스트 세계에서 명제들 사이에 유지되는 관계를 이어 준다. 이러한 관계는 내부(internal) 관계로 알려져 있으며, **외부(external)** 관계(Martin 1983: 2, Halliday & Hasan 1976: 241을 보라)라 불리는 실제 세계에서의 사건/과정간의 관계와 구별된다. 다음의 문장에서 시간의 연속을 나타내는 *and*의 역할은 외부 관계의 예다.

　　She came into the room and sat down.

이러한 예에서 보듯이, *and* 라는 영어의 항목이 다양한 관계적 잠재성을 지니고 있는 것이 분명하다. 게다가, 명제간의 관계는 명시적으로 표시될 필요가 없다는 것도 분명하다. 예를 들어 다음의 연속 문장을 위의 문장과 비교해 보라.

　　She came into the room. She sat down.

실제 과정의 예를 들여다 보자. Fowler(1986: 67)는 비명시적 인과 관계가 Raymond Chandler 소설의 문체적 특징이라고 말한다. 그 효과는 '독자가 Marlowe의 추론과 동기를 이해하기 위해 언급되지 않은 가정을 계속해서 끌어내게끔' 한다. 그러나 여기에는 단지 인과 관계만 관련된 것이 아니다. 모든 종류의 명제들 간의 관계들은 종종 비명시적으로 남아있으므로 추론하기가 끊임없이 요구된다. 따라서 독자는 텍스트에 보다 더 가까이 끌어당겨진다. 이 과정의 예로서 텍스트 10F를 살펴보자.

● 텍스트 10F
Down below the water there was what looked like an underwater flooring. I couldn't see the sense of that. I asked him. 'Used to be a boat landing

before the dam was raised. . . .'

물 아래쪽에 지하층처럼 보이는 무언가가 있었다. 나는 그것을 판단할 수 없었다. 나는 그에게 물었다. "댐이 들어서기 전에는 보트 선착장이었는지 . . ."

(R. Chandler, 91964 the lady in the lake)

다른 저자라면 '. . . *I couldn't see the sense of that, so I asked him why it was there. He explained: 'Used to be . . .'*(. . . 나는 판단 할 수 없었다. 그래서 나는 그것이 왜 그곳에 있는지를 물었다. 그는 '이전에 그곳은 . . . 이었다.')와 같은 형태를 더 선호했을지 모른다. 하지만 독자의 참여는 제한되었을 것이다.

텍스트 10F의 번역가는 따라서 TL에서의 접속 관습이 무엇이든지 간에 추론의 적절한 수준을 유지해야 할 필요성과 타협해야 하는 문제에 부딪힌다. 문제는 다른 영역에서도 마찬가지지만 이 응집 영역에서도 텍스트적인 절차가 동기화된다는 점이다. 또한, 한편으로는 TL의 기준을 따르면서 TT의 응집을 증가시키려는 바램과 다른 한편으로 ST의 '스타일'을 반영해야 하는 임무 사이의 갈등에서 결정적인 요인 되는 것도 바로 이 동기(motivation)다.

이를 고려하여, 이제 마지막으로 텍스트 10B로 돌아가 보자. 텍스트의 3번째 문장은 진술되지 않은 주장이 텍스트에 드러날 수 있도록 하면서 어떻게 응집이 함축을 만드는데 사용될 수 있는지를 설명해 준다. 이것은 또한 두 쌍 이상의 명제들 간에 유지되는 접속 관계의 예인데, Martin이 범위(range)라고 부르는 경우다.

I am glad that I went to the secondary modern school, because it was
only constructed the year before. Therefore, it was much more
hygienic than the grammar school.

응집을 나타내는 장치로서 *therefore*와 *because*는 인과관계의 영역에 속한다.
여기서 이 둘은 모두 이유-결과(영어에서 이유가 종종 결과에 이어 나타
난다는 점을 지적하고 있는 Crombie 1985: 20을 참조하라)라는 이원적
가치를 부호화 한 것이다. 따라서 위의 첫 문장에서 'recent construction'
은 'gladness'의 이유로서 선행되고 있고, 이 주장의 결속성은 *because*에 의
해 지지된다. 그러나 이 주장은 불만족스러운 것 즉 불완전한 것으로 인
식된다. 이유는 'recent construction'이 정상적인 세계에서는 'gladness'를
저절로 만들어내지 않기 때문이다. 따라서 추가적 이유와 원인 쌍이 필
요한데, 여기서 'recent construction'이 hygiene의 원인으로 표현된다. 추
론에 의해 독자는 텍스트 생산자의 세계관의 모형을 구축하고 그 세계관
속에서 'new'는 'hygienic'이고(신설된 것은 위생적), 'old'는 'unhygienic'
(오래된 것은 비위생적)이므로, 'hygiene'은 선택에 영향을 끼치는 결정적
인 요인이다. 이런 모형은 이어지는 텍스트에서 입증된다. 인지 환경(세
계에 대한 지식)에 대한 언급에 의해, 독자는 저자에게 완벽한 논리적 결
론(therefore, . . . because)이란 것이 대부분의 사람들에게도 반드시 그런
것은 아니라는 것을 추론할 수 있다. 여기에서 명시적 원인관계는 명제
들 간의 연결을 표시하는 것을 넘어서서, 전체 세계관의 증거를 제공한
다.
　　이제 우리는 접속의 특정 사례가 어떻게 텍스트 생산자의 의도된
의미에 대한 독자의 모형에 증거가 될 수 있는지를 파악할 수 있다. 이런

과정에서 '공유된 가정'으로 간주되는 것에 대한 지시가 지속적으로 만들어진다. Beaugrande(1980: 19)는 다음과 같이 주장한다.

> 응집은 텍스트가 제시하는 지식과 세상에 대한 선행지식과의 지속적인 상호작용에 의해 유지된다.

의도된 의미를 보존하기 위해, 번역가는 ST 독자와 TT 독자 모두가 알고 있다고 가정된 지식을 구성하는 측면에서 응집을 고려해야 할 것이다.

번역에서의 주제와 평언

이제 지금까지의 논의를 간단히 요약해 보자. 우리는 일련의 문장들이 하나의 결속적인 텍스트로서 잘 밀착되도록 하여 텍스트성을 유지시키는 텍스트짜임새의 측면에서 응집을 고려해보았다. 응집, 그리고 궁극적으로 결속성은 맥락적 가치(가장 손꼽을 만한 텍스트 유형 초점을 포함하여)가 텍스트에 나타나는 방식들을 나타내는 포괄적 용어로 사용된다. 즉 응집적이고 결속성 있는 텍스트란 담화영역, 담화방식, 담화관계의 지시물, 화용론적 의도, 기호로서의 가치, 주어진 텍스트유형 초점을 나타내는 세부내용에 성공적으로 반응한 것들이다. 번역가는 이러한 맥락적 가치들에 의해 생산되는 여러 종류의 의미를 전달하는데, 이 과정은 텍스트 10G를 고려함으로써 설명될 수 있다.

● 텍스트 10G

(*The Economist*, 4.1.86)

텍스트 10G의 첫 번째 문장의 번역을 시작한 번역가를 상상해보자.
*slightly better*의 간접성에서 해석의 문제가 발생한다. 이 단계에서 '낙관적
인' 해석과 '비관적인' 해석이 모두 나올 수 있다('그것이 정말 더 낫다'
또는 '약간만 더 나을 뿐이다'). 그러나 두 번째 문장으로의 전이는 텍스
트의 특정 부분이 결속적인 관점을 유지하는 방식에 있어서 가장 이상적
인 지점을 제공해준다. 두 번째 문장은 응집 장치(*this*)가 이전의 담화(비
관적 견해가 부당하지 않다)와 연결되는 전환점이다. 이제는 의도된 의미
가 더욱 명확해졌다. '비관적인 견해'에 동의하는 사람들에게 양보의 의
미를 주고 있다. 세 번째 문장은 구체적인 (그러나 결론적이지는 않은)
증거를 제공함으로써 그런 양보를 강화한다. 따라서 전체적으로 연속된
문장들은 반대되기 위해 언급된 논제로 읽힌다. 네 번째 문장으로 반론

이 시작된다. 이 기사에서 첫 번째, 두 번째, 세 번째 문장의 맥락은 그림 10.3에 나타난 것처럼 기술될 수 있다.

담화영역: 레바논의 현 정세에 대한 언론의 논평
담화관계: 반 격식적(semi-formal)
담화방식: 조언적 구어 담화를 반복하는, 읽기 위해 쓰여 진 글
의   도: '비관주의 이론에 대한 양보'
기   호: '비관주의 이론에 대한 잠정적 찬성'
텍스트 유형: 반론
구   조: 주제문-강화문-강화문로 발전되는, 반대 입장을 나타내기
          위한 논제.
응   집: 전방조응 지시대명사로서 *this*. 어휘 응집으로서 saying
          (첫 번째 문장을 되풀이하는 일반적인 단어)

그림 10.3 텍스트 10G의 맥락에 대한 설명

그림 10.3에서의 맥락에 대한 설명으로부터 도출된 그림은 물론 이상화된 것이다. 현실상, *slightly better*의 간접성 때문에 의도와 관련된 기호의 인식이 문제가 된다. 심지어 두 번째 문장이 진행된 후에도 '낙관적'이거나 '비관적'인 해석 둘 다 여전히 가능하다. 그러나 이 둘 중 하나가 선택되어야만 한다. 아랍어와 같은 일부 언어에서는 '낙관론' 또는 '비관론'을 나타내기 위해 서로 다른 두 개의 어휘-문법적 어휘 항목을 이용한다. 아랍어 번역을 직역하면 아래처럼 (1)과 (2)로 나타날 수 있다.

(1) '최근의 평화안은 약간 더 커진 성공의 가능성을 제공한다.'
(2) '최근의 평화안은 미미한 성공 가능성 말고는 어떤 것도 제공하지 못한다.'

10G와 같은 텍스트를 독일어 또는 불어 같이 밀접한 연관성을 갖는 언어로 번역할 때는, 문제가 되고 있는 두 가지 해석을 구별하여 번역해야 할 필요가 전혀 없다. 물론 각기 다른 언어들은 서로 다른 표면적 해결책에 의존한다. 그러나 이 문제의 요점은 어떤 명시적 표면 장치가 이런 저런 결속구조를 나타내기 위해 사용되는가가 아니다. 오히려, 텍스트가 어떻게 전개되는지를 적절히 알아차리고 논쟁의 일반적인 취지를 잘못 구축하지 않아야 한다. 모든 언어에는 숨어 있는 결속성체계들에 대한 실마리가 존재한다. 그 실마리들은 비록 명시적으로 나타나지 않는다하더라도 또 다른 방식으로 나타난다. 따라서 그것들을 고려하는 것이 바람직한 등가성을 이루기 위한 기본 조건들이다. 즉 등가성의 조건은 텍스트짜임새의 요소들이 상위 차원의 의도와 기호들에 대한 반영물로서의 기본적 기능의 측면에서 분석될 때라야 비로소 충족될 수 있다.

그렇다면 응집은 상위 차원의 맥락 지시물에 대한 일련의 반응으로서 인식되어야 한다. 그러나 응집 분석 하나만으로 텍스트짜임새에 대한 상위 차원의 기호학적 효과를 명확하게 하는 것이 충분한가? 그렇지 않다고 생각한다. 텍스트짜임새의 다른 변수들이 어쩌면 더 풍부한 의미를 전달하면서, 그 과정에서 국부적이고 전체적인 결속성을 확립해 간다. 우리의 목적은 다음의 논의에서 이러한 요소들을 명백히 하고 그것들이 텍스트 구성의 다른 측면들에 대한 지원 메커니즘으로서 어떻게 기능하는지를 확립하는 것이다. 두 가지 주요 체계, 즉 (1)절의 주제(theme)와 평언(rheme)의 연속체에서 밝혀지는 주제화와 (2)절에서 '구정보'(given)와 '신정보'(new)의 연속체에 의해 전달되는 정보가 논의될 것이다.

주제화: 기능적 문장 구성론(FSP)

응집과 함께 작용하는 텍스트짜임새의 기본적인 측면 중 하나가 주제-평언(theme-rheme)의 배열이다. 주제와 평언의 측면에서 절의 조직은 기능적 문장 구성론(functional sentence perspective) 또는 FSP(Firbas, Halliday 등)로 총칭된다. 문장 요소들은 의사소통의 중요성의 특정한 측면 안에서 기능하는 것으로 간주된다. 기본적으로 이 말은 다음을 의미한다.

1. 주제가 선행하고 평언에 의해 주제에 대한 언급이 뒤따르는 문장에서는 순서가 무엇보다도 중요하다. 예를 들면, *This is not saying much*(텍스트 10G)에서 *this*는 주제, *not saying much*는 평언이 될 것이다. (*is*는, 일부 사람들은 평언으로 보겠지만, Firbas와 그의 동료들에 의해 전이어(transition)로 불리며, 이는 주제와 평언을 연결한다.)

2. 주제화의 요소들은 '맥락 의존적'이며, 결과적으로 맥락 독립적인 평언적 요소들보다 의사소통적 중요도가 덜 하다. 결과적으로 *not saying much*는 *is*나 *this*보다 의사소통적으로 더 중요하다.

의사소통적 역동성

프라그 언어학자인 Firbas(예: 1975)는 주제, 전이어, 평언의 상대적 중요성을 담화에 대한 이들의 기여도의 측면에서 설명하려고 시도한다. 그는 의사소통을 전개시켜 나가는 특징을 언급하기 위해 의사소통적 역동성 (communicative dynamism)이라는 개념을 사용한다. 텍스트가 전개됨에 따라, 어느 정도 알고 있는 맥락 의존적인 요소들은 뒤를 이어 발생하는 다른 맥락 독립적인 요소들보다 의사소통 전개에 기여하는 바가 적다.

일반적으로 문장에서 요소들 간의 선형적 순서와 FSP 기능 사이에는 어떤 연계가 있다(즉 영어 문장의 주어는 주제의 역할을 하고 서술어는 평언이 된다는 등)고 볼 수 있다. 그러나 영어의 분열문에서 후반에 있어야 할 요소가 앞에 배치될 때(It's the presidency he's aiming for'), 다른 고려 사항들이 기본적인 단어의 순서를 바꿔놓을 수도 있다. 일차적인 배치와 기능이 일치하지 않는 것은 이와 같은 경우들이다. 또한 선형적인 순서가 다른 미묘한 고려 사항들에 종속되는 경우도 있을 것이다. 영어에서 똑같은 주어-동사-목적어의 어순이 사용되어 상당히 다른 결과가 나타날 수도 있다. 예를 들면,

   Much credit flows to the State Israel (텍스트 9E)
   이스라엘 정부에 많은 공이 돌아가고 있다.

이 문장은 수사학적으로 보았을 때 다음 문장과 등가를 이루지 않는다.

   The State of Israel deserves credit . . .
   이스라엘 정부는 공치사를 받을 만하다.

텍스트의 첫 문장으로 첫 번째 예문은 반박(however . . . 등)이 그 뒤를 이을 것 같은 반면, 두 번째 문장은 그 국가(the State)의 장점에 대한 설

명 장면이 설정될 수 있다. 즉, 의사소통적 역동성은 무엇보다 의도성이나 텍스트 유형 초점과 같은 맥락의 측면을 반영하는 것이지 단순한 기본적 어순이 아니다.

프라하 언어학자들은 주제와 평언을 광범위하게 보아 '문장이 무엇에 관한 것인지'와, '그것에 대해 말하려는 것이 무엇인지'로 간주한다. 문장의 짜임새에 대한 이러한 개념이 번역가에게 함축하는 바는 다음의 예에서 설명될 수 있다. 텍스트 10H₁은 아랍 텍스트 특유의 번역문이다. 텍스트 10H₂는 ST에서의 주제-평언 배열의 중요성을 반영하지 않았으며 주제-평언 순서가 무작위라는 가정 하에 나온 번역이다.

- 텍스트 10H₁

The book provides an analytical historical exposition of the most important Islamic organizations in Egypt. These organizations — the Muslim Brothers, The Muslim Society and Al Jihaad — have all been involved in violent opposition to the government.

이 책은 이집트에 있는 가장 중요한 이슬람 단체들에 대한 분석적인 역사적 설명을 제공한다. 이러한 조직들, 즉 무슬림 형제들과 무슬림 사회 및 알 지하드 등은 모두 정부에 대한 폭력적인 반대세력에 연루되었다.

- 텍스트 10H₂

The book provides an analytical historical exposition of the most important Islamic organizations in Egypt. The Muslim Brothers, The Muslim Society and Al Jihaad are the organizations which have all been involved in violent crash with the government.

이 책은 이집트에 있는 가장 중요한 이슬람 단체들에 대한 분석적인 역사적 설명을 제공한다. 무슬림 형제들과 무슬림 사회 및 알 지하드 등은 모두 정부와의 무력 충돌과 연루된 단체들이다.

두 번째 문장에 대한 두 번역의 차이는 주제와 평언의 측면에서 분석될 수 있다.

- 텍스트 10H₁
주제(These organizations) >>>>>> 평언(have all been involved)

- 텍스트 10H₂
주제(The Muslim Brothers, etc...) >>>>>> 평언(are the organizations)

다시 말해, 완전히 다른 두 종류의 강조점이 나타난다.

10H₁: 'these organizations have all been involved'
　　　이러한 단체들이 모두 연루되었다
10H₂: 'X, Y and Z are the organizations which have been involved'
　　　X와 Y, Z는 연루되었던 단체들이다.

우선, 텍스트 10H₂는 지시적 전방조응어를 온전히 활용하지 않았다. 텍스트 10H₁의 *these*가 앞에 언급된 실재들을 다시 활성화시키는 주제이다. 그런 반면, 10H₂에서 세 단체를 언급함으로써 주제로 새로운 실재가 설정된다. 또한, 10H₁ 두 번째 문장의 평언은 '이러한 단체들이 폭력적인 단체임을 함축하는' 발화수반력을 갖는 반면, 10H₂의 평언은 단순한 '정의'인 것을 나타내면서 '그러한 연관성을 약화시키고 있다.' 두 가지의 다른 수사학적 목적이 수행되고 있지만 10H₁만이 텍스트 생산자의 의도와 일치한다.

정보 체계: 구정보-신정보

의사소통의 중요성이라는 관점 안에서 주제-전이어-평언을 바라보면서, 텍스트 사용자는 절이 메시지로 구성되는 과정에서 발생하는 일련의 다른 가치들을 인식하게 된다. 텍스트의 정보 구조는 (a)정보의 예측성과 회복성, (b)정보의 현저성(saliency of information), (c)공유된 가정을 포함한다(이러한 개념에 대한 자세한 논의는 Prince 1981 및 본서 5장을 참조하라). 이 세 가지 개념은 서로 중복되는데, 만약 화자들이 주어진 정보 단위가 예측될 수 있다고 가정한다면, 화자들은 그 정보가 현저하게 드러나고 있으며 청자들이 이러한 가정을 공유할 것이라는 것도 분명히 가정한다.

예측성과 회복성

Halliday(예: 1967)는 메시지로서의 절이 두 가지 종류의 정보를 보여준다는 견해를 채택하고 있다. 하나는 텍스트 또는 텍스트외적 환경에서 정보가 나타나기 때문에 수신인이 그 정보를 알 것이라고 발신인이 믿는 구정보(**given** information)이고, 다른 하나는 수신인이 알지 못할 것이라고 발신인이 믿는 신정보(**new** information)다. 예를 들어, This is not saying much(텍스트 10G)에서 *this*는 앞 문장으로부터 복원될 수 있고, 또 그럴 것이라고 분명히 인식된다. 텍스트 10H₂에서, 문제점들 중 하나는 두 번째 문장에서 주제 내용이 앞 문장에서 이용 가능한 정보로부터 복원될 수 없다는 것이다. 대신 독자는 예측할 수 없는 정보와 마주치게 된다.

현저성

번역가는 번역하는 텍스트에서 청자의 믿음과 이러한 믿음에 대한 화자의 평가에 대한 가설을 재평가해야만 한다. 그러나 텍스트 10H$_2$는 독자의 기대를 무시할 뿐만 아니라 번역가의 입장에서 독자의 믿음에 대한 저자의 가설도 소홀히 하고 있다. 즉, 번역가는 '구'정보를 위반한 것이다. Chafe(1976: 30)는 구정보를 다음과 같이 정의한다.

. . . 화자가 발화 할 때 수신인이 알고 있다고 가정하는 지식.

따라서 번역가는 독자에게 Chafe가 '신'정보라고 부르는 것을 제시한다.

. . . 화자가 자신의 말로써 수신인에게 알려준다고 가정하는 것.

원문 텍스트의 생산자는 문제가 되는 정보가 앞 문장에서 이미 '새로운' 것으로 제시되었기 때문에 그와 같은 가정을 만들 수 없었을 것이다.

회복성과 현저성과 같은 개념이 갖는 가치는 그것들로 인해 우리가 번역물에 대해 이야기할 때 좀 더 정확해 질 수 있다는 것이다. 흔히, 번역 작품에 대하여 갖게 되는 막연한 불만족의 느낌은 정보의 현저성과 회복성에서의 미묘한 변화로부터 기인한다.

공유된 가정

These organizations(텍스트 10H$_1$, 두 번째 문장)의 회복성과 현저성 역시 '공유된 가정'의 측면에서 이해될 수 있다. 이 개념은 Prince(1981: 230)에 의해 다음과 같이 설명된다.

화자는 청자가 '알고 있거나' 가정하거나, 혹은 특정 대상을 추론할 수 있다고(그러나 반드시 그것에 대해 생각하고 있는 것은 아니다) 가정한다.

이것은 텍스트 10G로 다시 설명될 수 있다. 세 번째 문장(*One of the signatories . . .*)은 앞 문장에서 내놓은 비관적 견해의 예로 추론가능하다. 마찬가지로 *this*(두 번째 문장)는 앞 문장에서 추론될 수 있고, *the latest plan*은 보다 넓은 맥락에서 추론될 수 있다.

　그러나 이와 같은 공식에서는, 텍스트 계획(text plan)의 측면에서 '구정보성'을 평가하는데 있어 수신자뿐만 아니라 생산자가 행하는 적극적인 역할에 대한 인식이 전혀 없어 보인다. 텍스트 계획은 화자가 결속적인 관점을 유지하고, 그들의 담화를 적절하게 편성하기 위해 요구되는 조건들을 실행한다(Grimes 1975를 보라. Grimes는 이를 '스테이징'(staging)이라 칭한다). 이것은 화자가 특정한 어휘 항목을 기존의 것으로 제시할지의 여부를 결정하는 원칙이다. 다시 말해, 그 선택은 경우에 따라 달라진다. 즉 화자 입장에서는 지식, 가설, 가정에 의해 동기화되며, 더 중요하게는 이러한 선택이 의도성과 관계가 있다는 것이다. 화자의 판단에는 늘 텍스트적 증거가 존재한다(Candlin과 Saedi 1983에서, 의도된 의미의 신호를 지칭하는 '텍스트적 지표'에 대한 개념 참조).

가정된 친근성

5장에서 언급했듯이, Prince(1981)는 '공유된 가정'(shared assumption)보다는 '가정된 친근성'(assumed familiarity)이란 용어를 선호한다. 이 개념은 화자/저자가 청자/독자에 대해 갖게 되는 가정이며, 이 가정들은 생산되는 텍스트의 형태에 결정적인 영향을 미친다. 새로운 실재와 추론될 수 있는 것들의 구별에서 Prince(1981: 245-6)의 요지는 다음과 같은 것을 보여주는 것이다.

청자들은 가능한 기존에 존재하는 것들이 활용될 수 있다면 새로운 실재를 만들어 내고 싶어 하지 않는다. 그리고 화자들은, 만약 그들이 협조적이라면, 청자가 기존에 존재하는 실재들을 최대한 활용할 수 있도록 그들의 발화를 구성한다.

따라서 텍스트 10H$_2$는 첫 번째 문장에서 연상될 수 있는 실재들을 두 번째 문장에서 활용하지 않았다는 측면에서 부적절하다. 다시 말해, 그 텍스트는 '기존' 실재들의 이용에 대한 Prince의 격률을 위반하고 있다.

이런 분석은 예측성, 회복성, 현저성과 같은 개념에 대한 우리의 이해를 보다 풍부하게 만들어 준다. 그러나 번역가의 관심은 주어진 담화 계획에 따라 하나의 실재를 이후에 다시 사용하는 동기에 대하여 더 많이 아는 것에 두어진다. 실재들과 계획이 서로 연관되어 있다는 점은 분명하다 하겠다.

주제 전개

우리가 주장하고 있는 것은 따라서 주제성이나 정보의 구정보성이 단순한 문장의 자질이 아니라 하나의 담화적 현상이라는 것이다. 텍스트 생산자가 텍스트 전체에 특정한 주제-평언, 또는 구정보-신정보 형태를 전개시키는 이유에 대해서는 상대적으로 관심이 많지 않았대그러나 Daneš (1974), Scinto(1977) 등을 참조]. 대부분의 작업이 개별적인 문장들의 내적 배열에 따라 수행되어 왔던 것이다.

그러나 주제와 평언의 분석이 문장 영역으로만 제한된다면, 텍스트 안에서 이런 요소들의 기능을 나타내기란 당연히 불가능하다. 주제-평언 분석이 번역가와 관련 있는 어떤 것이 되려면, 이러한 분석이 특정한 수사학적 목적의 수행이란 측면에서 주제 전개를 설명할 수 있어야만 한다. 우리는 Daneš의 주제 전개(Thematic progression)라는 용어를 사용하여 전체 텍스트 계획에 따라 뒤따르는 담화가 앞의 주제 또는 평언을 재사용하는 방식을 언급하게 될 것이다. 주제 전개는 텍스트 내부의 주제와 평언이 텍스트의 계층적 조직, 그리고 궁극적으로 수사적 목적에 연결되는 방식을 설명한다. Daneš(1974: 113)에 따르면,

우리가 말하는 [주제 전개]는 발화 주제의 선택과 순서 정하기, 발화 주제의 상호 연결성과 위계, 그리고 보다 상위의 텍스트 단위에서의 초주제와의 관계와 전체 텍스트 및 상황과의 관계를 의미한다.

앞의 그림 10.3에서 제시된 텍스트 10G에 대한 자세한 설명들을 고려해 보면, 그림 10.4에서 제시되는 주제 패턴이 나온다.

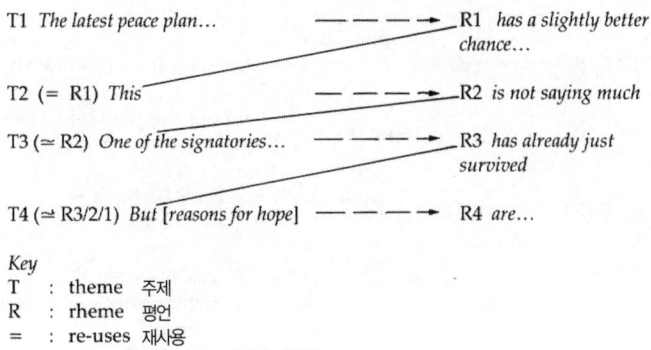

T1 *The latest peace plan...* — — — → R1 *has a slightly better chance...*

T2 (= R1) *This* — — — → R2 *is not saying much*

T3 (≃ R2) *One of the signatories...* — — — → R3 *has already just survived*

T4 (≃ R3/2/1) *But [reasons for hope]* — — — → R4 *are...*

Key
T : theme 주제
R : rheme 평언
= : re-uses 재사용
≃ : re-uses indirectly 간접적 재사용

그림 10.4 텍스트 10G의 주제 패턴

이 텍스트에서 나타난 패턴은 '지그재그 패턴'으로, 이것은 해당 텍스트가 지닌 전반적인 '권고적' 기능에 잘 맞는다고 여겨지는 평가성(evaluativeness)의 특징을 잘 보여준다. 그림 10.4에서 주제로 평언을 재사용하는 몇몇 양상은 잘못된 것처럼 보일 수 있다. T3와 R2 사이, 그리고 T4와 R1/2/3 사이가 완전히 일치하고 있지는 않다. 그러나 주제와 평언 사이의 연계가 명시적일 필요는 없다. 연관성은 종종 Scinto(1977)에 의해 언급했듯이 인지 기반 위에서 텍스트 이해의 일부로 인식되는데, Scinto는 '평언 주제화'(말하자면 잇따르는 담화에서 평언이 주제로 선택되는 경우)의 유형론을 전개한다.

```
T1       >>>> R1 ⎫                  ⎧ John drank the poison.
                 ⎬  consequence     ⎨
T2 (=R1) >>>> R2 ⎭                  ⎩ Death followed quickly.


T2 (=R1)  derived by implication   ⎧ He paid the workers. The
                                   ⎨ wages came to not very much.


T2 (=R1)  illustration   ⎧ John didn't like Bill's bad habits.
                         ⎨ His lying was pathological.


T2 (=R1)  reason, backing ⎫   ⎧ Leander couldn't sleep that
          or explanation  ⎬   ⎨ night. Losing gracefully was just
                          ⎭   ⎩ not in his nature.


T2 (=R1)  conclusion   ⎧ John ran in the third race.
                       ⎨ Winning was very satisfying.


T1       )))) R1 ⎤   결과          ┌ 존은 독극물을 마셨다.
T2(=R1)  )))) R2 ⎦                 └ 죽음이 빨리 왔다.


T2(=R1)  함축에 의해 유도           ┌ 그는 그 일꾼들에게 임금을 지급했다.
                                  └ 그 돈은 그리 많지 않았다.


T2(=R1)  예증                      ┌ 존은 벨의 나쁜 습관을 좋아하지 않았다.
                                  └ 그의 거짓말은 병적이다.


T2(=R1)  이유, 지지, 설명           ┌ 레안드로는 그 날 밤 잠을 이루지 못했다.
                                  └ 우아한 실패란 단지 그에게 어울리지 않았다.


T2(=R1)  결론                      ┌ 존은 세 번째 경주에 참가했다.
                                  └ 승리는 매우 만족할 만했다.
```

Scinto는 또한 '주제 반복'의 경우에서 나오는 이러한 종류의 변형을 예로 들고 있다. 이것은 주제가 연속되는 담화에서 주제로 선택되는 경우로, 이런 패턴은 텍스트 유형 초점으로서 개념 설명적 텍스트의 특징이 되는 경향이 있다.

```
T1        >>>> R1  ⎫
                   ⎬  partial identity (a party = good time)
T2 (=T1) >>>>. . .⎭

T2 (=T1)   member of a set (the boys = John)
T2 (=T1)   a particular instantiation (a large car = the Rover)
T2 (=T1)   the contrary or opposite (boy = girl)

T1       )))) R1  ⎤
                   ⎥  부분적 일치 (a party = good time)
T2(=R1)  ))))     ⎦

T2(=R1)   무리 중 하나 (The boys = John)
T2(=R1)   특정한 예시 (a large car = the Rover)
T2(=R1)   반대 (boy = girls)
```

마지막으로 Scinto는 주제와 평언이 상위언어맥락 또는 배경, 시간, 상황
에서 나올 수 있다고 말한다. 사실 Scinto의 분류를 확장하면, 주제와 평
언이 재배치될 때 관련된 기호의 상위 층위에서 약간의 친근성만이 필요
하다고까지 말할 수 있다. 예를 들어 텍스트 10G에서 *one of the signatories
narrowly escaping assassination*(암살을 겨우 면하게 된 조인 당사자 중 한 사
람)은 'the realistic but pessimistic view of the future of Lebanon'(레바논
의 미래에 대한 현실적이지만 비관론적 시각)과 동일한 기호학적 영역
안에 배치된다.

　텍스트 유형의 영역에 대하여 다양한 언어에서의 주제 전개 분석이
필요하다. 우리는 어떤 패턴이 존재하는지 또는 언어들 간의 등가가 어
떻게 이루어지는지에 관해 거의 알지 못한다. 그럼에도 불구하고 우리가
확신할 수 있는 한 가지는 그 패턴들이 항상 지배적인 수사학적 목적을
수행하는데 이용된다는 것이다. 이것이 번역가에게 있어 가장 중요한 텍
스트짜임새의 한 측면이다.

주제-평언과 장르, 담화와의 관계

텍스트 구조와 전반적인 맥락에 대한 고려사항들은 정적이지 않다. 예를 들어, '지그재그' 패턴이 언제나 그리고 반드시 논증을 나타내는 것은 아니다. 오히려, 특정 텍스트 계획에서는 특정 패턴이 선호된다. 맥락은 때때로 텍스트 사용자의 측면에서 일정한 조정을 수반하는 미묘한 차이들을 허용한다. 그 예가 혼성화(Hybridisation) 현상이다(텍스트 유형과 관련하여 8장에서 논의되었다).

주제-평언 패턴에 대한 담화적이고 장르적인 제약의 종류를 설명하기 위해 텍스트 10I를 살펴보자.

● 텍스트 10I

Britain has uncovered a plot by Israel to use forged British passports for Mossad secret service hit-men to attack opponents abroad. The discovery has led to a furious diplomatic row, and an Israeli apology and assurance that it would not use British cover again.

The eight forged passports were discovered by chance last summer in a bag inside a telephone booth in West Germany. The bag also contained a genuine Israeli passport and envelopes linking the document with an Israeli Embassy. All the papers were handed in to a British consulate-general and brought back to London.

영국은 이스라엘이 모사드(Mossad) 비밀 암살자들의 위조된 영국 여권을 해외의 반대파들을 공격하기 위해 사용한 음모를 밝혔다. 이 발각으로 뜨거운 외교 분쟁이 초래되었고 다시는 영국을 은폐막으로 이용하지 않겠다는 서약과 사과가 뒤따랐다.

8개의 위조 여권은 지난여름 독일 서부의 공중전화박스에 있던 한 가방 안에서 우연히 발견되었다. 그 가방에는 진짜 이스라엘 여권과 그 서

류와 이스라엘 대사관을 이어주는 봉투들이 들어 있었다. 모든 서류들은
영국의 총영사관으로 넘겨졌고 다시 런던으로 돌아오게 되었다.

(『선데이 타임즈』 1987. 3. 15)

텍스트 10I는 논쟁의 특징을 보여주게 되는 설명적 텍스트(Expository
text)이다. 나타나는 주제-평언 패턴은 그림 10.5와 같다.

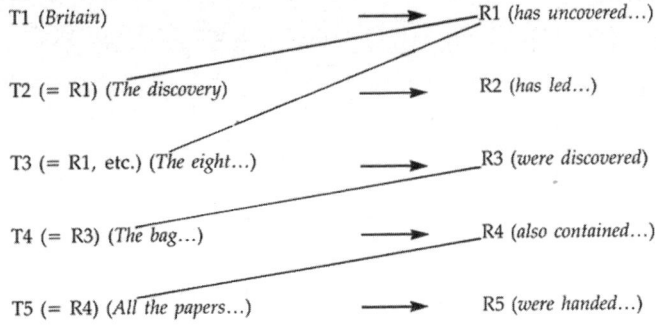

그림 10.5 텍스트 10I의 주제 패턴

논쟁의 특징인 지그재그 주제-평언 구조는 별 문제가 없다. 그러나
텍스트 10I는 뉴스보도의 한 예다. 이러한 주제의 혼성 형태는 담화적이
고 장르적인 제약의 측면에서 설명될 수 있다. 선정적인 뉴스 담화(단순
히 뉴스를 보도하는 것과는 대조적인)와 '특종기사'(단순한 뉴스보도와는
대조되는)의 장르는 그 텍스트 생산자의 진짜 의도를 드러내는데 있어
중요한 역할을 한다. 특종은 두 가지 담화의 기능, 즉 사건을 보도하기와
그것을 평가하기를 수반하는 경향이 있는 이상적인 장르이다. 번역가는
세심한 주의를 기울여야 할 필요가 있다. 적절한 TL의 형태가 무엇이든

간에 이런 담화적이고 장르적인 가치를 유지하면서, 텍스트를 밋밋한 뉴스 보도의 경우나 또는 '사설화'(editorialising)의 경우로 바꾸어 버리는 함정에 빠지지 않도록 해야 할 것이다.

텍스트 10I에서 『선데이 타임즈』는 이데올로기적 사건을 논하기보다 그 사건을 선정적인 것으로 만드는데 더 많은 관심을 갖고 있다. 게다가 신문기사를 쓰는 저널리스트는 분명히 '이데올로기적 의견을 피력하는' 사설 장르 안에서 움직이지 않고 단순히 자신의 특종을 홍보하는데 신경을 썼을 것이다. 이런 미묘함을 깨닫지 못할 경우, 번역 과제로 텍스트를 받은 예비 번역가들이 직면했던 심각한 문제가 초래될 수 있다. 그림 10.6은 원문과 다른 번역 결과물을 보여준다.

텍스트 10I의 어휘 항목	학생들의 아랍어 번역의 역 번역
uncovered(발견된)	unmasked(발각된)
plot(구성)	conspiracy(음모)
forged(만든)	distorted, faked(위조된)
hit-men(암살자)	death squad(암살단)
attack(공격하다)	liquidate(살인하다)
opponent(반대자)	dissidents(체제반대자)
row(다툼)	clamour(소란)

그림 10.6 의미적 일탈

좀 더 중립적인 대체 단어들이 쓰일 수 있었다. 그러나 대다수의 학생들은 자신들이 반 이스라엘의 관점에서 아랍 독자들을 위해 그 사건을 진정으로 평가하고 있다고 느꼈다. 즉 학생들은 자신의 문화와 이데올로기적 편애 때문에 논쟁적인 텍스트(예를 들면 사설)에 적합한 담화와 장르 안에서 작업을 했는데, 논쟁적 텍스트에는 이와 같은 주제-평언 패턴이 기대될 것이다.

텍스트짜임새 — 맺음말

이 장의 기본적인 논의는 텍스트짜임새가 담화적 의도(맥락)의 실현과 특정 텍스트 계획(구조)의 이행을 위한 수단을 제공한다는 것이었다. 텍스트짜임새에 대한 우리의 설명은 맥락(가장 두드러지는 것은 텍스트 유형 초점)이 보다 잘 이해되고 구조(계층적 조직)가 보다 더 투명하게 되는 경로를 도식화하려는 시도였다. 따라서 번역가에게 텍스트짜임새를 결정하는 일은 ST에 대한 가설을 형성하는 단계로부터 TT를 위한 어휘 및 문법적 선택을 행하는 결정적 단계로의 전환을 의미한다.

이런 가설들을 시험하기 위해, 우리는 텍스트짜임새의 다양한 표지들을 보다 상위차원의 맥락적 가치와 연결시키고자 했다. 그러나 우리가 여러 번 언급했듯이 텍스트 구성분야에서 더 많은 작업이 요구된다. 지금껏 축적된 증거(예를 들어, Prince 1978을 보라)들이 보여주는 것은 텍스트짜임새가 텍스트구조에 의해 거의 인과적으로, 그리고 최종적으로는 전체 맥락에 의해 결정된다는 것이다.

주제 조직은 또한 언어 사용자가 결속적 관점을 세우기 위해 이용되는 영역처럼 보인다. Perfetti & Goldman(1974)은 주요 지시대상을 주어 자리에 두는 것(즉 주제1이 주제2가 되는 것)은 백과사전 표제어, 부고기사, 어린이 책을 쓰는 사람들에 의해 선호되는 방법이라고 주장한다. 같은 맥락에서 Brown & Yule(1983)은 탐정 소설은 시간 부사를 계속해서 주제화하는 반면 여행책자는 주제로 장소 부사를 체계적으로 사용한다고 지적한다. 물론 각기 다른 사회가 그들의 담화를 구조화시키는 자기들만의 방식을 사용하기 때문에, 이런 문제들은 언어와 문화 연구와 관련 있는 작업과도 관계가 있다.

11.

중개자로서의 번역가

이 책에서 우리의 관심은 말하기와 글쓰기가 무작위적인 활동이 아님을 보여주는 데 있었다. 다시 말하면, 텍스트는 화자/저자가 어떻게 의미를 의도하며 청자/독자가 어떻게 의미를 추론하는지에 대한 증거를 제공하는데, 양자 모두가 특정 맥락에 적절하다고 인식하는 바와 관련지어 제공한다는 것이다. 넓게 보자면 맥락은 구조에, 그리고 궁극적으로는 담화의 짜임새에 결정적인 영향을 미친다는 말이었다. 그에 따라 우리는 맥락의 분석(4-8장)에서부터 텍스트의 구조적 패턴 연구(9장)와 텍스트 전반의 수사학적 목적에 부합하려는 동기를 가진 어휘 및 통사적 선택에 대한 연구(10장)에 이르는 경로를 밟아왔다.

우리는 번역가가 원천 텍스트의 생산자와 그 텍스트의 TL 수신자 사이의 중개자로서 이러한 역동적인 의사소통과정의 중심에 서 있음을 보여주었기를 바란다. 번역가가 없었다면 상호 의사소통이 곤란했을 양 상대방 사이에서 번역가는 최초의 가장 중요한 중개자 역할을 하는데, 이러한 역할은 대단히 직접적인 방식으로 중개한다고 볼 수 있는 동시통 역사는 물론 특허, 계약서, 시 또는 소설 번역가에게도 마찬가지로 해당 된다.

두 종류의 중개

그러면 이런 중개과정에 필요한 것은 무엇인가? 가장 분명한 점은, 번역 가란 이중 언어 능력뿐 아니라 이중 문화적 시각의 소유자라는 점이다. 번역가는 의미의 전달과정에서 걸림돌이 되는 양립불가능성을 극복하려 하면서 이데올로기, 도덕체계 및 사회정치적 구조를 포함한 양측의 문화 를 중개한다. 한 문화공동체에서 기호로서 가치가 있는 것이 다른 문화 에서는 가치가 없을 수 있고 이러한 차이를 확인하여 해결하려 노력하는 유일한 위치에 있는 사람이 바로 번역가이다.

그러나 번역가가 중개자인 또 다른 이유가 있다. 어떤 의미에서 번 역가는 SL 텍스트의 '특권층 독자'이기 때문이다. 일반적인 ST 또는 TT 독자와는 달리 번역가는 생산하기 위해 독서하고 재부호화하기 위해 해 독한다. 다시 말하면, 번역가는 정상적으로는 산출물이 될, 그래서 독서 과정의 종착점이 될 정보를 번역의 투입자료로 이용한다. 결과적으로 처 리과정(processing)이 평범한 독자의 처리과정보다 더 철저하고 신중할 가능성이 크며, 텍스트 일정 부분의 해석은 뒷부분의 처리과정에서 입수 되는 증거에서 득을 볼 수도 있다. 이러한 뒤늦은 깨달음은 번역가가 순 차통역사와는 공유하지만 동시통역사와는 함께 누리지 못하는 혜택이다. 동시통역사가 입력되는 텍스트를 처리하는 과정은 TL 수신자의 처리과정과 더 밀접히 닮아있기 때문이다.

그런데 한 텍스트의 개별 해석 행위는 특유한 행위(G. Steiner 1975, Beaugrande 1978: 30 참조), 즉, 텍스트의 생산이 그런 것만큼이나 개별 해석의 특정 맥락적인 제약을 받는 과정이다. 번역된 텍스트에는 번역가의 해석이 반영될 수밖에 없고 이 점은 번역가를 평범하지 않은 독자로 규정짓게 하는 또 다른 요인이 된다. 평범한 독자는 창조적인 해석과정에서 자신의 신념과 가치를 끌어들일 수 있지만, 번역가는 좀 더 자제를 해야 하는 것이다. 원천 텍스트의 이데올로기적 뉘앙스와 문화적 성향 등은 번역가 자신의 현실 인식에 오염됨이 없이 전달되어야 한다.

이 마지막 장에서는 이러한 번역가의 실제 중개 과정을 연구하고자 한다. 우리는 여러 언어로 번역된 텍스트 하나를 선택하여 번역가들이 ST 생산자와 TT 수신자 사이의 중개인으로 행동하는 방식을 살펴볼 것이다. 우리는 표본 텍스트로 딱히 문화 의존적이지 않으며(즉, 문화특수성 때문에 접근하기 어렵지 않고), 또한 전달하는 메시지에서 상당한 보편성을 추구하는 텍스트인 장 자크 루소의 『에밀』에서 처음 몇 단락을 선택했다. 텍스트 11A는 원천 텍스트로서 1762년에 초판 돼 플레이아드 판(루소 1969)에 수록되어 있으며, 텍스트 11B는 Barbara Foxley의 영어 번역본(루소 1911)이다.

- 텍스트 11A *Emile*, Livre I

  Tout est bien, sortant des mains de l'auteur des choses: tout
  dégénére entre les mains de l'homme. Il force une terre à nourrir
  les productions d'une autre; un arbre à porter les fruits d'un autre.
  Il mêle et confond les climats, les élemens, les saisons. Il mutile
  5 son chien, son cheval, son esclave. Il bouleverse tout, il défigure tout:
  il aime la difformité, les monstres. Il ne veut rien tel que l'a fait
  la nature, pas même l'homme; il le faut dresser pour lui comme
  un cheval de manége; il le faut contourner à sa mode comme un
  arbre de son jardin.

10 Sans cela tout iroit plus mal encore, et nôtre espéce ne veut pas
   être façonnée à demi. Dans l'état où sont desormais les choses, un
   homme abandonné dès sa naissance à lui-même parmi les autres
   seroit le plus défiguré de tous. Les préjugés, l'autorité, la necessité,
   l'éxemple, toutes les institutions sociales dans lesquelles nous nous
15 trouvons sumergés, etoufferoient en lui la nature, et ne mettroient
   rien à la place. Elle y seroit comme un arbrisseau que le hazard fait
   naitre au milieu d'un chemin, et que les passans font bientot périr en
   le heurtant de toutes parts et le pliant dans tous les sens.

   C'est à toi que je m'addresse, tendre et prévoyante mére, qui sus
20 t'écarter de la grande route, et garantir l'arbrisseau naissant
   du choc des opinions humaines! Cultive, arrose la jeune plante
   avant qu'elle meure; ses fruits feront un jour tes délices. Forme
   de bonne heure une enceinte autour de l'ame de ton enfant: un
   autre en peut marquer le circuit; mais toi seule y dois poser la
25 barriére.

『에밀』 제 1권

모든 것은 조물주의 손에서 나올 때는 완전하나 인간의 손에 들어오면
변질되고 만다. 인간은 억지로 어떤 땅에다 다른 토양에서 자랄 수 있는
산물을 키우려는가하면 이 나무에다 저 나무의 열매를 맺게 하려 한다.
그리하여 기후와 환경, 계절을 뒤섞어 뒤죽박죽으로 만들어버린다. 인간
은 자기가 소유한 개, 말, 노예의 사지를 잘라낸다. 그렇게 모든 것을 뒤
집어엎고 모든 것의 형태를 일그러뜨리면서 기형과 괴물을 좋아한다. 인
간은 어떤 것이든 자연이 만들어놓은 그대로를 원하지 않는다. 심지어 인
간마저도 그러하다. 조련된 말을 다루듯 인간을 자신에게 맞게 길들여야
한다. 그리고 마치 정원수처럼 인간을 자기 마음대로 뒤틀어놓아야만 한
다.

그렇지만 이러한 일조차 하지 않는다면 상황은 더욱 나빠질 것이고
또 인간은 반 정도만 가공되는 것을 원하지도 않는다. 이미 상황이 이렇
게 진전되어온 상태에서라면 다른 사람들과 함께 살면서도 태어날 때부
터 아무도 돌보아주지 않는 인간은 그 어떤 것보다도 뒤틀린 존재가 될
것이다. 편견, 권위, 필연, 모범 또한 우리가 몸담고 있는 모든 사회 제도
들이 인간의 본성을 억누르고 아무것도 제자리에 두지 않을 것이다. 그곳
에서 본성이란 우연히 길 한가운데에 자라난 관목과 같은 것이어서, 지나

가는 사람들한테 사방으로 부딪히고 온갖 방향으로 휘어져 곧 죽어버리고 말 것이다.

나는 지금 다정하고 선견지명을 가진 어머니, 바로 당신께 말을 하고 있습니다. 한길에서 벗어나 사람들의 여론이 주는 충격에서 갓 태어난 관목을 보호해 줄 수 있었던 어머니여! 그 어린 나무가 죽기 전에 물을 주고 가꾸십시오. 언젠가 그 나무의 열매들이 당신에게 큰 기쁨을 가져다줄 것입니다. 일찍부터 당신 아이의 영혼에 울타리를 둘러치십시오. 그 경계를 표시하는 일은 다른 사람도 할 수 있겠지만 오로지 당신만이 거기에 울타리를 칠 수 있습니다. (이용철 · 문경자 역. 2008.『에밀 또는 교육론 1』. 한길사 pp. 57-58)

● 텍스트 11B *Emile* Book I

1 God makes all things good; man meddles with them and they
   become evil. He forces one soil to yield the products of another,
   one tree to bear another's fruit. He confuses and confounds time,
   place, and natural conditions. He mutilates his dog, his horse, and
5 his slave. He destroys and defaces all things; he loves all that is deformed
   and monstrous; he will have nothing as nature made it, not even
   man himself, who must learn his paces like a saddle-horse, and
   be shaped to his master's taste like the trees in his garden.

   Yet things would be worse without this education, and mankind
10 cannot be made by halves. Under existing conditions a man left
   to himself from birth would be more of a monster than the rest.
   Prejudice, authority, necessity, example, all the social conditions
   into which we are plunged, would stifle nature in him and put
   nothing in her place. She would be like a sapling chance sown
15 in the midst of the highway, bent hither and thither and soon
   crushed by the passers-by.

   Tender, anxious mother, I appeal to you. You can remove this
   young tree from the highway and shield it from the crushing
   force of social conventions. Tend and water it ere it dies. One
20 day its fruit will reward your care. From the outset raise a
   wall round your child's soul; another may sketch the plan, you alone
   should carry it into execution.

『에밀』제 1권

조물주는 만물을 선하게 창조하지만, 인간이 그것에 손을 대어 나빠지고 만다. 인간은 억지로 어떤 땅에서 다른 토양의 산물을 생산시키고, 한 나무에서 다른 나무의 열매를 맺게 한다. 인간은 시간과 장소와 자연조건을 뒤섞어 뒤죽박죽으로 만들어 버린다. 인간은 자기가 소유한 개, 말, 노예의 신체를 훼손한다. 인간은 모든 것을 파괴하고 손상시키며, 뭐든 기형적이고 기괴한 것을 좋아하고, 인간은 무엇이든, 심지어 인간조차도, 자연이 만들어 놓은 그대로 두지 않는다. 인간을 승마용 말처럼 자신의 보조에 맞게 길들여야 하고, 집의 정원수처럼 주인의 취향에 맞게 다듬어야 한다.

하지만 이런 교육이 없다면 사물은 더욱 나쁘게 변질될 것이고, 인간을 만들다 어중간하게 그만 둘 수도 없는 일이다. 현재의 상황에서는 인간을 태어나면서부터 혼자 방치해 둔다면 그 어떤 것보다도 뒤틀린 존재가 될 것이다. 편견, 권위, 필요, 모범 그리고 우리가 몸담고 있는 모든 사회 제도는 인간 속의 본성을 억누르고, 그것을 대신할 어떤 것도 남겨놓지 않을 것이다. 인간의 본성은 우연히 큰길 한가운데서 돋아난 어린 나무와 같아서, 행인들의 발에 이리저리 꺾여 이내 짓이겨지고 말 것이다.

자녀의 행복을 열망하는 자애로운 어머니여, 당신에게 애원하노니! 이 어린 나무를 큰길에서 옮겨서 사회관습의 억압에서 지켜주십시오. 그 어린 나무가 죽기 전에 물을 주고 가꾸십시오. 언젠가 그 나무가 결실을 맺어 당신의 보살핌에 보답할 것입니다. 처음부터 자녀의 영혼을 둘러쌀 담을 세우십시오. 다른 사람이 설계도를 그릴 수도 있겠지만, 당신 혼자서 그것을 실천에 옮겨야 합니다. (텍스트 11B를 역자가 옮김)

특권층 독자로서의 번역가 개념에 대한 예시로서 텍스트 11A의 둘째 줄과 셋째 줄을 살펴보자.

Il force une terre à nourrir les productions d'une autre . . .

이렇게 초기의 해석 과정에서 독자의 머릿속에서는 위 문장의 진정한 의미에 대한 불확실성, 즉 다음 중 어떤 의미로 이해해야 할지의 문제가 발생한다.

1. '조물주가 만든 선한 만물에 손을 대는 인간'에 대한 진심어린 비난인가?
2. 알고 보면, 그리 진심어린 비난은 아닌 것인가?
3. 아니면 최초의 명제에 대한 반증인가?

물론 독해가 특정 단계를 넘어서면 독자는 텍스트의 전반적인 수사학적 목적에 비추어 볼 때 저자가 의도한 의미는 2번이라는 결론을 내리게 된다. 그러나 대부분의 독자는 담화가 진행되는 대로 담화의 줄거리를 따라가는 데 만족하는 반면, 번역가들은 낱낱의 단편(斷片)으로부터 텍스트의 전체 '게슈탈트'(gestalt)를 재구성할 필요성을 끊임없이 의식하게 된다. 그래야만, 오직 그 때에만, 번역가는 ST 생산자와 TT 독자 사이에서 중개할 위치에 서게 되는 것이다. 그러면 번역가는 어떻게 최초의 불확실성을 해소하고 의도된 의미를 재창조할 수 있는 기반 위의 독해에 이르게 되는가?

읽기는 양방향의 과정이다. 한편으로 독자는 이전의 세상 경험에 기초한 자신만의 일련의 가정들을 텍스트에 가져와서 연속되는 텍스트의 각 부분을 이러한 가정들에 비추어 처리하고 텍스트의 전개방향에 대해 예측을 한다. 다른 한편으로는 텍스트 항목을 자체적으로 분석하고 서로 맞춰보는 통사 어휘적 해독과정을 거침으로써 읽기가 진행됨에 따라 점진적으로 종합적인 의미가 구축된다(Alderson & Urquhart 1985를 보라). 인공지능 분야에서 이런 절차는 각각 하향식(top-down) 및 상향식 처리과정(bottom-up processing)으로 알려져 있다(Brown & Yule 1983: 234를 보라). 물론 두 과정은 동시에 진행되고 양자 간에는 끊임없는 상호작용이 이루어진다. 하향식 분석과정은 상향식 분석과정에 영향을 미치고 또한 끊임없이 그로부터 영향을 받는다. 그러나 번역비평 활동에서는 상향식 접근방법, 즉 단어나 구 층위에서 ST와 TT의 차이를 확인하고 그런 다음에야 그 문제를 맥락적 요인과 관련시키는 접근법만을 종종 채택해 온 데 반해서 다음 절에서 우리는 두 방법을 모두 활용하라고 제안하려 한다. 다시 말하면, 번역가의 머릿속에서 끊임없이 진행되는 미시분석의 끈을 놓지 않은 상태로 맥락에서 구조를 통해 담화의 짜임새로 가는 경로를 밟음으로써 번역가의 결정에 영향을 미치는 의사소통적, 화용론적 및 기호학적 가치를 명백히 하고 모든 논의를 생산자와 수신자의 동기 및 예상과 관련시키고자 한다.

독자의 가정과 기대

텍스트 11A와 11B의 분석에서 제일 먼저 지적해야 할 점은 ST와 TT가 겨냥하는 독자층의 특징이 뚜렷하게 다르다는 사실이다. 루소의 집필 대상은 '"철학적" 민중'(루소 1969: 1288)으로서 그 상당수가 18세기 유럽의 귀족이었다고 말할 수 있다. 같은 책을 20세기 영어 사용 독자들을 겨냥하여 번역함에 있어서 번역가는 독자들이 교육 수준이 높고 18세기 논문을 읽을 만큼 충분히 의욕적인, 아마도 『에밀』의 주제인 교육에 대해 전문적 또는 학문적인 관심이 있는 자들이리라는 가정을 틀림없이 할 것이다. 그러나 20세기의 독자들은 현대에 한 번역이더라도 18세기 텍스트의 느낌이 나는 번역물이기를 기대한다. 바로 이 지점에서 시간적 방언이라는 사용자 변수가 관련되는데, 텍스트 11B에 있는 *highway, hither and thither, ere*와 같은 항목의 존재에서 번역가가 이렇게 명확히 감지되는 독자들의 기대에 어떻게 반응했는지를 엿볼 수 있다.

읽기가 진행되면서 텍스트를 의사소통적 처리로 정의하는 일에 또 다른 일련의 가정들이 관여한다(3장 참조). 그림 11.1은 그 과정에서 드러나는 텍스트의 세부사항을 요약한 것이다. 여기에 화용론적 차원을 추가하면 텍스트행위가 수반되는데, 텍스트행위는 현실에 대한 특정 견해에 이데올로기적으로 전념하겠다는 진술로 요약할 수 있다. 마지막으로, 기호학적 상호작용은 텍스트를 기호 중의 기호로 규정하여 문화적 맥락 안에서 중요성을 획득하게 된다. 그리하여 앞의 텍스트는 특정 장르(학술논문)의 한 예이자 논리적 설명과 도발적 논쟁의 중간쯤에 위치한 평가성 담화의 표현으로 인지된다(4장 참조).

담화영역: 사회/교육 철학(해당 작품이 속했던 장르는 현재 존재하지 않음)
담화관계: 격식적; 대등한 관계의 학식 있는 독자를 대상으로 하나 설교적이고 권위적인 특징의 담화
담화방식: 성찰적 읽기를 위한 글. 그러나 설교에서와 같은 구어체가 연상됨

그림 11.1 의사소통적 처리로서의 텍스트 11A

선택사항 가운데 고르기

위와 같은 징후들은 독해 과정에 어떻게 영향을 미치는가? 8장에서 살펴보았듯이 그 모든 가치들은 전반적인 수사학적 목적을 정의하는데 집단적으로 도움이 되고, 수사학적 목적은 또한 텍스트 유형 초점을 정의한다. 그리고 구조적 및 텍스트적 패턴은 특정 텍스트 유형의 틀 안에서 드러난다. 예를 들어, 텍스트 11A의 초기 명제인 1-2줄을 보자.

Tout est bien, sortant des mains de l'auteur des choses:
tout dégénère entre les mains de l'homme

이 초기 명제는 아래 둘 중의 하나를 나타내는 기호로 인식될 수 있다.

1. 진술되어 입증될 논제, 또는
2. 진술되어 강화될 것이지만 결국에는 반박될 논제

그러나 우리는 이러한 해석의 '가설적인' 성격을 강조하고자 하는데, 왜냐하면 일단 미시적 읽기가 진행되면 그러한 해석은 확정되거나, 수정되거나, 아니면 전부 폐기되어 대체될 것이기 때문이다.

텍스트 11A의 두 번째 문장(2-3줄: *Il force une terre . . . les fruits d'un autre*)은 처음에는 위 선택사항 1의 궁극 목표, 즉 '손을 대는 것이 인간이라고 주장하기'와 일관된다고 생각될 가능성이 크므로 첫 문장의 '언급된 논제'에서 비롯되는 연속체를 뒷받침한다. 후속 문장들(3-9줄)은 이 최초의 해석을 확인하며 '손을 대는 자로서의 인간이라는 논제를 강화하는데 이바지한다. 그러나 그 논제가 강화될수록 그것이 전하는 확신은 약화되는데, 그 이유는 채색되고 있는 그림이 너무 어둡기 때문이다. 루소에 대한 지식과 관습적인 논증방식으로 인정하는 것 등 우리가 독자로서 가지고 있는 일반적인 가정으로 인해 우리는 작가의 진정한 의도에 대한 판단을 유보하게 된다.

제 10줄의 일곱 번째 문장(*Sans cela tout iroit plus mal encore . . .*)에서 문제에 봉착하게 되고 위의 선택사항 1은 더 이상 이치에 맞지 않게 된다. 이 단계에서 독자들은 지금까지 가동시키던 저자의 의도 모형으로 되돌아가서 최초에 세웠던 가설을 수정한다. 첫 번째 연속체(1-9줄)는 이제 '인간이 이 모든 죄를 범한 것이 분명하다'로 해석되지만, 제 10줄부터 텍스트는 '그러나 이는 전적으로 부적절한 건 아니었다'는 말로 이어진다. 의도는 여전히 '설득하기'로 인식되지만 이제는 '인간의 죄를 그것이 없으면 우리 모두는 얼마나 더 타락할 것인가'의 시각으로 해석함으로써 독자를 설득하기'로 이해가 된다. 결과적으로 선택사항 2가 채택되고 그 상호작용은 수사학적 목적인 반론에 기여하는 것으로 간주된다.

텍스트 내 기호간 상호작용

독해는 상호작용과정으로서 이전 내용을 되짚어보거나 앞을 전망할 수도 있다. Haslett(1987: 17)이 말한 대로,

> 진행 중인 대화는 앞으로의 상호작용 기회를 미리 만들 수 있을 뿐 아니라 이전의 내용에 대한 해석을 되짚어 고칠 수도 있다.

여기서의 핵심개념은 상호작용이다. 6장에서 우리는 상호작용이 참여자(ST 저자, 번역가, TT 독자) 사이에서 뿐만 아니라 텍스트를 구성하는 기

호사이에서, 또한 그 기호와 참여자 사이에서 일어나는 과정임을 시사한 바 있다. 그러므로 텍스트 11A의 두 번째 문장이 상호작용적인 지위를 얻는 것은 그것이 반박을 위해 언급한 논제의 보강문으로 간주되는 한편, 반박하는 후속 연속체와의 양보관계를 방해하는 연속체의 일부로서 간주된 뒤라야 비로소 가능하다. 이러한 텍스트 내의 기호 간 상호작용에 대한 인식이 미시텍스트 처리과정, 즉 텍스트의 계층적 조직(다시 말하면 구조)을 발견하는 기반이 된다.

텍스트 11A의 독해를 통해 드러나는 전체 구조의 형식은 반론의 형식이다.

1-9줄 **추후 반박될 논제의 언급,** 이어서 잠정적인 지원을 나타내는 일련의 보강문이 뒤따름(담화 = '인간이 손을 대다'가 지나치게 부정적인 묘사여서 일부 상쇄할 내용이 예상될 수밖에 없다.)

10-13줄 **반박**(담화 = '그러나 인간이 손을 대지 않으면 사물은 더 나쁘게 변질될 것이다)

13-18줄 **입증**(담화 = '사회적 인간의 타락 — 열정적인 논박)

19-25줄 **결론**(담화 = '자연적 선성(善性)을 보호할 필요성' — 교훈적)

다른 텍스트와의 상호작용

상호텍스트성 또한 텍스트를 기호로 확인하는 이 작업에 관련된다(7장 참조). 위에 나열한 형식은 적어도 서구사회의 상호텍스트성 관습 안에서는 익숙한 형식이다. 그러나 기호가 때로는 한 일반 유형을 간단히 예시하지 못할 수가 있다. 다른 수사학적 기능이 존재하여 혼성 형식을 나타낼 수도 있기 때문이다. 텍스트 11A의 전반적인 목적이 확실히 반론제기이며 10-11줄의 반박이 텍스트의 받침점 역할을 하는 반면, 모두(冒頭)의 연속체(1-9줄)는 반박을 위해 언급한 논제라기보다는 일관적 주장의 특징이 있다. 처음 읽었을 때는 양보('인간이 손을 댄다는 것은 확실히 맞는 말이다. 그러나 . . .')라기 보다는 주장('인간이 손을 대는 데, 그건 첫째로, 그가 . . . 둘째로, 그는 . . .')으로 보인다. 그러나 앞에서도 시사한 대로 우리는 모두의 연속체를 비난의 격렬함 때문에, 즉 인간의 죄목이 계속 나열되고 담화가 흥분을 더해갔기(*Il force, il mutile, monstres* 등) 때문에 반박을 위한 토대 마련으로 파악한다. 모두 연속체의 이러한 양가성은 번역할 때 반드시 전달해야 할 특징이다.

이와 유사한 방식으로 결론도 혼성 형식이다. 앞선 주장에서 도출한 결론을 단순히 진술하는 대신에 명령문을 사용함으로써 지시적 텍스트 형식으로 전환하는 특징을 보이지만, '인간이 손을 댄다'라는 주장에서 결론을 도출하려는 의도는 여전히 엿보인다. 그 결과 주장은 좀 더 직접적인 효과를 발휘한다(8장 p. 241 참조). 독자에게 실천에 옮기도록 권유하는 것이다.

응집의 문제

번역가는 이런 복잡한 구조적 윤곽을 파악한 뒤에, ST의 생산자가 의사소통적 목적을 달성하기 위해 구상한 길을 따라 TT의 독자를 인도하는 방식으로 담화짜임새 층위에서 선택을 한다. 말하자면, TL의 어휘문법적 자원 가운데서 선택된 항목들은 텍스트의 특정 지점마다 확인된 전반적인 수사학적 목적과 담화 가치를 반영해야 한다는 것이다. 이러한 가치들을 텍스트 11B에서 영어 번역가는 어떻게 전달했는가? 혼성 형식인 연속체 I에서는 인간을 '실제보다 더 심하게 비난할' 필요가 있음을 보았다. 이러한 비난의 담화를 전달하는 항목에는 CONfuses, CONfounds, DEstroys, DEfaces, DEformed가 있다. 이런 항목들을 단순히 말 그대로의 뜻이라고 생각할 수도 있지만, 이들 접두사(ST에서는 일치시키지 않았음)의 반복적 표현은 확인된 담화 가치의 강화에 이바지한다. 혹시 어쩌다 일치한 것은 아닐까? 증거를 찾기 위해 텍스트 11A(루소 1963)의 독어 번역본을 참조해본다.

Er **ver**mischt und **ver**wirrt Klima, Elemente und Jahreszeiten.
Er **ver**stümmelt seinen Hund . . .   (강조는 저자가 추가)

정확하게 동일한 필요성이 ST 연속체의 수사학적 가치에 모종의 방식으로 대응하기 위해 인식되었음이 분명하다.

우리는 또한 연속체 I에서 인간의 죄목을 길게 나열함으로써 후속의 반박을 위한 토대가 마련되었다고 시사한 바 있다. ST에서는 이러한 열거법을 포화지점에 도달할 때까지 연결어 하나 없이 '손을 대는' 예하나 위에 또 다른 예를 쌓음으로써 달성시켰다. 영어 번역문에서는 이와 동일한 효과('압도적인 증거')가 접속사 *and*의 줄기찬 반복을 통해 달성된다. 사실 텍스트 11B에는 *and*에 의한 연결이 자그마치 일곱 번이나 발생한다(이는 텍스트 11A에서 *et*라는 항목이 오직 한 번 나타나는 것과 대조된다). 원천언어와 목표언어 사이에 장르적 및 담화적 전통이 다름에도 수사학적 기능이 각 전통에 맞게 전달되는 것은 이와 같은 미묘한 방식을 통해서이다.

텍스트 11A에서 연속체 II(반박)로의 이행은 제 10줄에서 일어난다.

명시적으로 나타내지는 않고 다만 간접적으로 비교 형태 *plus mal encore* (더욱 나빠진다)를 사용했을 뿐이다. 불어에서는 역접관계를 나타내는 명시적인 표지가 없어도 연속체 I에 대한 반론이 충분히 명확하다. 마찬가지로 독어 번역가도 반론을 비명시적으로 전달할 수 있다.

Ohne das wäre alles noch schlimmer . . .

이를 영어로 번역하면 다음과 같다.

Without this, everything would be even worse . . .
이것이 없다면 모든 것은 더욱 나빠질 것이다.

그러나 텍스트 11B에서 번역가는 당연히 수사학적 목적을 인식하고서 반론을 명시적으로 나타낼 필요를 느낀 결과 다음과 같이 번역했다.

Yet things would be worse . . .
하지만 사물은 더욱 나쁘게 변질될 것이고 . . .

이 번역은 ST 저자의 인식된 의도에 전적으로 부합하여 텍스트의 구조적 패턴을 지원하며, 또한 영어의 장르적 관습도 정확히 따르고 있다.

응집관계는 *Sans cela*(직역하면 '그것이 없으면'이라는 뜻, 텍스트 11A, 10줄)의 번역에서 '*without this education*'(텍스트 11B, 9줄) 이라고 한 데서도 찾을 수 있다. ST에서 사용된 대명사는 잠재적으로 '개의 신체 훼손' 등 연속체 I에서 언급된 모든 과정을 지시하는 것으로 생각할 수 있다. 이 지점에서 번역가는 그 전방조응적 지시를 '인간이 인간에게 하는

잣'(텍스트 11A, 7-9줄)에만 국한시켜 이어질 긴 담화의 실제 주제(교육)를 예고하는 기회로 삼았다. 이는 번역가의 입장에서는 분명히 대담한 조치이며, 따라서 이런 조치를 독일어 번역가는 취하지 않았다(*ohne das . . .*). 이러한 조치는 전방조응적 지시의 중의성을 감소시키기는 하지만 텍스트 11A에 대한 특정 해석을 강요한다.

어휘적 응집성은 텍스트 11A 22-25줄의 번역에서 발생하는 연어 문제에 연루되어 있다.

> Forme de bonne heure une **enceinte** autour de l'ame de ton enfant: un autre en peut marquer le **circuit**; mais toi seule y dois poser la **barriére**.
>
> (강조는 저자가 추가)

텍스트의 이 부분에서 강조된 세 항목['enclosure'(둘러쌈) — 'circumference'(경계) — 'fence'(울타리)]의 배치가 형성한 응집 연쇄는 물론 비유적이다. 그러나 은유는 모호하고 결속성은 세 어휘항목 사이의 연어 관계를 추적함으로써만 견지될 수 있다. 이 점이 번역가들에게는 함정이 될 수 있는데, 축어적 번역은 빈도가 낮은 연어 집합을 초래할 가능성이 크고, 그렇게 되면 결속성은 더더욱 회복하기 어렵게 된다. 우리의 번역가들이 채택한 해결책을 살펴보자.

[영어]

From the outset **raise a wall** round your child's soul; another may **sketch the plan**, you alone should **carry it into execution**.

처음부터 자녀의 영혼을 둘러쌀 담을 세우십시오. 설계도는 다른 사람이 그릴 수도 있겠지만, 당신 혼자서 그것을 실천에 옮겨야 합니다.

[독어]

Friede beizeiten **die Seele** deines Kindes **ein**: ein anderer mag **den Umkreis abstecken** wollen, aber du allein muβ **die Schranken setzen**.

영어 번역가는 좀 더 구체적이고 건축적인 은유('담')를 선택하여 그에 상응하게 후속 연어를 바꾼 반면, 독어에서 각 항목은 불어 단어들('둘러싸다', '반경을 구획하다', '경계선을 설정하다')의 개별가치를 가능한 한 밀접히 상응시키고자 한다. 그러나 두 번째와 세 번째 구('반경을 구획하다 – '경계선을 설정하다') 사이의 대조가 분명하지 않고, 그리하여 마지막 두 요소의 결속성은 약화된다. 이 점에 있어서는 영어번역본이 더 명료하다.

은유 번역 문제는 우선 수사학적 기능과 관련지어 해결해야 한다. 이 책에서 우리는 텍스트에 등장하는 항목의 선택과 배치라는 담화짜임새가 맥락과 구조라는 상위 계층을 고려할 때 동기화된다고 줄곧 주장해 왔다. 우리가 지금 검토 중인 은유는 '자연적 인간을 사회적 인간의 타락에서 보호할 필요성'에 대한 주장을 결론으로 할 목적의 연속체 내에 위치한다. 은유의 기능이 이런 수사학적 목적을 전달하는 데 있다면, 위의 영어번역(ST의 'You should set the fence/gate 담장/대문을 세워야 한다'를 'you alone should carry it [ie. the plan] into execution'으로 옮긴 것)은 그 요건을 충실히 충족시키지 못하고 있다. '보호'의 이미지가 무엇보다 중요하기 때문이다. 연어 관계를 유지하면서 수사학적 기능도 지원하는 대안적인 번역은 이러할 것이다. *Raise a wall . . . another may sketch the plan but you alone must be its builder.* 담을 세우십시오... 설계도는 다른 사람이 그릴 수도 있겠지만 그 담을 세울 사람은 당신뿐입니다.

주제 전개

10장에서 우리는 주제-평언 배열이 우연히 이루어진 게 아님을 알았다. 주제성, 또는 구정보성은 단순히 문장의 한 속성이라기보다는 담화 현상 이라고 했다. 이런 사실 때문에 번역문에서 주제의 전개를 수정해야 할 경우 ST의 수사학적 목적을 어떤 식으로든 해치지 않아야 한다는 말이 나온다. 수정을 할 경우에는 통상 동기가 있기 마련이다.

이러한 생각에 비추어 텍스트 11A와 11B의 연속체 I를 비교해 보자. 그림 11.2는 두 연속체의 주제 전개를 나타낸다.

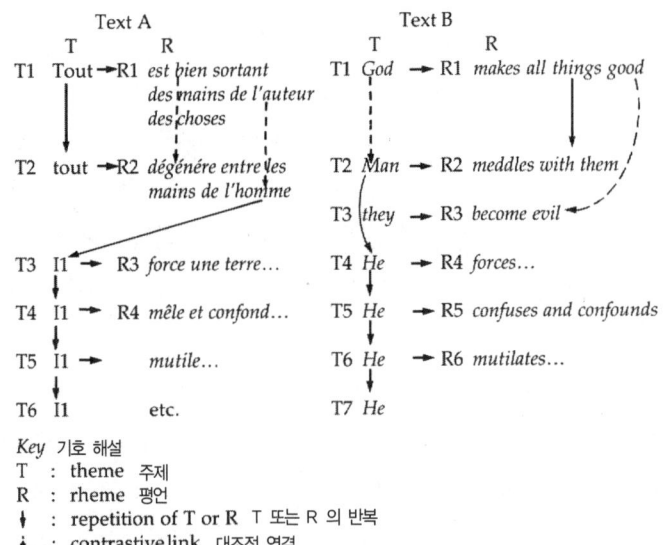

```
        Text A                      Text B
      T        R                  T        R
T1  Tout→R1 est bien sortant    T1 God → R1 makes all things good
            des mains de l'auteur
            des choses

T2  tout →R2 dégénére entre les  T2 Man → R2 meddles with them
             mains de l'homme
                                 T3 they → R3 become evil
T3  I1 →  R3 force une terre...  T4 He → R4 forces...
T4  I1 →  R4 mêle et confond...  T5 He → R5 confuses and confounds
T5  I1 →      mutile...          T6 He → R6 mutilates...
T6  I1        etc.               T7 He
```

Key 기호 해설
T : theme 주제
R : rheme 평언
↑ : repetition of T or R T 또는 R 의 반복
⁞ : contrastive link 대조적 연결

그림 11.2 연속체 I의 주제 전개

번역문에서 가장 중요한 전환은 언급된 논제에서 발견할 수 있는데, 텍
스트 11A에서는 평언으로 나타나는 *조물주*와 *인간*의 대조가 텍스트 11B
에서는 주제로 나타난다. 이러한 전환은 관습에 따라 그게 맞는다고 판
단하여 이루어졌을 것이다. 영어는 주제 위치에서의 대조 설정을 선호한
다. 불어에서는 언급된 논제가 평언을 제공하고, 그런 다음 이어지는 보
강문에서 주제로 다시 사용되는 반면, 영어 번역문은 '인간'을 일찍부터
주제로 설정하는데, 사실 T1과 T2 사이에는 간접적인 반복이 존재한다.
조물주와 인간이 대조를 이루지만 그 둘은 모두 '만드는 자'(makers)로 인
식되기 때문이다(Scinto의 목록, p. 337 참조). 그러므로 언급된 논제에서
보강문으로의 지그재그 식 이행은 유표적이지 않다(비록 T3=R2: *man
meddles with them and they become evil*에서 그런 흉내는 내었지만). 그러나 그
보다 더 중요한 점은 그림 11.3에 나타나는 바와 같이 연속체 I과 II 사이
에 주제의 연결이 사라진다는 점이다.

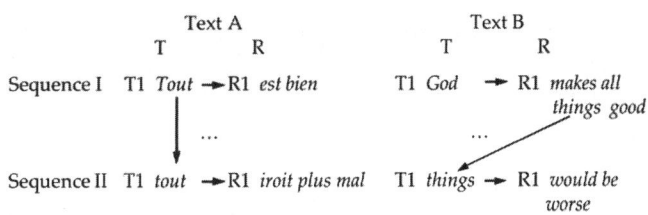

그림 11.3 연속체 I과 II 사이의 주제 연결

T1을 연속체 II의 첫 주제로 반복하면 그 주제는 처음에 언급된 논제의
반박으로서의 입지가 분명해짐에도 불구하고 이러한 연결이 텍스트 11B
의 영어 번역문에서는 덜 명시적이다.

반박 연속체가 진행되면서 지그재그 패턴이 뚜렷이 부각되고 반론의

평가적 특성이 나타난다. 번역문에서도 이와 유사한 주제 전개가 이어진다. 그러나 한 가지 흥미로운 비교가 결론 연속체 첫 문장에서 시작된다. 텍스트 11A에서 'You'가 주제 자리에 *C'est a toi que . . .*('it is to you that')라는 분열문으로 나타나서 이 특정 연속체의 초주제(hypertheme)를 형성한다. 독어 번역가는 이 주제-평언 배열(*An dich wende ich mich . . .*)의 병치가 가능하다. 텍스트 11B에서 영어 번역가는 'It is to you that . . .'이라는 분열문을 피했지만 그럼에도 불구하고 *Tender, anxious mother*(자녀의 행복을 열망하는 자애로운 어머니여)라는 호격을 주제 자리에 두어 초주제를 유지할 수 있었다. 비록 *you*라는 항목이 후치된 간접목적어가 되긴 했지만, 앞서 언급했던 결론 부분의 '작용적' 의도는 이런 방식으로 유지된다.

텍스트 11A와 11B에 대해 실제 번역과 가능한 번역, 그 번역의 상대적 적절성과 수반되는 문제점 등 훨씬 많은 논의도 가능하다. 예를 들자면, 간접적인 표현인 *auteur des choses*를 직접적인 *God*로 번역한 점, *Nature*를 지시하기 위해 *She*라는 여성 대명사를 사용한 점, 루소의 주제인 '자연적 선성'(善性)을 지원하기 위해 의인화한 점, 아랍어 번역판에서 텍스트 11A의 좀 더 일반적인 표현인 *mutile*(신체를 훼손하다)을 보다 구체적인 '거세하다'로 번역한 점 등이 있다. 그러나 우리는 모든 예를 총망라해 분석하기보다는 예시적인 설명을 하고자 한다.

우리는 ST와 TT의 의미를 불일치시킨 한 명백한 사례를 지금까지 의도적으로 분석대상에서 제외시켰다(텍스트 11A, 19-20줄: *qui sus t'écarter de la grande route*, 텍스트 11B, 17-18줄: *You can remove this young tree from the highway*). 그 이유는 그 불일치가 중요하지 않아서가 아니다. 그보다는 그것이 번역 자체의 문제가 아니라 원천 텍스트에 대한 번역가의 태도를 반영한 것으로서, 우리라면 따라하고 싶어 하지 않을 번역가의 '재량에 관한 문제이기 때문이다. 그러나 이 장의 목적은 맥락에 민감한 언어학을 번역가의 작업에 적용시킨 우리만의 분석모형을 제시하는 데 있었다.

결론 - 현장에서의 번역가

이 책에서 우리는 번역가들이 어떻게 복잡한 거미줄과 같은 담화와 씨름을 하는지 보여주고자 했다. 이 책을 마무리하면서 우리는 지금까지 대략 살펴본 텍스트 분석과정에서 드러난 번역과정에 대한 몇 가지 주요 통찰을 부각시키고자 한다. 그림 11.4를 보면 관련 주요 원리가 상기될 것인데, 이들은 본질적으로 의사소통적, 화용론적 및 기호학적 원리들이다. 번역가의 관점에서 보면 이들은 번역가를 의사소통 활동의 중심에 두고 진행되는 일련의 과정이다. 이 관점에서 보면 번역가는 각각 현실, 이데올로기, 신화 등에 대한 고유한 시각을 보유한 상이한 문화 사이에서 중개자 역할을 한다.

의사소통적 처리

상이한 영역의 담화에 있어서 용어의 문제는 종종 번역에 대한 논의가 이 문제로 환원되어버릴 정도로 특히 심각하게 부각된다. 용어는 단순히 일대일 등가의 문제가 아니다. 또한 명성이 있는 언어로 된 학술용어를 명성이 덜한 언어로 바꾸는 문제만도 아니다. 용어는 문화적 특수성을 직접 반영한다. 번역가의 과제는 용어를, 그것이 레이저 기술의 최신 문화든, 아니면 태평양 외딴 섬의 민족들이 사용하는 다수의 친족용어든 간에 한 문화의 전달수단으로 인식하는 일이다.

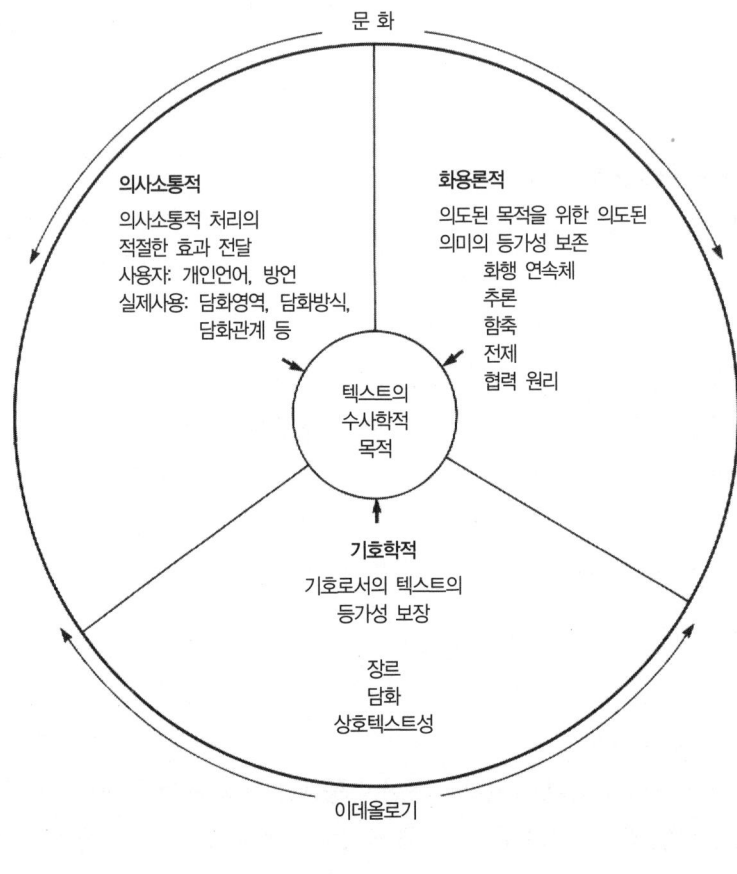

의사소통적

의사소통적 처리의
적절한 효과 전달
사용자: 개인언어, 방언
실제사용: 담화영역, 담화방식,
　　　　　담화관계 등

화용론적

의도된 목적을 위한 의도된
의미의 등가성 보존
　화행 연속체
　추론
　함축
　전제
　협력 원리

텍스트의
수사학적
목적

기호학적

기호로서의 텍스트의
등가성 보장

장르
담화
상호텍스트성

이데올로기

그림 11.4

화용론적 행동

담화의 화용론적 측면은 모든 번역 영역에서 중요하지만 특히 협의 통역
과 같은 활동에서 분명해진다. 같은 문화와 언어를 공유하는 두 사람이
대화를 할 때에는 협력적 상호작용을 보장하기 위한 공손성 전략이 계속

사용된다. 다른 언어의 대화참여자 사이에서 통역사가 중개를 할 경우 통역사는 두 종류의 문제에 부딪히게 되는데, 그 한 가지는 공손성 전략이 문화에 따라 다를 가능성이 크다는 점이다. 다른 한 가지는 명제적 의미를 전달하려는 노력에 있어서 울타리치기(hedging)나 표현의 약화(down-toning) 같은 상호작용 전략 표지뿐만 아니라 상호작용 진행 방식에 대한 미묘한 표지를 간과하여 의도된 것보다 퉁명스런 대화가 되기 쉽다는 점이다.

기호학적 상호작용

상호텍스트성, 즉 텍스트가 상호 의존하는 방식은 사회적 태도를 강화함에 있어 강력한 힘을 발휘하는 기호학적 차원이다. 이것이 잘 드러나는 곳은 연극용 번역 분야다. 가령, 버나드 쇼의 엘리자 두리틀(Elisa Dolittle)이나 헤롤드 핀터의 관리인(caretaker)이 하는 대사에서 중요한 점은 특정 악센트나 방언 또는 특정 문화적 특징에 대한 지시가 아니다. 그보다는 그것들에 녹아 있는 사회이데올로기적 자세가 중요한데, 그것이 연극 내에서 중요하기 때문이다. 번역에 대한 궁극적인 평가기준은 번역된 연극의 소비자들이 연극이 전달하는 이데올로기를 '읽어낼' 수 있는가 하는 점이다. 담화가치의 연구가 번역가와 연관되는 것은 바로 이 점에서다.

우리는 이러한 문제를 다룸으로써, 번역가들이 동기화된 선택을 할 수 있는 기반을 제공했기를 희망한다. 우리는 의사소통 활동의 맥락, 구조, 그리고 실제로 사용되는 다양한 응집 장치가 형성하는 관계를 밝히면서 번역가의 작업을 사회생활언어의 한 특정한 예로서 계속 연구하고 있다.

* NB 기호는 다음과 같은 용어가 주요 용어 색인에 나온다는 것을 뜻함.

행위 Action 텍스트 수용자의 행동이나 지식 상태의 변화에 영향을 주기 위한 의도. 예. 주장을 반박하기

인접쌍 Adjacency Pairs 두 번째 발화를 항상 첫 번째 발화에 대한 반응으로 보는 연속체. 예. 인사

전방조응 Anaphora 같은 문장이나 텍스트 내에서 한 어휘항목이 앞에 나온 다른 어휘항목을 지칭하는 데 사용

적합성 Appropriateness 맥락에 적절한 언어 사용

논쟁 Argumentation 개념이나 신념이 평가되는 텍스트 유형

전제된 친근성 Assumed Familiarity 청자가 가정하는 것을 화자도 가정, 또는 그 역도 성립

상향식 Bottom-up 텍스트 증거에 따라 텍스트를 처리 (cf. 하향식)

후방조응 Cataphoric 텍스트에서 뒤에 나오는 요소를 지칭하는 데 사용

채널 Channel 의사소통이 발생하는 통로를 지칭, 담화방식의 측정한 측면. 예. 전화대화, 상업편지.

인지적 환경 Cognitive Environment 언어사용자들이 공유하고 언급하는 가정, 신념, 지식집합

결속성 *Coherence* 텍스트가 개념적으로 같이 묶여야 한다는 요구사항

응집 Cohesion 텍스트가 문법적, 어휘적으로 결속되어야 한다는 요구사항

의사소통적 차원 Communicative Dimension. 모든 변수가 담화영역, 담화방식, 담화경향에 관련 있다고 포함하는 맥락적 측면

의사소통적 역동성 Communicative Dynamism 문장이 주제로 구성되고 그 다음 평언이 나온다는 현상. 무표적인 경우 평언은 의사소통적으로 더 중요함

기호의 전환성 Commutability of Signs 기표와 기의가 기호가 되고, 기호는 기표가 되는 신화의 발전에서의 기본적 원리

보상 Compensation 번역에서 등가 효과를 대체함으로서 어느 정도의 의사소통 손실을 만회하는 것

개념설명적 텍스트 Conceptual Exposition 분석이나 종합할 때 텍스트의 초점이 비평가적인 개념에 맞춰있는 텍스트 유형

내포 Connotation 어휘적 항목이 주요, 지시적인 의미 외에 갖는 부수적 의미

맥락 Context 사용되는 언어에 결정적인 영향력을 행사하는 텍스트 외적인 환경

상황적 맥락 Context of Situation 언어가 발생하는 사건의 해석과 관련 있는 상황의 모든 측면

역텍스트성 Contratextuality 정치적 연사가 반대편이 쓴 용어를 자신의 목적에 맞게 이용하는 것처럼 이미지를 환기시키기보다 이미지를 방해하려는 상호텍스트적 참조의 측면

대화분석 Conversation Analysis 텍스트 증거에 대한 연구가 맥락적 요소보다 선행되는 분석 방법

협력원리 Cooperative Principle 특정 대화 격률을 준수함으로써 대화참여자들이 서로 협동한다는 가정

동지시 Co-reference 같은 개념을 지칭하기 위해 다른 언어적 항목을 사용하는 것

공기텍스트 Co-text 언어적 항목의 텍스트적 환경 (cf. 맥락)

반론 Counter-argument 주장하기 위해 인용된 논제와 그에 대한 반대를 병치하는 것

문화코드 Cultural Codes 내연적 의미가 추가적인 외연적 의미를 가져 담화의 전개에 기여하는 개념적 체계

직시어 Deixis 발화의 시간과 장소를 환기시켜 개념과 실재를 연결하는 언어의 형식적인 특성(지시어, 인칭 대명사, 시제 등)

외연 Denotation 어휘적 항목과 이 항목이 나타내는 비언어적인 실재와의 관계도 포함하는 어휘적 항목의 주요 의미 (cf. 내포)

기술 Description 대상과 실재의 관계에 초점을 두는 설명적 텍스트 유형

방언 Dialect (지리적/시간적/사회적/표준적) 사용자의 특성에 따른 언어 수행의 변이

담화 Discourse 사회문화적 활동 영역에서 특정한 태도를 취하는 참여자들의 말하기나 글쓰기의 방식. 예. 인종주의적 담화, 관료어 등.

지배 맥락 초점 Dominant Contextual Focus 텍스트 유형 초점의 또 다른 용어

역동적 등가 Dynamic Equivalence 효과의 등가, ST가 ST 수용자에게 가진 것과 같은 효과를 TT 수용자가 갖게 하려는 시도 (cf. 형식적 등가)

효과성 Effectiveness 의사소통적 목적을 최적으로 성취

효율성 Efficiency 가장 경제적인 방법으로 의사소통적 목적을 성취하는 것. 언어 사용자들은 대개 최소의 자원으로 최대의 효과를 얻기 위해 효과성과 효율성을 대등하게 한다.

생략 Ellipsis 맥락에서 유추할 수 있는 언어적 항목을 (경제성의 이유로) 삭제하는 것

실재 Entities (새로운/환기된/추론 가능한) 텍스트에서 처음 소개된 실재는 새로운 것이다. 맥락이나 화맥에서 이미 존재하는 실재는 환기된 것이다. 화자가 추론할 수 있다고 청자가 가정하면, 추론 가능한 것이다.

평가 Evaluation 설명적 텍스트와 논쟁적 텍스트를 구별하는 결정적인 요소. 텍스트 생산자가 대안적인 신념 체계를 평가하는 것을 포함.

설명 Exposition 개념, 대상, 사건이 비평가적인 방법으로 제시된 텍스트 유형

적절성 조건 Felicity Conditions 발화가 의도된 기능을 성취하기 위해 실행되어야 하는 조건

담화영역 Field 다양한 전문적, 사회적 배경에서 나타나는 언어 사용의 변이. 예. 과학적 담화, 법률적 담화.

형식적 등가 Formal Equivalence 내용뿐만 아니라 형식의 측면에서 ST와 TT 사이의 등가를 성취하려는 시도

기능적 문장 구성론 Functional sentence Perspective 문장을 의사소통적 관점에서 봐야한다는 가정. 처음에 언급된 것(주제)은 주로 그 다음에 나오는 것(평언)보다 의사소통적 중요성이 적다.

장르(장르적) Genre(Generic) 특정한 사회적 행사와 연관된 텍스트의 관습적인 형식. 예. 소네트, 요리법 등.

청자 의미 Hearer Meaning 청자가 이용가능한 텍스트적, 맥락적 증거에 따라 구성하는 발화사건의 의미모형

혼성 Hybridisation 텍스트의 다기능성. 예. 텍스트는 항상 한 가지 이상의 수사학적 목적을 가진다.

초주제 Hypertheme 특정 유형의 주제가 특정 텍스트 유형에서 지배적인 경향. 예. 서사적 텍스트에서 시간 부사.

개인언어 idiolect 개인 언어 사용자의 언어 변이 특성

발화수반 Illocutionary 발화 화자의 의도와 관련 있는 것

함축 Implicature 특정 대화 격률에 따라 발화에서 도출된 내포의미 (cf. 협력 원리)

추론 Inference 특정 대화 격률에 따라 발화에서 추론된 의미 (cf. 협력 원리)

정보성 Informativity 특정 맥락 내에서 언어적 항목이나 발화가 나타내는 예기치 않은 정도

시발자 Initiator 식별을 가능하게 하는 기호의 부분 (cf. 대상, 해석체)

지시 Instruction 초점이 미래행동의 형성에 맞춰진 텍스트 유형. 광고처럼 '선택권이 있거나' 아니면 조약, 계약처럼 '선택권이 없을 수 있다'

의도성 Intentionality 언어적 형태가 의사소통적 목적을 성취하는 적절성을 결정하는 인간언어의 특성

상호작용 Interaction 의도된 행위를 성공적으로 이행하는 것. 수용자가 생산자의 의도를 지각하는 한편 기호로서의 발화가 다른 발화로 들어가는 관계를 내포

해석체 Interpretant 기호의 효과가 나타내는 것 (cf. 대상, 개시자)

상호텍스트성 Intertextuality 한 텍스트가 다른 텍스트에 의존하는 것을 포

함하여 텍스트 이해에서 선행되는 조건

접속 Junction 명시적(but, and, because 등) 또는 비명시적(예. He came in. He sat down.)으로 한 문장, 절이 다른 문장이나 절과 연결되는 것

어휘소 lexis 언어의 어휘, 언어 사용자가 이용할 수 있는 단어저장소

발화 Locutionary 발화행위와 관련 있는 것

거시텍스트 처리 Macro-text Processing 하향식 처리의 또 다른 용어

관리 Managing 담화를 화자의 목적에 따라 조종하는 것 (cf. 관찰)

유표적 Marked 무표적 참조

격률 Maxims 의사소통의 효과성과 효율성을 유지하기 위해 언어 사용자들이 고수하는 규범집합. 예. 양의 격률: '간결하라'

잠재 의미 Meaning Potential "체계 내에 존재하고 문화 구성원들이 그들의 언어에 접근할 수 있는 의미선택의 계열적 범위"(할리데이 1978: 109)

중개 Mediation 텍스트 생산자와 수용자가 특정 텍스트 처리에서 자신들의 신념을 투영시키는 정도

상위언어 Metalanguage 언어를 언급하기 위해 선택된 매체, 언어 기술에 사용된 용어 집합(이 용어색인과 같이)에서 주의를 끌기 위해 사용된 언어(단어, 각운, 두운을 사용하는 것)까지 다양하다.

미시텍스트 처리 Micro-text Processing 상향식 처리의 또 다른 용어

담화방식 Mode 언어활동에 선택된 매체, 특히 말하기와 글쓰기 간의 선택을 일컫지만 독백, 대화와 같은 구별은 담화방식의 변수로 본다.

관찰 Monitoring 비평가적인 방법으로 상세히 설명 (cf. 관리)

동기 Motivation/Motivatedness 의식적인지 비의식적인지 텍스트 사용자의 선택을 규제하는 요소들의 집합

신화 Myth 특정 기호가 공동체의 집합적 정신세계에서 문화적 지위를 성

취할 때까지 여러 가지 변형을 거치는 방법

서술 Narration 사건을 시간에 따라 배열하는 데 초점을 두는 설명적 텍스트 유형

명사화 Nominalisation 단일 명사로 만드는 전체 과정을 지칭. 예. He was taken to court for drunken driving. The case dragged on for months.

대상 Object 기호의 매체 역할을 하는 기호의 부분. 예. 광고에서 생산품 샘플. (cf. 시발자, 해석체)

계열적 Paradigmatic 텍스트에서 다른 어휘항목이 그 자리를 차지할 수 있는 어휘항목의 관계

수행문 Performative 발화에 의해 행위가 수행되는 문장의 유형. 예. I declare the meeting open.

발화효과 Perlocutionary 문장을 발화하는데 의도된 효과와 관련 있는 것

화용론적 차원 Pragmatic Dimension 의도성을 규제하는 맥락의 차원

전텍스트 Pre-text 문학적 인유에서 텍스트 본문에 이르는 상호텍스트적 참조의 자원. 예. 성경

과정 Process 텍스트 생산에서 수반되는 절차

결과물 Product 분석의 대상으로 여겨지는 텍스트 처리의 결과

대용형 Pro-forms 다른 텍스트 항목이나 구조를 나타내는 형식

회기 Recurrence 텍스트에서 항목이나 구를 반복하는 것

잉여성 Redundancy 특별한 목적에 따라 필요한 것 보다 더 말하는 것. 예. 함축을 성취하는 것

언어사용역 Register 특정한 행동 유형, 형식성의 정도에 따라 언어행동을 유형화하려는 경향

반복 Reiteration 회기의 또 다른 용어

관련성 Relevance 대화참여자들이 현재 상황에 그들의 발화를 연관시키는 협력 원리 중 하나

특정 언어사용역 Restricted Register 제한된 형식적 속성(음운론, 어휘소, 문법)에 따라 결정되는 언어사용의 다양성. 예. 해상 기상 예보, 요리법.

평언 Rheme 나중에 발화되고 의사소통적으로 가장 중요한 문장의 부분

수사학적 목적 Rhetorical Purpose 텍스트의 기능으로 입증되는 텍스트 생산자의 전반적인 의도 예. 서술하기, 반론하기.

현저성 Saliency 어떤 실재가 현재 대화참여자의 의식 속에 중심이 되어 있다는 가정

사피르/워프 가설 Sapir/Whorf Hypothesis 언어의 형식적인 특성이 사고유형에 결정적인 영향력을 행사한다는 믿음

기호학적 차원 Semiotic Dimension 텍스트의 관계를 기호로 규제하는 맥락적 차원

공유된 가정 Shared Assumptions 세상 지식의 또 다른 용어, 화자는 청자가 무엇을 아는지 모른다, 또는 그 역도 성립한다는 사실을 인정하는 것.

기호 Sign 기표+기의의 단위, 언어적 형태(기표)가 구체적인 대상이나 개념(기의)을 상징한다.

화자 의미 Speaker meaning 화자가 의도하고 청자가 직접적으로 접근할 수 없는 의미모형

화행 Speech Acts 문장 발화에서 의도된 행위. 화행은 직접적(예. 나개!)이거나 간접적(여기 덥다=문 열어라)일 수 있다.

구조 Structure 맥락을 텍스트짜임새에 연관지어 텍스트를 구성하는 계획

문체 Style 효과를 성취하기 위해 언어의 음운론적, 문법적, 어휘적 자원을 의식적으로 선택하는 언어 사용의 변이

통합적 Syntagmatic 텍스트에서 한 항목과 그 다음에 바로 이어지는 항목 간의 관계→공기텍스트

체계 기능적 모형 Systemic Functional Model Halliday와 여러 학자들이 발전시킨 언어 기술 모형으로 체계 기능적 모형에서는 사회적 기능을 수행하는 잠재성의 측면에서 언어 체계를 다룬다.

담화관계 Tenor 언어 사용에 반영되는 화자와 청자 간의 관계. 예. 형식성의 수준, 상대적 거리.

텍스트 Text 전반적인 수사학적 목적을 성취하는 방법으로 구조화된 서로 관련 있는 의사소통적 기능들의 집합

텍스트 행위 Text Act 텍스트에서 지배적인 화행

텍스트 언어학 Text linguistics 개별 문장의 층위 위에서 구어 텍스트와 문어 텍스트를 분석하려는 언어학의 분과. 예를 들어 일관적이고 응집된 텍스트를 형성하기 위해 문장들이 서로 연결되는 방식을 기술한다.

텍스트에 제시된 지식 Text-Presented Knowledge 텍스트에서 이용 가능한 정보 (cf. 세상지식)

텍스트 유형 초점 Text-type Focus 텍스트의 주요 기능이고 텍스트 유형을 결정하는 맥락의 측면

텍스트 지표 Textual Indices 텍스트에서 수사학적 의도의 신호

텍스트짜임새 Texture 텍스트의 구성 계획과 맥락을 반영하는 응집, 주제와 평언을 포함한 텍스트 구성의 측면

주제 전개 Thematic Progression 텍스트 유형 초점과 연관하여 특정 양상에서 연관되는 주제나 평언의 경향

주제화 Thematisation 의사소통적으로 가장 중요한 것에 주의를 끌기 위해 사용하는 문장 배열의 경향

일관적 주장 Through-Argument 논제를 언급하고 그것을 입증하는 것

하향식 Top-down 지금까지 발생한 텍스트적, 맥락적 증거에서 모인 정보에 기초하여 텍스트의 의미를 예견하는 것

처리 Transaction 의사소통적 의도가 서로 관련 있다고 인식되는 담화영역, 담화방식, 담화관계의 틀

변형문법 Transformational grammar 문법적 기술의 유형. 여기서는 한 언어적 구조를 좀 더 기본적인 다른 언어적 구조에서 도출하는데 규칙의 집합이 사용된다. 이 규칙으로 문법적으로 잘 형성된 문장만 모두 만들 수 있어야 한다.

무표적 Unmarked 특정한 효과를 위해 다른 구조보다 훨씬 더 기본적이거나 흔하다고 생각되는 어휘적, 문법적 항목이나 구조 분열문 It was John who did it은 John did it의 유표적 형태이다.

용법 Usage 언어 체계 내에서 언어적 항목의 내연적 의미

실제사용 Use 언어 사용자가 언어로 하는 일과 관련된 언어 변이의 측면. 언어 사용자가 누구인지와 대조됨.

사용자 User 언어활동에서의 참여자. 화자, 저자, 청자, 독자를 모두 포함하는 용어

세상지식 World Knowledge 언어외적이든 실제세계 요인이든 텍스트 처리 활동에 수반되는 것들

텍스트 샘플 출처 목록

Arab-British Commerce, Journal of the Arab-British Chamber of Commerce, November 1981.

The Bible: Matthew 20, v.1-16 The Authorised Version 1611.

Revised Standard Version 1954.

New English Bible 1961.

Bronowski J. and B. Mazlish 1960 *The Western Intellectual Tradition*. London.

Bretécher, C. 1978 *Les Frustrés*. C. Bretécher.

Bretécher, C. 1983 *More Frustration*. Methuen.

Chandler, R. 1944 *The Lady in the Lake*. London: Hamish Hamilton.

The Economist 4.01.86 'For the tenth time give us a chance'.

Encyclopaedia Britannica entry for J-J Rousseau.

Gainsville Sun 20.12.78, Beaugrande and Dressler 1981에 인용됨.

Gallois, P. M. in *Politique Internationale* 20 (1983 여름): 315.

Goscinny and Uderzo 1974 *Asterix and the Laurel Wreath*, translated by A. Bell and D. Hockridge. London: Hodder Dargaud.

The Guardian 18.09.85: B. Le Gendre and E. Planel 'Third military team involved in sinking'.

1982: Editorial: 'The verdict of Kahan and the context'.

Gulf News, English-language daily published in Bahrain.

Hussain, T. 1932 *An Egyptian Childhood*, translated by E. H. Paxton. London: Routledge.

Iberia, Spanish airline 기내잡지, 1987.

IRAQ, English-language monthly, Ministry of Information and Culture, Baghdad 1980.

Lawrence, D. H. 1960 *Lady Chatterley's Lover*. Harmondsworth: Penguin p. 131.

Lawrence, D. H. 1969 *Lady Chatterley* (독일어 번역). Reinbek bei Hamburg: Rowolt Verlag. p. 116.

Le Monde 18.09.85: B. Le Gendre and E. Plenel '*Le Rainbow Warrior* aurait été coulé par une troisième équipe de militaires francais'.

Majod, A. 1983 *Head-Hunter* in *Modern Malaysian Short Stories. Kuala Lumpur: Dewan Bahasa dan Pustaka*. p. 55.

Molière 1958 *Dom Juan ou le Festin de Pierre*. Oxford: Blackwell p. 13.

Molière 1953 *Five Plays* translated by John Wood Harmondsworth: Penguin p. 209.

Molière 1929 *Molière's Comedies*, Vol 2, introduction by F. C. Green. London: Dent p. 14.

New Statesman 1983: Claudia Wright 'A Back door to war'.

5.12.86: Christopher Hitchens 'No mistake: this *is* Reagan's foreign policy'.

Orwell, G. 1945 'Politics and the English Language' in *Shooting an Elephant and other Essays*. New York: Harcourt.

Pomonti, J-C 1979 *L'Afrique trahie* Paris: Fayard.

Powell, E. quoted in Sykes (1985).

Pragnell, F. A. 1984 *A Week in the Middle East: An Arabic Language Reader*. London: Lund Humphries.

Proust, M 1914 Du Côté de chez Swann. Paris:

Rousseau, J-J. 1969 *Oeuvres complètes IV: Emile ou L'Education.* Paris: Pléiade. pp. 245-6.

Rousseau, J-J. 1911 *Emile,* translated by B. Foxley. London: Dent. pp. 5-6.

Rousseau J-J. 1963 *Emile oder Über die Erziehung,* translated by E. Sckommodau. Stuttgart: Philipp Reclam. pp. 107-8.

Sartre, J-P. 1953 *Situations.*

Shakespeare, W. *Macbeth,* Act V, Scene V.

Spark, M. 1958 *You Should Have Seen the Mess!* in Penguin Book of English Short Stories. Harmondsworth: Penguin.

The Sunday Times 13.11.83 John Mortimer 'Week in Focus'
15.03.87 'Revealed: The secrets of Israel's nuclear arsenal'.

Tarabishi, G. 1984 *Woman against her Sex.* Beirut: daar Al Adaab.

Tarabishi, G. 1987 *Woman against her Sex.* Translated by B. Hatim and E. Orsini. London: Al Saqi Books.

The Times Editorial: 'The cohesion of OPEC'.

UNESCO Courier July 1984 M. Pereira 'Biografía de la Habana Vieja'. Translated as 'Enchanted Seashell; A Portrait of old Havana'.

UNESCO Prospects 1986 P. G. Altbach 'Education and Society: Follow the leader'.

United Nations 9.09.86 Report of the Secretary General.
9.09.87 Report of the Secretary General.
14-25.08.78 Conference Report 'World Conference to combat racism and racial discrimination'.

William Carlos Williams 1938 *This is just to say.* In *The Collected Earlier Poems of William Carlos Williams.* New York: New Directions.

World Health Forum 5, 1984: J. S. Bulman 'Dental public health and disease prevention'.
Editorial: 'The Universities and health for all'.
Letters to editor.

참고문헌

Aitchison, J. (1976) *The Articulate Mammal. An Introduction to Psycholinguistics.* London: Hutchinson.

Alderson, J. and A. Urquhart (1985) *Reading in a Foreign Language.* London: Longman.

ALPAC (1966) *Language and Machines: Computers in Translation and Linguistics.* A report by the Automatic Language Processing Advisory Committee, Division of Behavioural Sciences, National Academy of Sciences, National Research Council Publication 1416. Washington: NAS/NRC.

Anderson, R. B. (1975) 'Perspectives on the role of the interpreter', in R. W. Brislin (ed.), *Translation Applications and Research.* New York: Gardner Press, pp. 208-28.

Arnold, D. and L. des Tombe (1987) 'Basic theory and methodology in EUROTRA', in Nirenburg (1987), pp. 114-35.

Astington, E. (1983) *Equivalences. Translation Difficulties and Devices, French-English, English-French.* Cambridge University Press.

Austin, J. L. (1982) *How to do Things with Words.* Cambridge, Mass.: Havard University Press.

Badawi, A. (1968) *La Transmission de la Philosophie Grecque au Monde Arabe.* Paris:

Librairie Vrin.

Barthes, R. (1957) *Mythologies*. Paris: Seuil (trans. London: Paladin, 1973).

Barthes, R. (1970) *S/Z* Paris: Seuil (trans. London: Cape, 1975).

Beaugrande, R. de (1978) *Factors in a Theory of Poetic Translating*. Assen: van Gorcum.

Beaugrande, R. de (1980) *Text, Discourse and Process*. London: Longman.

Beaugrande, R. de and Dressler W. (1981) *Introduction to Textlinguistics*. London: Longman.

Bell, R. (1987) 'Translation theory: where are we going?' *Meta* 32, 4:403-415.

Bloomfield, L. (1933) *Language*. New York: Holt.

Bourdieu, P. (1982) *Ce Que Parler Veut Dire*. Paris: Fayard.

Brislin, R. W. (1980) 'Expanding the role of the interpreter to include multiple facets of intellectual communication', *International Journal of Intellectual Relations*, 4, 137-48.

Brower, R. A. (ed.) (1959) *On Translation*. Harvard: Harvard University Press.

Brown, G. and G. Yule (1983) *Discourse Analysis*. Cambridge: Cambridge University Press.

Brown, P. and S. Levinson (1978) 'Universals in language usage: politeness phenomena', in E. N. Goody (ed.) *Questions and Politeness: Strategies in Social Interaction*. Cambridge: Cambridge University Press, pp. 56-289.

Candlin, C. N. (1976) 'Communicative language teaching and the debt to pragmatics', in C. Rameh (ed.), *Semantics: Theory and Applications*. Georgetown University Round Table on Language and Linguistics, pp. 237-57.

Candlin, C. N. and L. K. Saedi (1983) 'Processes of discourse', *Journal of Applied Language Study*, 1(2), 103-31.

Catford, J. C. (1965) *A Linguistic Theory of Translation*. Oxford: Oxford University Press.

Chafe, W. L. (1976) 'Givenness, contrastiveness, definiteness, subjects, topics, and point of view', In C. Li (ed.), *Subject and Topic.* New York: Academic Press, pp. 25-55.

Chau, S. (1984) *Aspects of Translation Pedagogy.* Unpublished PhD thesis, University of Edinburgh.

Corder, S. P. (1973) *Introducing Applied Linguistics.* Harmondsworth: Penguin.

Crombie, W. (1985) *Process and Relation in Discourse and Language Learning.* Oxford: Oxford University Press.

Crystal, D. and D. Davy (1969) *Investigating English Style.* London: Longman.

Daneš, F. (1974) 'Functional sentence perspective and the organization of the text', in F. Daneš (ed.), *Papers on Functional Sentence Perspective.* Prague: Academia.

Dressler, W. (ed.) (1977) *Current Trends in Textlinguistics.* Berlin: Walter de Gruyter.

Eco, U. (1973) 'Looking for a logic of culture', in *Times Literary Supplement,* 5 and 12 October 1973.

Fairclough, N. (1985) 'Critical and descriptive goals in discourse analysis', *Journal of Pragmatics,* 9, 739-63

Fairclough, N. (1989) Language and Power. London: Longman.

Ferrara, A. (1980a) 'An extended theory of speech acts: appropriateness conditions for subordinate acts in sequences', *Journal of Pragmatics,* 4, 233-52.

Ferrara, A. (1980b) 'Appropriateness conditions for entire sequences of speech acts', *Journal of Pragmatics,* 4, 321-40.

Ferrara, A. (1985) 'Pragmatics' in T. van Dijk (ed.) *Handbook of Discourse Analysis,* vol. 2 *Dimensions of Discourse.* London: Academic Press.

Firbas, J. (1975) 'On the thematic and the non-thematic section of the sentence', in H. Ringbom (ed.), *Style and Text: Studies Presented to Nils-Erik Enkvist.* Stockholm: Skriptor.

Firth, J. R. (1935) 'The technique of semantics', *Transactions of the Philological Society*, reprinted in Firth (1951), pp. 7-33.

Firth, J. R. (1951) *Papers in Linguistics: 1934-1951*. Oxford: Oxford University Press.

Foucault, M. (1972) *The Archaeology of Knowledge* (trans. M. Sheridan Smith). London: Tavistock.

Fowler, R. (1985) 'Power', in T. van Dijk (ed.), *Handbook of Discourse Analysis*, vol. 4. London: Academic Press.

Fowler, R. (1986) *Linguistic Criticism*. Oxford: Oxford University Press.

Garcia Yebra, V. (1982) *Teoría y práctica de la traducción*, vols. 1 and 2. Madrid: Gredos.

Garcia Yebra, V. (1983) *En Torno a la traducción*. Madrid: Gredos.

Graustein, G. and W. Thiele (1983) 'English monologue as complex entities', in *Linguistische Arbeitsberichte*, 41, Sektion Theoretische und angewandte Sprachwissenschaft, Karl-Marx-Universität, Leipzig.

Green, G. and J. Morgan (1981) 'Pragmatics, grammar and discourse', in P. Cole (ed.), *Radical Pragmatics*. New York: Academic Press.

Greenberg, J. H. (1968) *Anthropological Linguistics: An Introduction*. New York: Random House.

Gregory, M. J. (1967) 'Aspects of Varieties Differentiation', *Journal of Linguistics*, 3, 177-98.

Gregory, M. J. (1980) 'Perspectives on translation from the Firthian tradition', *Meta* 25 (4), 455-66.

Gregory, M. and S. Carroll (1978) *Language and Situation: Language Varieties and their Social Contexts*. London: Routledge & Kegan Paul.

Grice, H. P. (1975) 'Logic and conversation', in Cole P. and Morgan J. L. (eds), *Syntax and Semantics*, vol. 3: *Speech Acts*. New York: Academic Press.

Grice, H. P. (1978) 'Further notes on logic and conversation', in Cole (ed.),

Syntax and Semantics IX: Pragmatics. New York: Academic Press, pp. 113-27.

Grimes, J. E. (1975) *The Thread of Discourse.* The Hague: Mouton.

Gülich, E. and W. Raible (1975) 'Textsorten-Probleme', in *Linguistische Probleme der Textanalyse.* Jahrbuch des Instituts für Deutsche Sprache in Mannheim. Düsseldorf: Pädagogischer Verlag Schwann.

Gumperz, J. J. (1977) 'Sociocultural knowledge in conversational inference', in M. Saville-Troike (ed.), *28th Annual Round Table Monograph Series on Language and Linguistics.* Washington DC: Georgetown University Press.

Gumperz, J. J. (1982) *Discourse Strategies.* Cambridge: Cambridge University Press.

Halliday, M. A. K. (1967) 'Notes on transitivity and theme in English, Part 1/2', *Journal of Linguistics,* 3, 199-244.

Halliday, M. A. K. (1971) 'Linguistic function and literary style: an inquiry into the language of William Golding's *The Inheritors*', in S. Chatman (ed.), *Literary Style: a Symposium.* New York: Oxford University Press.

Halliday, M. A. K. (1978) *Language as Social Semiotic: The Social Interpretation of Language and Meaning.* London: Edward Arnold.

Halliday, M. A. K., McIntosh, A. and Strevens, P. (1964) *The Linguistic Sciences and Language Teaching.* London: Longman.

Halliday, M. A. K. and R. Hasan (1976) *Cohesion in English.* London: Longman.

Halliday, M. A. K. and R. Hasan (1985) *Language, Context, and Text: Aspects of Language in a Social-Semiotic Perspective.* Victoria: Deakin University Press.

Harris, B. (1981) 'Observations on a Cause Célèbre: Court interpreting at the Lischka Trial', in R. P. Roberts (ed.), *L'Interprétation auprès des tribunaux.* Ottawa: University of Ottawa Press.

Hartmann, R. R. K. (1980) *Contrasitive Textology.* Heidelberg: Julius Groos Verlag.

Hasan, R. (1976) 'Socialization and cross-cultural education', *International Journal of Social Linguistics,* 8.

Hasan, R. (1977) 'Text in the Systemic-Functional Model', in W. Dressler (1977), pp. 228-46.

Hasan, R. (1985) 'Texture', in M. A. K. Halliday and R. Hasan, *Language, Context, and Text: Aspects of Language in a Social-Semiotic Perspective*. Victoria: Daekin University Press.

Haslett, B. (1987) *Communication: Strategic Action in Context*. London: Lawrence Erlbaum Associates, Inc.

Hawkes, T. (1979) *Structuralism and Semiotics*. London: Methuen.

Hörmann, H. (1975) *The concept of sense constancy*. Mimeo. University of Bochum.

Horner, W. B. (1975) *Text Act Theory: A Study of Non-fiction Texts*. Unpublished PhD thesis, University of Michigan.

House, J. (1976) *A Model for Translation Quality Assessment*. Tübingen: Gunter Narr Verlag.

Hutchins, W. J. (1986) *Machine Translation, Past, Present and Future*. Chichester: Ellis Horwood.

Hymes, D. (1972) 'On communicative competence', in J. B. Pride and J. Holmes (eds), *Sociolinguistics*. Harmondsworth: Penguin.

Jakobson, R. (1959) 'On linguistic aspects of translation' in Brower (1959), pp. 232-9.

Jakobson, R. (1971) 'Language in relation to other communication systems', *Selected Writings*, vol. II, The Hague: Mouton.

Jakobson, R. (1974) *Main Trends in the Science of Language*. New York: Harper & Row.

Johnstone, B. (1987) 'Arguments with Khomeini: Rhetorical situation and persuasive style in cross-cultural perspective', *Journal of Pragmatics*.

Keenan, E. O. (1976) 'The universality of conversational postulates', *Language in Society*, 5, 67-80.

Kelly, L. (1979) *The True Interpreter*. Oxford: Basil Blackwell.

Knapp-Potthoff, A. and K. Knapp (1987) 'The man (or woman) in the middle: discoursal aspects of non-professional interpreting' in Knapp, Enninger and Knapp-Potthoff (eds), *Analyzing Intercultural Communication*. Berlin: Mouton de Gruyter.

Kress, G. (1985) *Linguistic Processes in Sociocultural Practice*. Victoria: Deakin University Press.

Kristeva, J. (1969) *Semeiotike: Recherches pour une sémanalyse*. Paris: Seuil (translated as *Desire in Language: a semiotic approach to literature and art*, edited by L. S. Roudiez, translated by A. Jardine, T. A. Gora and L. S. Roudiez. Oxford: Blackwell).

Lefevere, A. (1975) *Translating Poetry: Seven Strategies and a Blueprint*. Assen: Van Gorcum.

Lemke, J. L. (1985) 'Ideology, intertextuality, and the notion of register', in J. D. Benson and W. S. Greaves (eds), *Systemic Perspectives on Discourse*, vol 1. Norwood, N.J.: Ablex Publishing Corporation.

Levinson, S. (1983) *Pragmatics*. Cambridge: Cambridge University Press.

Lotman, J. M. et al (1975) 'Theses on the semiotic study of cultures (as applied to Slavic texts)'. In *The Tell-tale Sign: A Survey of Semiotics*. Lisse: de Ridder Press pp. 57-84.

Lyons, J. (1979) 'Pronouns of address in *Anna Karerina*: the stylistics of bilingualism and the impossibility of translation', in S. Greenbaum, G. Leech and J. Svartvik (eds), *Studies in English Linguistics (for Randolph Quirk)*. London: Longman, pp. 235-49.

Lyons, J. (1981) *Language and Linguistics: An Introduction*. Cambridge: Cambridge University Press.

Malinowski, B. (1923) 'The problem of meaning in primitive languages'. Supplement 1 to C. K. Ogden and I. A. Richards, *The Meaning of Meaning*. London: Kegan Paul.

Malinowski, B. (1935) *Coral Gardens and their Magic*, vol. **2**. London: Allen & Unwin.

Martin, J. R. (1983) 'Conjunction: the logic of English text', in J. S. Petofi and E. Sozer (eds), *Micro and Macro Connexity of Texts*. Berlin: Helmut Buske.

Martin, J. R. (1985) *Factual Writing: Exploring and Challenging Social Reality*. Victoria: Deakin University Press.

Mauro, T. de (1973) 'The link with linguistics', *Times Literary Supplement*, October.

Melby, A. K. (1982) 'Multi-level translation aids in a distributed system', *Coling 82*. North Holland Linguistic Series, no 47. Amsterdam: North Holland, pp. 215-20.

Melby, A. K. (1987) 'On human-machine translation' in S. Nirenburg (1987), pp. 145-54.

Meschonnic, H. (1973) *Pour la Poétique II*. Paris: Gallimard.

Nabokov, V. (1964) 'Translator's introduction', in A. Pushkin, *Eugene Onegin*, translated from the Russian, with a commentary, by Vladimir Nabokov. New York: Bollingen Foundation.

Namy, C. (1979) 'Du mot au message. Réflexions sur l'interprétation simultanée', *Paralleles*, **2**, 48-60.

Nash, W. (1980) *Designs in Prose*. London: Longman.

Neubert, A. (1985) *Text and Translation*. Ubersetzungswissenschaftliche Beitrage **8**. Leipzig: VEB Verlag Enzyklopadie.

Newmark, P. (1981) *Approaches to Translation*. Oxford: Pergamon.

Newmark, P. (1988) *A Textbook of Translation*. London: Prentice-Hall.

Nida, E. A. (1959) 'Bible translating', in R. Brower (1959), pp. 11-31.

Nida, E. A. (1964) *Toward a Science of Translating with Special Reference to Principles and Procedures Involved in Bible Translating*. Leiden: E. J. Brill.

Nida, E. A. and C. R. Taber (1969) *The Theory and Practice of Translation*. Leiden: E. J. Brill.

Nirenburg, S. (ed) (1987) *Machine Translation*. Theoretical and Methodological Issue. Cambridge: Cambridge University Press.

O' Donnel, W. R. and L. Todd (1980) *Variety in Contemporary English*. London: Allen & Unwin.

Orwell, G. (1945) '*Politics and the English language*', in *Shooting an Elephant and other Essays*. New York: Harcourt.

Payne, J. (1987) 'Revision as a teaching method on translation courses', in H. Keith and I. Mason (eds), *Translation in the Modern Languages Degree*. London: CILT.

Peice, C. (1931-58) *Collected Papers* (ed. C. Hartshone). Cambridge, Mass.: Harvard University Press.

Perfetti, C. A. and S. R. Goldman (1974) 'Thematization and sentence retrieval', *Journal of Verbal Learning and Verbal Behaviour*, 13, 70-9.

Picken, C. (ed.) (1983) *The Translator's Handbook*. London: ASLIB.

Picken, C. (ed.) (1985) *Translation and Communication. Translating and the Computer* 6. London: ASLIB.

Porter, B. (1972) *Found Poems*. New York: Something Else Press.

Prince, E. F. (1978) 'A comparision of WH-clefts and it-clefts in discourse', *Language*, 54, 883-907.

Prince, E. F. (1981) 'Toward a taxonomy of given-new information', in P. Cole (ed.), *Radical Pragmatics*. New York: Academic Press.

Reiss, K. (1971) *Möglichkeiten und Grenzen der Übersetzungskritik*. Munich: Max Heuber.

Reiss, K. (1976) *Texttyp und Übersetzungsmethode. Der Operative Text*. Kronberg: Scriptor.

Sager, J. C. (1983) 'Quality and standards — the evaluation of translations', in Picken (1983), pp. 121-8.

Sampson, G. (1980) *Schools of Linguistics: Competition and Evolution*. London:

Hutchinson.

Sapir, E. (1921) *Language*. New York: Harcourt Brace (reprint, Harvest Books, 1949).

Saussure, F. de (1959) *Course in General Linguistics* (translated from the French by Wade Baskin). New York: Philosophical Library.

Schank, R. C. and R. Abelson (1977) *Scripts, Plans, Goals and Understanding*. Hillsdale, N. J. : Lawrence Erlbaum.

Schmidt, S. J. (1977) 'Some problems of communicative text theories', in W. Dlessler (1977), pp. 47-60.

Scinto, L. F. M. (1977) Textual competence: a preliminary analysis of orally generated texts, *Linguistics*, 194, 5-34.

Searle, J. R. (1969) *Speech Acts*. Cambridge: Cambridge University Press.

Searle, J. R. (1976) 'A classification of illocutionary acts', *Language in Society*, 5, 1-23.

Sebeok, T. A. (ed.) (1986) *Encyclopedic Dictionary of Semiotics*, vols 1-3. Berlin: Mouton de Gruyter.

Silverman, K. (1983) *The Subject of Semiotics*. Oxford: Oxford University Press.

Simpson, E. (1975) 'Methodology in translation criticism', *Meta*, 20, 251-62.

Sperber, D. and D. Wilson (1981) 'Irony and the use-mention distinction'. in P. Cole (ed.), *Radical Pragmatics*. New York: Academic Press.

Sperber, D. and D. Wilson (1986) Relevance: *Communication and Cognition*. Oxford: Basil Blackwell.

Stalnaker, R. C. (1972) 'Pragmatics', in D. Davidson and G. Harman (eds), *Sematics of Natural Language*. Dordrecht: Reidel.

Steiner, G. (1975) *After Babel: Aspects of Language and Translation*. Oxford: Oxford University Press.

Steiner, T. R. (1975) *English Translation Theory 1650-1800*. Assen: Van Gorcum.

Stratton, C. R. (1971) *Linguistics, Rhetoric and Discourse Structure*. Unpublished PhD thesis, University of Wisconsin.

Stubbs, M. (1983) *Discourse Analysis: The Sociolinguistics Analysis of Natural Language.* Oxford: Basil Blackwell.

Sykes, M. (1985) 'Discrimination in discourse', in T. van Dijk (ed.), *Handbook of Discourse Analysis*, vol. 4, *Discourse Analysis in Society.* New York: Academic Press.

Traugott, E. C. and M. L. Pratt (1980) *Linguistics for Students of Literature.* New York: Harcourt Brace Jovanovitch.

Trimble, L. (1985) *English for Science and Technology.* Cambridge: Cambridge University Press.

Tucker, A. B. (1987) 'Current strategies in machine translation research and development', in S. Nirenburg (1987), pp. 22-41.

Tytler, A. F. (1907) *Essay on the Principles of Translation.* London: Dent.

Van Dijk, T. (1982) 'Towards an empirical pragmatics', *Philosophica,* 27 (1), 127-38.

Werlich, E. (1976) *A Text Grammar of English.* Heidelberg: Quelle & Meyer.

Whorf, B. L. (1958) *Language, Thought, and Reality.* Selected writings, edited by J. B. Carroll. Cambridge, Mass.: MIT Press.

Widdowson, H. G. (1979) *Explorations in Applied Linguistics.* Oxford: Oxford University Press.

Wilss, W. (1982) *The Science of Translation. Problems and Methods.* Tübingen: Gunter Narr.

Yngve, V. H. (1964) 'Implications of mechanical translation research', *Proceedings of the American Philosophical Society,* 108, 275-81.

찾아보기

가정된 친근성assumed familiarity ···
146, 332

각운rhyme ··· 35~37

각주footnote ··· 305

강화요소/강화문Enhancers ··· 270~
71, 324

개념적 설명Conceptual Exposition
··· 237, 243, 268, 297, 367

개인언어idiolect ··· 77~78, 370

객관성objectivity ··· 22, 220

거시텍스트Macro-text ··· 230, 371

게일어Gaelic ··· 52

결과Product ··· 20~21

격률Maxim ··· 104~6, 148~50, 153
~57, 162, 371

결속성coherence ··· 298, 300~2, 315

~16, 322, 367

경어체honorifics ··· 108~10

계열적paradigmatic ··· 172~74, 372

계획plans ··· 64, 244~45

고객client ··· 44, 131, 144, 263

공손성politeness ··· 364~65

공유된 가정shared assumptions ···
322, 331~32, 373

과정Process ··· 20, 372

관련성relevance ··· 150~54, 373

관리managing ··· 179, 238, 371

관찰monitoring ··· 179, 238, 371

광고Advertising ··· 35, 74, 131, 171,
239~41

교정/수정revising/revision ··· 168,
299

교정자reviser ⋯ 51, 81~82, 259, 288

구정보-신정보Given-New ⋯ 330, 333

구조structure ⋯ 32, 253~94, 373

구조주의 언어학Structural linguistics ⋯ 51~52, 59~60

권력power ⋯ 141~42, 263

규칙rules ⋯ 37, 52

균형balance ⋯ 278

기계 번역Machine Translation, MT ⋯ 47, 50, 91~92, 296

기능function ⋯ 18

기능적 담화관계tenor, functional ⋯ 87

기능적 문장 구성론Functional Sentence Perspective ⋯ 326, 369

기술Description ⋯ 237, 243~45, 268, 281, 306, 368

기술적technical ⋯ 45

기호 기능sign function ⋯ 177~78

기호학적semiotic ⋯ 30, 97~99, 108 ~24, 212

기호학적 상호작용semiotic interaction ⋯ 365

기호학적 차원SEMIOTIC DIMENSION ⋯ 159, 373

내부 관계internal relations ⋯ 318

내용content ⋯ 296

내포connotation ⋯ 25, 117, 146, 156, 176, 367

네덜란드어Dutch ⋯ 72

노트테이킹note-taking ⋯ 316~17

논조 설정문Tone-setter ⋯ 238

논증argumentation ⋯ 220, 224, 233 ~34, 338~39, 353

다기능성multi-functionality ⋯ 212

단락paragraph ⋯ 82, 193, 305

담화discourse ⋯ 46, 115, 118~24, 212~20

담화관계Tenor ⋯ 86~87, 93~95

담화방식Mode ⋯ 85~86, 93~95

담화영역Field ⋯ 84, 93~95

대명사pronoun ⋯ 54

대상object ⋯ 171, 178, 183

대용형pro-form ⋯ 305, 309~313, 372

대조 언어학contrastive linguistics ⋯ 53

대화 분석conversation analysis ⋯ 132

덴마크어Danish ⋯ 79

도식schemata ⋯ 244~45

도치inversion … 49

독일어German … 25, 72, 79, 301, 325, 358

독자중심Reader-centered … 39

동기motivation … 33, 297, 371

동기화된 선택motivated choice … 21

동시통역사simultaneous interpreter … 344

동지시co-reference … 194, 302, 305 ~7, 368

두운alliteration … 35

등가equivalence … 25~27, 95~97

등가의 확률equivalence probability … 53

러시아어Russian … 56, 181

루마니아어Romanian … 54

마다가스카르Malagasy … 106

만화cartoon … 42~43

말장난Puns … 35

맥락적 효과contextual effect … 151 ~52

메시지message … 27~29, 296

메테오METEO … 91

명사화nominalizations … 251, 372

모호성Fuzziness … 88

목표goals … 64

문체Style … 27~30, 78~80, 373

문학literature … 18~19, 31~34

문학적literary … 19, 44, 115, 203, 211~12

문학적 번역literary translating … 55

문화적 규범cultural norms … 116

문화적 부호cultural codes … 117

문화횡단적cross-cultural … 65

미시텍스트micro-text … 232, 371

바하사 말레이시아어Bahasa Malaysia … 54, 183, 301

반론counter-argument … 58, 121, 221~22, 241~43, 266~73, 283, 368

반복reiteration … 192

발화 행위Locutionary act … 100~1, 106

발화수반 구조illocutionary structure … 126~28, 135

발화수반 행위Illocutionary act … 100~1, 128, 130

발화수반력illocutionary force … 125 ~30, 133

발화효과 행위Perlocutionary act …

100~1, 107

방언dialect ··· 70~80, 368

번안adaptation ··· 28, 42

번역교육translation teaching ··· 108

번역비평translation criticism ··· 22, 299, 350

번역가TRANSLATOR ··· 64

번역가능성translatability ··· 30, 68, 95, 166, 209

번역 연구translation studies ··· 20

범위Range ··· 320

법률 텍스트legal text ··· 240

법정 통역가court interpreter ··· 104, 144

변형생성문법transformational generative grammar ··· 60

보상compensation ··· 55, 311, 367

보편적 패턴global patterns ··· 294

부분적 회기partial recurrence ··· 308~9

부사adverbs ··· 54

사뽀텍Zapotec ··· 58

사설editorial ··· 232

사용자user ··· 71, 76~83

사피르/워프 가설Sapir/Whorf hypothesis ··· 58, 165, 373

사회적 맥락social context ··· 17, 33~34, 37, 44, 52, 220

사회적 방언Dialect, Social ··· 75

사회적 조건social conditions ··· 134

사후편집post-editing ··· 50, 63

상위언어metalanguage ··· 23, 171, 371

상향식bottom-up ··· 350, 366

상호작용interaction ··· 165, 353

상호작용 시스템interactive systems ··· 50

상호텍스트성intertextuality ··· 30, 185~88, 191~94, 197~204, 235, 370

상호텍스트적 공간intertextual space ··· 198, 205~6

상황 설정문Scene-setter ··· 238

상황의 맥락context of situation ··· 67~68

생략ellipsis ··· 149~51, 369

생산의 조건Conditions of Production ··· 43

서사/서술narration ··· 215, 222, 224, 237, 244~46, 280, 283, 372

선택권 있는 지시Instruction with Option ··· 240~41

선택권 없는 지시Instruction without

Option … 243

설명exposition … 19, 237, 243, 369

성서Bible … 41, 44

성서 번역Bible translation … 41, 44

세상 지식world knowledge … 146

소수 언어minority languages … 47, 141

수사학적 목적rhetorical purpose … 121, 214~15, 219~23, 272~73, 293, 352~53, 373

수행문performative … 103

순차통역사consecutive interpreter … 316, 344

스코틀랜드어Scottish … 72

스크립트scripts … 64, 245

스테이징staging … 332

스페인어Spanish … 28, 35, 55, 280, 300

시Poetry … 31

시간적 방언Dialect, Temporal … 74, 351

시발자initiator … 183~85, 370

시적 담화poetic discourse … 31, 34~35

시제tense … 54, 58~59

신조어neologism … 54, 74, 141

신화Myth … 174~77, 183~85, 191, 371

실제사용use … 62, 188, 375

심리언어학psycholinguistics … 59, 235

심층 구조deep structure … 59

아랍어Arabic … 23, 26, 74~76, 82, 110, 115, 166, 181, 229, 324

아스테릭스Asterix … 42, 311

암호화encode … 296

어의적 번역Semantic translation … 26

어휘적 응집lexical cohesion … 153, 251, 307, 313

언어능력competence … 61

언어사용역register … 65, 69~71, 80~97, 261

언어수행performance … 61

언어외적extra-linguistic … 70, 208

역동적 등가dynamic equivalence … 25~26, 368

역텍스트성contratextuality … 200~1, 367

연어collocation … 313~15, 358~59

예측성predictability … 330, 333

외부 관계external relations … 319

외연denotation … 176, 188, 368

요루바족Yoruba … 85

요약하기summarizing … 121, 285

용법usage … 61~62, 375

용어terminology … 46, 363

유로트라EUROTRA … 63

은유metaphor … 21, 32, 114, 199, 358~59

응집cohesion … 259, 273, 300~2, 306~10, 313~15, 320~26, 355

의도Intention … 62~64

의도된 의미intended meaning … 26~27, 32, 62

의도성intentionality … 32, 124, 186, 207~10, 261, 370

의도적 행위intentional acts … 162

의사소통적 번역communicative translation … 26

의사소통적 역동성communicative dynamism … 326~28, 367

의사소통적 처리communicative transaction … 19, 93, 232, 351, 363

의역Free … 23~25, 44, 67

이데올로기ideology … 117, 142, 194~96, 201, 245~48, 250~52

이원적 가치binary values … 316, 318, 321

이중 언어bilingualism … 45, 59, 84, 344

인공지능artificial intelligence … 64, 179, 350

인도네시아어Indonesian … 52

일관적 주장through-argument … 233, 238, 355, 375

일본어Japanese … 301

잉여성redundancy … 120, 181, 270, 372

자동언어처리고문위원회ALPAC … 50

자막subtitling … 55~56, 86, 311, 313

작용적operative … 362

작용적 텍스트operative text … 241

잠재 의미meaning potential … 30, 32

장르genre … 19, 34, 115~24, 215~21, 246, 261~64, 286, 338~41, 369

저자 중심Author-centered … 39

적절성adequacy … 27, 44, 61

적절성 조건felicity conditions … 103~4, 107, 125, 369

적합성appropriateness … 149, 193, 221

전략strategy … 25~27, 214, 235, 364~65

전텍스트pre-text … 203~9, 372

전환가능성commutability … 174

접속Junction … 315~16, 320~21, 371

정보 핵심information core … 167

주관성Subjectivity … 22

주제Theme … 325~30, 334~37, 361 ~62

주제-평언Theme-Rheme … 326~28, 333~34, 338~41, 360~62

주제화Thematization … 326, 335, 341, 374

주제 전개thematic progression … 333~34, 360, 374

주텍스트host text … 204~7, 210

중개mediation … 196~97, 344~45, 371

중국어Chinese … 54, 58

지그재그 패턴zig-zag patterns … 335, 361

지리적 방언Dialect, Geographical … 71, 73

지시사demonstratives … 54, 300

지시적Instructional … 24, 75, 240

지시적 의미referential meaning … 25, 74, 103

지시적 텍스트Instructional text … 239~41, 355

지식 기반knowledge bases … 64

지위status … 33, 39, 72, 77~78, 126, 141~43

지혜의 전당bayt al-hikma … 33

직시어deixis … 54, 368

직역Literal … 23~27, 36, 44, 67

차용borrowing … 54, 305, 308

채널Channel … 86~87, 264, 366

청자 의미hearer meaning … 145, 370

체계systems … 54

체계기능적systemic-functional … 66

체계의 대조systemic contrasts … 300

초록abstract … 87, 122~23, 220~22

초점focus … 211~14, 223~28, 237~ 41

초주제hypertheme … 334, 362, 370

추론inference … 305

추론하기inferencing … 146, 319

추론 가능한inferrable … 46, 316

취지Intent … 32, 57, 159, 251, 286, 325

코드 변환code-switching ··· 76

타밀Tamil ··· 54

텍스트text ··· 115, 121~24

텍스트짜임새texture ··· 295~99, 322, 325~26, 341, 374

텍스트적 지표textual indices ··· 122, 273, 332

텍스트 유형text type ··· 64, 196, 211~15, 235~46, 251, 337~38, 352

텍스트 유형 초점text-type focus ··· 228~30, 252, 259, 297~98, 307, 309, 315, 322, 328, 341, 374

텍스트 중심text-centered ··· 39, 41

텍스트 지시text reference ··· 312

텍스트 행위text act ··· 128~29, 212, 214, 374

통역가interpreters ··· 26

통합적syntagmatic ··· 172~73, 182~83, 374

특정 언어사용역register, Restricted ··· 90~92

틀frame ··· 244~45

틀링기트어Tlingit ··· 301

페르시아어Persian ··· 120

편집자editor ··· 227, 307~8

편집자에게 보내는 편지letter to the editor ··· 286~87

평언Rheme ··· 322, 326~29, 334~37, 361~62, 373

표준 방언Dialect, Standard ··· 75~77

표층 구조surface structure ··· 59

풍자satire ··· 193, 198~99, 208

프랑스어French ··· 49, 78~79, 135, 142, 301, 325

프로방스어Occitan ··· 141

프리랜서freelance ··· 45

하향식top-down ··· 350, 375

함축implicature ··· 105~6, 150~51, 154~56, 162, 246, 320, 370

해독decode ··· 296, 344, 350

해석체interpretant ··· 171, 174, 183~84, 370

허수아비 전술straw man gambit, the ··· 233

헝가리어Hungarian ··· 258

현저성saliency ··· 330~33, 373

협력 원리Cooperative principle ··· 104, 153, 298

협상negotiation ··· 17, 21, 62,

106~8, 131, 133, 144, 296

협의 통역liaison interpreting … 98, 106, 129, 132, 143, 364

협의 통역가liaison interpreter … 107, 142~43

형식form … 296

형식적 대응formal correspondence … 53

형식적 등가formal equivalence … 25~26, 369

호칭 대명사pronouns of address … 54

호피어Hopi … 58

혼성화hybridization … 225, 338

화용론pragmatics … 27, 32, 99, 124, 129~32, 159~60

화용론적 등가Pragmatic equivalence … 24, 97

화용론적 차원PRAGMATIC DIM-ENSION … 99, 108, 351, 372

화용론적 행위pragmatic action … 114, 159, 166

화자 의미speaker meaning … 145, 308, 314, 373

화제 전환topic-shift … 272~73

화행speech acts … 101~8, 125~33, 373

확장expansion … 305

확장된 지시extended reference … 310, 312

회기recurrence … 245, 297, 305~7, 372

회복성recoverability … 330~33

회의 통역conference interpreting … 143, 235

효과성effectiveness … 147~48, 221, 311, 369

효율성efficiency … 147, 221, 311, 369

훈련training … 50, 73, 95, 97, 106, 245, 316

Clair Bretécher … 41~42

Clouzot … 55

De Saussure … 112, 114, 168~70, 174, 178

Firth … 52, 67~69

Lawrence, D. H. … 80

Malinowski … 67~69

Molière … 73

Nabokov … 36

Peirce … 112, 114, 164, 170~71, 174, 178

Sapir … 57~58, 165, 373

Whorf … 57~58, 165, 373

최진실
부산대학교 언어학 학사
부산대학교 언어학 석사
부산대학교 영어영문학과 번역학 박사
현재 부산대학교 인문학연구소 박사후연구원
University of Manchester 방문학자

김동연
부산대학교 영어영문학 학사
California State University, Northridge 언어학 석사
부산대학교 영어영문학과 번역학 박사과정 수료
현재 부산여자대학 항공운항과 조교수

이미경
동아대학교 영어영문학 학사
부산대학교 영어영문학 석사
부산대학교 영어영문학과 번역학 박사과정 수료
현재 부산외국어대학교 강사

김성옥
서울대학교 사범대학 교육학 학사
이화여자대학교 통역번역대학원 석사(한영번역 전공)
부산대학교 영어영문학과 번역학 박사과정 수료
현재 대구외국어대학교 조교수

신진원
호주 맥쿼리대 통번역학 석사
부산대학교 영어영문학과 번역학 박사과정 수료

담화와 번역가

발행일 • 2011년 11월 30일
저자 • Basil Hatim, Ian Mason/역자 • 최진실 김동연 이미경 김성옥 신진원
발행인 • 이성모/발행처 • 도서출판 동인/등록 • 제1-1599호
주소 • 서울시 종로구 명륜동2가 아남주상복합아파트 118호
TEL • (02) 765-7145, 55/FAX • (02) 765-7165/E-mail • dongin60@chol.com
Homepage • donginbook.co.kr

ISBN 978-89-5506-488-9
정가 28,000원

※ 잘못 만들어진 책은 교환해드립니다.